新疆农业大学农林经济管理学科

➤ 国家自然科学基金地区项目（项目编号：72163032）

➤ 2022年教育部人文社科基金青年项目（项目编号：22YJC790063）

➤ 新疆农业大学应用经济学重点学科

# 交易成本视角下
# 棉农选择生产性服务经营主体
# 行为研究

李先梅　李先东　余国新◎著

STUDY ON THE BEHAVIOUR OF COTTON FARMERS IN
CHOOSING PRODUCTIVE SERVICE OPERATORS UNDER
THE PERSPECTIVE OF TRANSACTION COSTS

经济管理出版社
ECONOMY & MANAGEMENT PUBLISHING HOUSE

**图书在版编目（CIP）数据**

交易成本视角下棉农选择生产性服务经营主体行为研究 / 李先梅，李先东，余国新著. -- 北京：经济管理出版社，2024.5

ISBN 978-7-5096-9707-8

Ⅰ．①交… Ⅱ．①李… ②李… ③余… Ⅲ．①棉花-农业生产-生产服务-研究-中国 Ⅳ．①F326.12

中国国家版本馆 CIP 数据核字（2024）第 103270 号

组稿编辑：郭　飞
责任编辑：郭　飞
责任印制：黄章平
责任校对：张晓燕

出版发行：经济管理出版社
　　　　　（北京市海淀区北蜂窝 8 号中雅大厦 A 座 11 层　100038）
网　　址：www. E-mp. com. cn
电　　话：（010）51915602
印　　刷：唐山玺诚印务有限公司
经　　销：新华书店
开　　本：720mm×1000mm/16
印　　张：15. 25
字　　数：235 千字
版　　次：2024 年 5 月第 1 版　2024 年 5 月第 1 次印刷
书　　号：ISBN 978-7-5096-9707-8
定　　价：88. 00 元

# 前　言

　　发达的农业社会化服务是现代农业的重要标志，而发达的农业生产性服务是现代农业的制高点。大量研究结果表明，小农户是中国农业现代化的重要主体。在经营管理适当情况下，农户经营具有更大的生产率优势。截至 2021 年底，全国家庭承包经营耕地 12786.19 万公顷，经营规模在 50 亩以下的农户仍有近 2.6 亿户，占农户总数的 97%。但是，随着工业化和城镇化进程的加快，小农户通常面临资源有限、技术水平相对较低、市场信息不对称等问题（张红宇，2019），难以单独应对现代农业的发展要求。而农业生产性服务经营主体的崛起，为小农户提供了专业化、标准化、多元化的农业生产性服务，填补了小农户自身能力不足的空白。鉴于此，农业生产性服务经营主体的发展对塑造符合中国特色农业现代化道路具有至关重要的作用。

　　本书以农业分工深化为背景，主要聚焦于对棉农选择、福利效应和实现路径探讨的深入分析。基于交易费用视角，构建棉农生产性服务经营主体选择行为的理论分析框架，并论证实现棉农福利效应的可行路径，旨在满足农户多元化需求，促进农业生产性服务，推动农业现代化。首先，系统阐述农业生产性服务业发展的历程，解析农业生产性服务经营主体发展演进逻辑及其在棉花主产区的实践逻辑。其次，以"交易成本特征—选择行为—行为差异"为逻辑思路，采用数理模型方法，探究交易成本对棉农选择农业生产性服务经营主体的影响机制。再次，通过建立反事实框架进行实证分析，探讨棉农生产性服务经营主体选择行为的福利效应。最后，基于组织行为的新分析框架（SAGP 模型），以质性研究方法剖析棉农选择生产性服务经营主体的福利效应，了解生产性服务经营主体对棉农家庭收入和舒适度的影响路径。本书的主要研究结论如下：

第一，我国农业生产性服务业经历了萌芽、完善和发展三个阶段，促进了新主体、新业务、新业态不断涌现。农业生产性服务经营主体发展政策的演变规律体现了政府角色调整和市场化理念引入的过程。微观调查显示，现阶段农业生产性服务经营主体发展呈现递增趋势。棉农在选择生产性服务经营主体时呈现出不同的频率分布，总体来看，棉农偏好选择专业大户，但在不同的规模和生产环节下，棉农选择行为存在差异，显示出部分共同的选择偏好。

第二，交易特性对棉农生产性服务经营主体选择行为具有显著影响，资产专用性、风险性、规模性对棉农整地播种、水肥管理、棉花采收环节选择农业生产性服务经营主体行为均有显著差异影响，表明农业生产环节属性决定交易成本对棉农生产性服务经营主体选择行为的影响。同时，服务柔性在交易成本对棉农生产性服务经营主体选择行为中起到了调节作用。

第三，交易特性中的风险性以及交易过程中涉及的信息费用、谈判费用、执行费用均显著影响棉农选择生产性服务经营主体的行为差异及程度，同时，对不同规模棉农产生不同程度的影响。此外，服务集聚在交易成本对棉农生产性服务经营主体行为差异中起到了调节作用。

第四，生产性服务经营主体显著提升棉农的福利效应。同时，不同要素禀赋和不同生产性服务经营主体的福利效应具有差异，但均显著提升了棉农的福利水平。

第五，村集体、专业大户、合作社和农业服务公司在推动棉农福利效应路径分析中扮演着关键角色，引导棉农由被动接受服务逐渐转变为主动接受服务，实现多方共赢。通过 SAGP 模型揭示不同农业生产性服务经营主体发展的功能逻辑和运行逻辑，进而在不同程度上推动棉农增产和增收，促进农业生产性服务体系的建设和发展。

基于理论分析与实证结果，本书提出以下几方面建议：

第一，规范农业生产环节服务市场，有助于促进农业生产性服务的发展。

第二，优化风险保障体系，有助于降低农户在农业生产过程中面临的风险。

第三，降低交易费用，有助于促进农户与生产性服务经营主体关系的稳定。

第四，提升农业生产性服务经营主体的服务质量，有助于满足农户多元化需求。

第五，加快培育各类农业生产性服务经营主体，充分发挥不同服务主体的作用。

# 目　录

# 第1章　绪论

## 1.1　研究背景

  发达的农业社会化服务是现代农业的重要标志，而发达的农业生产性服务是现代农业的制高点。大量研究结果表明，小农户是中国农业现代化的重要主体。在经营管理适当情况下，农户经营具有更大的生产率优势。截至2021年底，全国家庭承包经营耕地12786.19万公顷，经营规模在50亩以下的农户仍有近2.6亿户，占农户总数的97%。但是，随着工业化和城镇化进程的加快，小农户通常面临资源有限、技术水平相对较低、市场信息不对称等问题（张红宇，2019），难以单独应对现代农业的发展要求。而农业生产性服务经营主体的崛起，为小农户提供了专业化、标准化、多元化的农业生产性服务，填补了小农户自身能力不足的空白。

  农业生产性服务经营主体是连接小农户与农业现代化的有效载体（王子阳，2023），是促进农业生产性服务发展的重要保障（姜松和喻卓，2019），是加速农业现代化进程的重要支撑（钟丽娜，2021）。2018年中央一号文件明确提出要"健全农业社会化服务体系，大力培育新型服务主体，加快发展'一站式'农业生产性服务业"。2019年中央一号文件提出要加快发展农业生产性服务业，大力培育新型服务主体，支持面向小农户的生产性服务。2020 年中央一号文件强调要重点培育家庭农场、农民合作社等新型农业经营主体，培育农业产业化联合体，通过订单农业、入股分红、托管服务等方式，将小农户融入农业产业链。2021 年中央一号文件提出要突出抓好家庭农场和农民合作社两类主体，发展壮大农业专业化服务组织，深化供销合作社综合改革。

在培育壮大农业生产性服务经营主体实力过程中，逐渐形成主体多元、形式多样、竞争充分的农业生产性服务格局。各地政府根据各产业、不同主体及环节的生产需求，积极引导并激励生产性服务经营主体在服务模式和组织形式上进行创新，采取差异化的策略，因地制宜地促进一系列农业生产托管模式的进步，具体包括单一环节、多重环节，乃至覆盖整个生产过程的托管服务，让农户把农业生产的关键薄弱环节交给服务主体去做（郭晓鸣和温国强，2023）。同时，推行两种创新型的组织模式（陈义媛，2024；巩慧臻和姜长云，2023；王海娟和胡守庚，2022；李静和陈亚坤，2022），其以服务农户为根本，引领农户进入现代农业发展轨道（姜长云，2016；李明贤和刘美伶，2020）。截至 2020 年末，我国社会化服务主体如雨后春笋般涌现，总数逾 90 万家，累计服务面积高达 160000 万亩。其中，粮食作物受到重点关注，服务面积突破 90000 万亩，惠及的小农户数量超过 7000 万户。得益于生产托管模式的推行，稻谷、小麦和棉花等关键农作物的生产效率显著提升，成本有效降低，亩均产值明显提高，其中稻谷、小麦和棉花的亩均纯收益分别增长了 23.0%、26.5% 和 20.2%，为农业现代化发展奠定了坚实的基础。因此，既有研究认为，小农户能否实现与现代农业的有机衔接，并促进农业生产性服务的发展，在很大程度上取决于农业生产性服务经营主体的服务能力建设。

我国农业生产性服务经营主体起步较晚，主体与农户间的协同性不强，内含较高的交易成本。在交易市场上，不同农业生产性服务经营主体与不同农户进行交易时的交易费用存在差异，而交易的成功与否取决于影响交易成本的因素，也取决于交易过程中产生的"交易费用"。因此，本书基于"交易成本特征—选择行为—选择行为差异"的框架，探讨交易成本对棉农生产性服务经营主体选择行为的影响机理，最终为满足农户多元化需求、促进农业生产性服务发展、实现农业现代化提供对策建议。

## 1.2 研究目的与研究意义

### 1.2.1 研究目的

本书以现有的研究成果为基础，按照"提出问题→分析问题→解决问题"的脉络，基于新疆棉农的微观调查数据，以交易成本理论、农户行为理论、福利经济学理论等为理论基础，运用定性分析和定量研究相结合的方法，从微观视角实证分析交易成本影响棉农选择生产性服务经营主体行为的机理，并进一步检视行为差异的产生机制，以及检验生产性服务经营主体对提高棉农福利的效应，为推动小农户与农业现代化衔接，促进农业生产性服务、实现农业现代化提供理论与经验依据。具体研究目的如下：

第一，厘清交易成本对棉农生产性服务经营主体选择行为产生的影响机理，讨论服务柔性对棉农生产性服务经营主体选择行为的调节效应，掌握棉农生产性服务经营主体选择行为规律。

第二，解析交易成本对棉农生产性服务经营主体选择行为差异的影响，探寻棉农生产性服务经营主体选择行为差异强度，把握棉农生产性服务经营主体选择行为偏好。

第三，在此基础上，从理论和实证两个方面探索棉农生产性服务经营主体选择行为的福利效应，从而为改善棉农福利、提高农业生产效率和可持续发展提供依据和建议。

第四，以典型案例为观察对象，不仅弥补先前学者使用计量经济学分析的缺憾，更是以多样本形式来剖析生产性服务经营主体的具体实践形态，验证农业生产性服务经营主体的服务效果，以期为推动农业生产性服务发展提供参考依据。

### 1.2.2　研究意义

#### 1.2.2.1　理论意义

第一，为新疆现代农业发展提供新的思路，在一定程度上丰富了现代农业发展理论。本书将交易成本作为一项重要因素，纳入影响棉农生产性服务经营主体选择行为的结构框架，探讨交易成本对棉农生产性服务经营主体选择行为的作用机制与关系，提供推动现代农业发展的新理念。构建交易成本对棉农生产性服务经营主体选择行为影响的理论模型，在一定程度上丰富了现代农业发展理论。

第二，为完善交易特性和交易费用指标体系奠定了基础。本书基于文献分析，从交易特性的资产专用性、风险性和规模性，以及交易费用的信息费用、谈判费用和执行费用两个维度构建指标体系。这在一定程度上有助于揭示交易特性各指标和交易费用各指标的差异，进一步丰富了交易特性和交易费用的相关研究内容。

第三，有助于丰富交易成本理论与棉农选择行为间内在规律的理论内容与经验证据。本书从理论与实证角度，深入探讨交易成本影响棉农生产性服务经营主体选择行为的规律及作用机制，这对交易成本与棉农行为交叉研究有一定的贡献。

#### 1.2.2.2　现实意义

第一，有助于相关部门和机构认识自身地区的农业生产性服务经营主体发展水平。棉农在选择农业生产性服务经营主体时，会接触到不同类型和层次的服务机构或个人，会考虑服务质量、技术水平、服务内容等因素，通过比较不同生产性服务经营主体的表现，帮助各地区认识自身生产性服务经营主体的发展水平和优劣势。因此，棉农选择农业生产性服务经营主体为各地提供清晰的市场反馈和服务需求信息，有助于相关部门和机构认识自身地区的农业生产性服务经营主体发展水平，为制定相关政策、推动服务体系改进和提升服务质量提供参考和依据。

第二，有助于新疆培育农业生产性服务经营主体。一方面，在实践层面，有助于政府根据现实情况对关键培育主体采取具有明显阶段性差异的差异化待遇，实现精准而有效的生产性服务经营主体培育目标。政府应与相关部门和机构密切合作，制定具有针对性的支持政策，加强服务管理和监管，建立良好的服务市场环境，增强生产性服务经营主体的市场竞争力和服务水平。另一方面，从交易成本视角分析棉农选择生产性服务经营主体的行为规律，发现交易成本是影响生产性服务经营主体服务功能充分发挥的主要因素。棉农通过选择经济、高效的服务经营主体，可以实现资源优化配置，提高农业经济效益。这不仅有利于政府确立今后生产性服务经营主体发展的重点和方向，还有利于促进创新服务方式。

第三，有助于促进新疆农业生产性服务的发展。棉农根据自身需求和实际情况，选择提供相应服务的机构或个人，这种需求导向的选择行为促使生产性服务经营主体提升服务水平，不断改进服务内容和方式，推动服务体系不断完善。棉农在选择生产性服务经营主体时，政府可以通过制定支持政策和规范市场秩序，引导生产性服务经营主体提供更加专业化、标准化的服务，推动服务体系的逐步完善和规范化发展。因此，棉农选择生产性服务经营主体不仅有利于满足棉农需求、促进服务质量提升，还能推动服务体系的创新和协同发展，促进整体服务体系的完善和健康发展。政府、企业和棉农应共同努力，促进农业生产性服务的发展，为农业生产提供更好的支持和保障。

# 1.3　国内外研究综述

### 1.3.1　农业生产性服务经营主体的概念与类型研究

党的十八大报告强调农业生产性服务经营主体的高效培育和多元化发

展。党的十八届三中全会提出，在现代农业生产中，家庭经营占据基础地位，为此强调多种经营模式齐头并进，协力发展。党的十八届五中全会提出，要强调适当规模经营的多元化发展，促进转变农业发展方式。党的十九大报告再次强调，要发展多模式适度规模经营，培育新型农业服务主体。目前，这些政策的出台为生产性服务经营主体提供了广阔的市场空间和更多的政策支持，生产性服务经营主体面临蓬勃的发展机遇，进一步促进其发展壮大。

#### 1.3.1.1 农业生产性服务经营主体的内涵辨析

对于农业生产性服务经营主体内涵的界定，国内外学者目前并没有统一的定义。2012年，"新型农业经营主体"一词出现在中央农村工作会议上。之后，2018~2023年中央文件多次强调培育新型农业服务主体，支持面向小农户的生产性服务。需要说明的是，在现行政策文件中，鲜有农业生产性服务经营主体的提法，大多使用新型农业经营主体和服务主体的概念。对于农业生产性服务经营主体的内涵，姜长云（2023）、牛文涛和尚雯雯（2024）、麦强盛和李乐（2024）提出，农业生产性服务经营主体是面向农户提供生产性服务的经济组织，主要包括专业大户、家庭农场、合作社和农业企业等，其拥有较强的经营管理能力和较好的物质装备条件。因此，农业生产性服务经营主体的标准包括以下几个方面：

第一，农业生产性服务经营主体应优先实现现代化农业的生产模式和经营理念，以满足现代农业发展的技术水平和服务标准化要求。农业生产性服务经营主体应掌握农业生产的最新技术和方法，能够具备应对不同的农业环境和需求的专业知识、技能和经验，并能够提供高质量、高效率的服务。农业生产性服务经营主体有利于发挥引领现代农业的作用，能够满足农户的需求。

第二，农业生产性服务经营主体要具有发展实力、经营活力和带动能力（张殿伟等，2023）。首先，农业生产性服务经营主体具备一定的农业专业知识和技术能力，包括农业生产、管理和市场运作等方面的知识。他们了解农业业务的最新趋势和技术创新，并具备持续学习和适应变化的能力。其次，农业生产性服务经营主体需要具备良好的商业运营能力，能够制定并执行有效的市场营销策略，包括产品定位、品牌宣传和销售渠道拓展等。他们能灵活应对市场需求和竞争，持续提高产品和服务质量，以确保自身的盈利能力。最后，农业生产性服务经营主体要具备带动周边农业发展的能力，包括组织农业生产合作社、农民专业合作社或农业合作社等形式，提供技术指导、培训和资源支持，促进农业产业链的协调和农民的增收。他们还可以通过合理的收购、加工和销售，带动农产品的流通和增值，推动农业产业链条上下游的协同发展。

第三，培育农业生产性服务经营主体，弥补农业发展中的不足。首先，农业生产性服务经营主体可以提供先进的农业技术和管理经验，帮助农民提高生产效率和质量。他们可以提供农业生产指导、种植、肥料、病虫害防治等方面的培训和技术服务，帮助农民提高种植技术和管理水平。其次，农业生产性服务经营主体可以推广和引进农业机械化技术，提供农业机械的租赁和维护服务，帮助农民提高生产效率和操作便利性。他们可以组织农民购买合适的农业机械设备，提供技术培训和维修服务，推动农业机械化的发展。最后，农业生产性服务经营主体可以引导农户根据市场需求和资源优势，调整农业产业结构，发展具有竞争力和可持续发展潜力的农产品。他们可以提供市场信息和政策指导，帮助农户进行农业产业布局和发展规划。

第四，农业生产性服务经营主体是实现小农户与农业现代化衔接的"桥梁"。小农户通常面临土地面积有限、技术水平相对较低、市场信息不对称等问题，难以充分发挥其生产潜力。而农业现代化追求高效、可持续的农业生产方式，需要利用先进的农业技术和管理经验。因此，农业生产性服务经营主体能够根据市场行情、成本和服务质量来定价，并能够按时提供相应的服务、遵守合同和承诺，与农户保持良好的沟通和合作关系。

### 1.3.1.2　农业生产性服务经营主体的类型划分

众多学者指出，多元参与、高度社会化的服务架构已然趋于成熟。据此，服务不再局限于传统的单一形式，而是通过多方的共同努力，实现资源优化配置的最大化。从事生产性服务业的重要力量是农民合作社、龙头企业和家庭农场（冀名峰，2018；高鸣和江帆，2023；米运生等，2023）及政府部门。在农业社会化服务领域，供给模式呈现出多样化的特点，涵盖政府机构、村庄集体、专业合作组织以及领军企业等不同的服务主体（沈凯俊等，2022）。按运营主体划分，服务供给主体还可被划分为政府核心推动型、集体经济效益驱动型、专业合作组织引领型等不同类别（余威震和罗小锋，2023；蒋永穆和周宇晗，2016）；按组织方式划分，除了政府主导的公共农业生产性服务外，还包括农业产业化龙头企业和农民专业合作社，前者在外部发挥强劲的拉动作用，后者从内部推动农业持续扩张（杨欣然等，2019；芦千文和姜长云，2017）；按经营属性划分，有政府主导、市场主导、农民主导（陈德旭，2022；芦千文，2018；谢治菊和王曦，2021；毛军权和敦帅，2023）或自助式组织主导（武国兆和宋大鹏，2022）等主体；而按供应链划分，龙头企业作为集成商发起构建农业社会化服务供应链，形成由龙头企业、合作社等中介服务组织（功能商）和规模农户（客户）组成的价值网络，通过农业生产性服务资源整合集成、有效配置，协同响应农户服务需求（穆娜娜和高强，2021）。张开云等（2012）指出可以通过建构"个性化、多元化服务"策略，为农户提供可持续、多样化的服务。高洪波（2021）认为，采用"政府主导、市场辅助、公益参与"的服务混合模式是当前实现农业资源优化配置的重要手段（张琳等，2021；杨小俊等，2020）。因此，农户应根据实际需求和农业生产特性选择适用的农业生产性服务经营主体。

### 1.3.2 农户生产性服务经营主体选择行为机制研究

#### 1.3.2.1 农户行为理论研究

国外学者对农户行为理论的研究颇有成效。从恰亚诺夫早期的研究来看，农户行为理论经历了多个阶段的演变：在农业经济行为的理论研究进程中，见证了从早期的关注社会环境对农户行为的限制（如"劳动消费均衡"理论）到商品经济时代对个人利益追求的强调，表现为"利润最大化"理念。进一步地，该理论的发展又把目光集中在对"风险厌恶"的探讨和"农场户模型"的构建上（Scott，1976；胡拥军和朱满德，2014）。直至黄宗智（1986）提出"过密论"，将个人利益与社会环境相融合，标志着综合理论时代的到来。这一系列的理论演进反映出学术界对"纯经济人"假设的逐步摒弃，转而考虑个体的"有限性""外部性""不稳定性"，映射出社会经济前行中对理论深度和广度需求的不断追求。尽管如此，不同的历史背景、研究对象及方法论，依旧导致结论的多样性和差异性。总体而言，研究呈现出综合的趋向，表明理论越来越能够全面地理解和解释现实世界的复杂性。

国内外其他学者不断深化和丰富农户行为理论，以提供更全面和适用的解释。一方面，就理性选择而言，在遵循经典经济学的理论框架下，所谓的"经济人"假设强调的是行为人在决策过程中展现出的一种理性倾向，即他们倾向于保持个人偏好的一致性，并不断寻求自身利益的最大化。基于这一理念，发现个体的决策不仅是瞬间的冲动，而且是一种持久且目标明确的追求，他们在复杂的经济活动中，始终以优化自身福祉为核心。Gasson（1973）提出农户行为研究将目标、价值观以及非经济因素进行系统分类，并将它们视为理性模型的重要补充组成部分。而 Fishbein 和 Ajezn（1975）极大地推动了行为经济理论在农业领域的研究，也成为研究农户行为的一个重要理论基础。黄宗智（2014）指出，我国小农经济模式具有双重特性，他们致力于盈利，他们也在为生计而奋斗。这种独特的经济形态依赖于两个主要收入来源：一是农业生产带来的收益，二是非农业领域的收入。农户作为理性经济人，依据资源禀赋、收入来源、家庭需求、社会地位差异（Berkhout 等，2011；李惠敏等，2023），精准识别并充分发挥比较优势（程丹和翁贞林，2020）。另一方面，西蒙针对"经济人"理性假设中的"天然缺陷"，提出"有限理性"学说。他认为，虽然行为主体旨在追求理性，但实际情况下其理性行为存在一定限制，无法完全实现理性，使人们的选择行为难以寻求最优解。此外，许多专家认为，农户在决策过程中表现出的是一种有限理性。在信息获取受限的环境下，农户因个人能力与天赋条件的差异，往往会做出看似"不合理"的决策，但这些决策实际上是在他们所能预见的范围内最有利于自身的选择。因此，这些选择虽与常规理性判断相悖，却映射出农户在特定条件下的最优策略。这说明，在农业实践中，需考虑到农户决策的这种独特性，而非简单地套用标准的理性经济人模型。农户的行为模式是在长期的生产生活实践中形成的，它们蕴含着对现实环境的高度适应性和实用性（毛南赵等，2018；杨海钰等，2020）。Kahneman 和 Tversky（1979）提出人的选择行为是在不确定条件下进行的，大多数人确实不会进行严格的理性计算，而是依赖于心理学上所称的"小数法则"，即根据个人的偏好和权重函数来做出决策。这种偏好和权重函数可能受到多种因素的影响，包括个人经验、情感因素以及社会环境等。

鉴于此，农户行为理论是研究农户决策行为的框架和方法，旨在解释农户在面对各种农业和农村发展问题时的行为模式和动因。本书的农户行为是指棉农对生产性服务经营主体的需求，进行权衡利弊以后选择不同生产性服务经营主体的行为，也是研究棉农生产性服务经营主体选择行为影响因素的前提。

### 1.3.2.2 农户生产性服务经营主体选择行为研究

农户选择行为的发生过程是一个动态的、个体化的过程，每个农户的情况可能不同。这种决策行为的多样性和灵活性体现出农户在适应农业发展要求、把握市场机遇方面的智慧和策略。正是在这样的复杂决策网络中，农户根据时下的资源和条件，塑造出各自独特的农业经营模式。具体而言，农户选择行为的发生通常经历从对生产性服务经营主体的需求发展到获取主体技术服务的动机，再从获取主体技术服务的动机转化为选择生产性服务经营主体的行为的阶段。例如，在农业生产过程中，当农户面临劳动力不足的情况时，他们可以选择与农机生产性服务经营主体合作，通过机械化服务来代替人工劳动，提高生产效率、减少人力成本和缓解劳动力压力。在农村群体环境中，农户的生产性服务经营主体选择行为往往受到模仿和群体影响。一旦部分农户率先选择某个生产性服务经营主体，并获得可观的收益，其他农户很可能会自动模仿他们的选择，从而形成一种社会化的生产性服务经营主体选择行为模式。Udry（1990）针对尼日利亚农业领域的融资状况进行深入探讨。他惊讶地发现，绝大多数农户在寻求财务支持时，更偏向于信赖并采用正式的金融途径。具体而言，只有大约 7.5% 的农户会向非正式金融机构贷款。表明在尼日利亚的农业生产者中，正规金融渠道在提供贷款服务方面占据主导地位，得到了广大农户的青睐。李胜旗和徐玟龙（2022）的研究也表明，必须关注小型微利企业的重要性。不仅能提高传统金融机构的服务效率，更要对非正式的民间借贷活动进行有序的规范化管理，确保小微经济主体能够在健康的市场环境中茁壮成长。张春海（2020）提出由于农村信贷市场信息的不对称性，农村借贷中非正规渠道发挥重要作用，但是，随着市场信贷信息的完善，农户逐年趋向于逐步增加通过正规金融机构获取贷款的比例。而陈思等（2021）的研究表明，正规借贷已成为农户主要的借贷渠道，而且对农户纯收入水平有巨大的促进作用。因此，农户通过与生产性服务经营主体合作，利用技术、资金服务，提高农业生产的效益和可持续性，促使农户积极选择并与生产性服务经营主体建立合作关系。

### 1.3.2.3 农户生产性服务经营主体选择行为的影响因素研究

农户生产性服务经营主体选择行为受多种因素的影响。生产性服务经营主体虽然在一定程度上减轻了对环境的损害、保护了自然资源（Ghadiyali 和 Kayasth，2012），但即使服务供给主体对农户生产有益（周洲和张莉侠，2020），也会存在多种因素限制其有效性（Hrubovcak 等，1999；朱月季等，2015；梁伟，2022）。①农户个人禀赋特征：Feder 等（1985）、李显戈和姜长云（2015）研究发现农户所受教育的水平与他们采纳农业生产性服务的决策之间存在正相关关系。表明受教育程度越高的农户越倾向于利用外部服务来提升农业生产的效率。Kaliba 等（1997）研究揭示农户在决定是否参与奶牛养殖服务时，其性别和年龄成为两个关键的影响因素。②家庭经营特征：袁俐雯等（2024）、胡新艳等（2020）指出，农户家庭特征、生产经营方式以及地理位置等因素对其选择采纳行为具有重要影响；此外，胡新艳等（2022）发现，家庭情况对不同收入水平农户的选择行为产生影响。另外，张利国等（2015）指出，农户在选择垂直一体化的营销方式时受到非农就业情况和固定资产转化损失等因素的影响。③社会网络：李纲等（2022）强调农户与农资零售商之间长期建立的信任关系的重要性。这种信任不仅能够有效地减轻农户对零售商可能产生的消极情绪，还能激发他们更主动地与零售商合作，共同面对并处理交易过程中的冲突与难题。李纲和张铎（2021）发现农民社会网络中信任与资源的重要性。由于农民拥有较高的信任度和资源优势，他们对农资营销社会网络中其他农民的购买决策有着较大影响。邹晓红等（2018）、宋宇等（2023）也发现，农户处于社会网络的边缘，农户拥有的信息和资源越少，会更加信任拥有更多信息和资源的农资零售商。④价值感知：学者们预期农户价值感知与其行为存在较强的相关关系，但不能据此简单地判断价值感知与行为之间是否相关或者不相关，而是应该更具体地关注不同类型群体价值感知与行为的关系（程鹏飞等，2021）。价值感知是"所利益"与"付成本"之间的相互权衡（Zeithaml，1988；黄炎忠等，2018）。张嘉琪等（2021）以秸秆还田服务为例，得出感知易用性、感知有用性影响农户的选择行为。Yadav 和 Pathak（2016）、Vafadarnikjoo 等（2018）研究发现，消费者对可持续产品的价值感知越高，购买可持续产品对消费者环保需求满足的程度就越大。综上所述，如果不考虑价值感知的作用，农户选择行为的预测力和解释力将值得商榷。⑤服务柔性：将服务柔性理念贯彻到生产性服务经营主体内部，有助于培养更灵活的服务人员，提供更灵活的服务，从而为农户（消费者）创造更灵活的环境，最终提升农户（消费者）满意度。在梳理近期学术成果时，众多研究者将焦点聚集在组织柔性对企业绩效的潜在影响上。有观点指出，企业的组织灵活性与其绩效之间似乎存在着一种正向的关联（Paik，1991；Nadkarni 和 Narayanan，2007；Phillips 和 Tuladhar，2000），还有一些学者认为企业的组织柔性越大其绩效就会越好（Abbott 和 Banerji，2003）。在我国，部分专家和学者致力于探讨企业组织的灵活性如何影响其业绩表现。他们将焦点放在人力资源的弹性对企业绩效的潜在影响上。此研究不仅揭示企业内部结构变革的新视角，也通过优化人才管理来提升企业竞争力的可能路径（严丹和司徒君泉，2013；姜铸等，2014；吴蓓蕾，2016）；李燕和宋永昕（2020）发现企业服务柔性对零售企业经营绩效具有促进作用。⑥服务集聚：已有研究显示，生产性服务业集聚对全要素生产率、经济效应和技术创新具有显著的促进作用。也有部分学者尝试对比分析生产性服务业集聚与制造业集聚经济效应的差异。生产性服务业集聚不仅通过集聚的外部性影响制造业服务化，而且通过加强生产性服务业与制造业的关联效应，促进制造业服务化（Banga，2009；文丰安，2018；赵玉林和裴承晨，2019）。虽然学术界对制造业产业集聚进行了大量的深耕，但关于农业产业服务集聚的研究仍属于"少垦之地"。

### 1.3.3　交易成本与农户生产性服务经营主体选择行为研究

科斯（Coase）的经济理论奠定了交易成本分析的基础，其影响力贯穿了 20 世纪的前 50 年。基于罗纳德·科斯的开拓性工作，这一理论经过逐步完善，成为理解市场交易复杂性的关键工具。随着时间的推移，交易成本理论得到进一步拓展，包括对交易特性的更细致研究、交易成本与合作关系、组织形式的演化等方面的探索。根据交易成本理论，企业会根据交易的特性和固定成本来选择最有效的组织形式。当交易特性存在高度的资产专用性以及不确定性时，企业更倾向于使用企业内部的层级结构来减少交易成本。交易成本理论对于解释和分析企业的组织形式、合作关系以及市场和企业的边界问题具有重要意义。因此，交易成本理论的核心观点可以借鉴到棉农生产性服务经营主体选择行为的研究中。棉农在选择与其他生产性服务经营主体（如龙头企业、合作社、家庭农场等）进行交易时，也会面临交易成本的考量。借鉴以上交易成本理论的核心观点的论述，同样适用于棉农生产性服务经营主体选择行为研究，归结于不同生产性服务经营主体之间的交易成本差异，为棉农生产性服务经营主体选择行为提供了理论基础和经验依据，帮助农户在市场和内部交易之间做出合理的选择。

### 1.3.3.1 交易成本理论的基本内容

（1）科斯关于交易成本的观点。

科斯的《企业的本质》一经发表，标志着交易成本理论的重要发展和正式提出，但交易成本的思想在之前的经济学家的贡献中也得到了部分的论述和解释。科斯的最大贡献是第一次明确提出交易成本的思想，其沿用了经济学家康芒斯的理论。他认为，在现实世界中，零成本的市场交易是不存在的。其进一步指出，无论是寻找交易对象、商定价格、起草合同、履行合同，还是监督和解决争议和纠纷，都是围绕交易这一基本经济单元可能产生的费用。此外，科斯在他的论文《社会成本问题》中指出，如果没有交易成本，那么无论初始产权如何界定，经济总是可以从效率上达到最优。

（2）威廉姆森（Williamson）关于交易成本的观点。

威廉姆森强调通过最小化交易成本来匹配不同类型的交易的重要性。只有当交易特征与环境特征相匹配时，才能最小化交易成本，从而促进有效的交易。这一观点的重要性在于，经济中的各种交易类型都存在不同的特征和需求。通过了解和分析此特征，可以制定更加精准的政策和制度，有助于降低交易成本。如表1-1所示。

表1-1　影响交易成本的因素

| 因素 | 来源 |
|---|---|
| 交易主体的行为 | 有限理性 |
| | 机会主义 |
| 交易特性 | 不确定性 |
| | 资产专用性 |
| | 交易频率 |

交易有限理性和机会主义两个基本假设对理解交易成本经济学中的交易行为和交易成本的形成至关重要。此假设的存在使交易并非总是完全有效率和完美竞争，而是受到各种因素的影响。不确定性、资产专用性和交

易频率是区分交易类型的关键因素，特别是资产专用性，在决定交易成本和设计交易结构上起着核心作用。资产专用性强调对某特定交易所做的投资，这类资产如果不经重大改动或增加费用，难以适用于其他交易。

威廉姆森着重指出一种关键的交易特性——资产专用性，并深入探讨它如何显著作用于交易双方的行动以及交易过程中产生的成本。在实际经济中，资产专用性对交易的性质和成本有着重要影响。当交易涉及使用高度专用的资产时，如果需要改变交易方向或者重新配置资产，可能会面临较高的成本和风险。因此，匹配适当的交易秩序（如企业内部的垂直整合或者特定市场的结构）是至关重要的，可以最大限度地减少交易成本。需要注意的是，政府公共组织机构、市场组织机构、企业组织机构并没有绝对的好坏之分，而应该根据不同的交易特征和环境选择适合的组织方式。在现实中，许多经济活动往往是两种组织机构的混合体，既有市场交易，也有企业内部合作。组织经济活动时，农户需要根据具体情况权衡利弊，选择适合的组织机构来实现经济效益和资源的有效利用。

（3）哈特关于交易成本的观点。

哈特指出在交易成本和合同不完全性的背景下，事后剩余控制权变得尤为关键。这一控制权通过作用于资产运用，进而影响交易各方在后续谈判中的实力以及盈余的分配方式。这种盈余的分配方式反过来又决定各方对该交易关系投资的积极性。哈特强调，若剩余控制权不能妥善分配，将导致交易前的投资无法有效执行，从而产生的损失可视为交易成本的一部分。其揭示了交易成本中不容忽视的环节，为理解交易行为的内在动力提供新视角。哈特和威廉姆森都将交易成本的概念扩展到投资活动中，不仅仅局限于市场上的物品和劳务交易。而哈特的观点则更进一步，强调专用投资对事前激励的影响。

（4）阿尔钦和德姆塞茨关于交易成本的观点。

阿尔钦和德姆塞茨认为，企业的存在是为了有效地组织和管理劳动力以实现生产过程的优化。他们还认为在团队协作的生产过程中，偷懒现象成为一大难题。若试图依赖市场机制来化解此问题，将不可避免地面临高额的交易费用。因此，探寻更为高效的解决策略，降低成本，成为提高团队生产效率的关键所在。

阿尔钦在《生产、信息成本和经济组织》一文中认为，资本主义社会的标志是资源由非政府组织（如企业、市场、家庭）来拥有和进行资源配置。他指出，在讨论企业和市场的角色时，人们通常更关注企业间的竞争，而忽视了企业内部投入资源的竞争。在企业内部，不同的部门、团队或个体之间需要竞争有限的资源（如预算、时间、人力等），以完成任务和实现绩效目标。公有产权问题指的是如何明确资源的归属权和权益分配，以避免潜在的争议和冲突。交易成本问题则是考虑资源配置时涉及的各种成本，包括信息收集、讨价还价、合同签订和执行监督等。综上所述，阿尔钦的观点提醒我们，在组织内部资源的配置和利用问题上，除了关注企业间的竞争，还需要重视企业内部的投入资源竞争，同时考虑公有产权和交易成本的因素。这不仅有助于优化资源的利用效率，还提高了企业的绩效和竞争力。

德姆塞茨在《所有权结构和企业理论》一文中提出，在职消费有两种类型：一种是反映个人偏好的可观察道德个人消费，如企业所有者——经理的消费；另一种是反映监督成本的未知个人消费，如企业员工——偷懒。同时他认为，企业活动分工是企业所有权和管理控制权分离，能够有效提高投资和管理的效能水平。此外，德姆塞茨强调，企业的分工体系尤其是所有权与管理控制权的分离，对于提升投资效益和管理效率起着至关重要的作用。基于此，我们可以认为，通过精确界定消费与生产单位以及合理分配企业内部权力，将有助于推动企业整体运作的优化升级。产权分割对现代社会非常重要，现代公司通过股权的分散和股东权益的保护，使得更多人可以参与企业所有权，从而降低企业的融资成本。《公司法》则提供一套法律框架规范企业的运作和治理。这些机制确实有助于降低个人参与企业所有权和管理的成本，从而提高整体的效率和效益。

（5）阿罗（Arrow）和张五常的观点。

Arrow（1969）强调深入探讨交易成本在多样化环境与配置方式中的

重要性，主张这一议题应被纳入公共物品和一般资源配置理论的探讨范围。他指出，交易成本实际是经济体系运作的必要费用，并可分为两类。同时，Arrow 还认为，交易活动本身能够产生规模经济效应。若能建立一套公开且透明的价格机制，将极大地减少信息传递和沟通的耗费，从而显著降低各方在评估交易可能性时所面临的成本问题，有效缓解失衡状况。市场失灵与交易成本之间有密切关系，市场失灵不仅是由于外部性、信息不对称等因素造成的，更是由于交易成本的存在使市场无法有效运作。高昂的交易成本可能使某些交易无法进行，从而导致资源未能有效配置，市场效率受到损害。因此，对于制度设计和政策制定者来说，了解并考虑交易成本的存在是至关重要的。有效地降低交易成本可以促进市场的有效运作，减少市场失灵的可能性，进而提高整体的经济效率。

张五常（1999）提出的观点对理解交易中的属性问题和交易成本产生深远影响。他指出，商品或服务可能具有多种属性，而且这些属性可能同时被多个所有者所拥有，这会增加交易的复杂性和成本。如果购买方希望获得所有权，他们可能需要付出额外的成本来进行调查，以确定交易对手是否真正拥有声称的所有权。此过程涉及信息的收集和核实，需要付出一定的交易成本。

总的来说，交易成本是一个复杂而多样化的概念，不同类型的交易和不同的交易主体可能涉及各种不同形式的成本。这些成本有些是显性的，可以比较容易地计量，而有些是隐性的，难以精确地衡量和量化。显性的交易成本包括直接的金钱支出，例如交易费用、合同签订费用等。这些成本相对容易观察和记录。然而，隐性的交易成本则更为复杂，可能包括谈判成本、信息搜索成本、合作关系维护成本等。这些成本难以直接观察和量化，但它们对交易的实际进行具有重要影响。事实上，正是因为交易成本的多样性和复杂性，导致交易成本理论的提出和发展。研究交易成本的目的之一就是帮助我们更好地理解交易过程中的各种障碍和成本，从而找到降低成本、促进有效交易的方法。

1.3.3.2  交易成本的测度研究

通过对以上研究的梳理可以得知，目前交易成本含义和范围存在无法统一的情形，导致对交易成本的度量存在各种困难（张旭昆，2012）。在相关学术领域，众多研究者致力于探究交易成本对农产品销售的影响。例如，Hobbs（1997）的研究以牲畜销售为例，采用交易失败风险和交易耗时等指标来衡量交易成本的影响。陈松等（2022）的研究中，发现信息、谈判及执行成本均对果品产销对接中的主要交易模式具有显著影响。同时，胡友等（2022）将交易成本划分为固定成本与可变成本，探讨这两者如何影响农户在市场上的决策。

1.3.3.3  交易成本理论的应用研究

交易成本理论在实践中的应用主要聚焦于产权、技术采纳、销售渠道选择、土地流转以及外包行为等领域。邓宏图和王巍（2015）发现，产权的多元属性决定具体的契约结构和组织形态。不同的产权安排会对整体治理制度产生影响，从而影响到生产经营中契约制度的安排（Williamson，1985），若产权保护制度较为严格，往往会对企业家有激励效应，使其更倾向于将资源用于生产，而非"敲竹杠"等行为。在农户技术采纳过程中，若要素市场出现失灵，导致现实农业生产中农户对技术推广服务和金融信贷有效需求不足，进而增加交易成本，农户则对新技术采纳的意愿较低（Nelson 和 Temu，2002）。在农户选择农产品销售渠道方面，农户对高经济作物的销售渠道选择受农户个体因素和交易成本的影响（侯建昀和霍学喜，2017；黄智君等，2022；范慧荣和张晓慧，2021）。穆月英和赖继惠（2021）研究表明，户主年龄、资产专用性、谈判费用、信息费用和监督成本对农户选择批发市场具有明显的积极影响。周恩毅和谭露（2024）研究强调，农地流转市场早已成为学术界关注的焦点，特别是在交易成本这一领域。Wu 等（2023）的研究便揭示出交易成本是制约农地流转的关键因素之一。要促进农地转入，可以考虑降低交易成本，改善农地所有权的明确性和可转让性，以及通过政策手段调动和引导农地的供给和需求，以满足市场的需要。此外，交易成本亦会对农户农业生产外包行为产生一定影响。近年来，学者们深入探讨交易特性对农户生产与销售环节的影响。钟真等（2021）研究认为，交易特性的显著抑制效应明显表现在农户生产环节的外包行为上。与此同时，廖文梅等（2021）指出，交易成本同样可以对农户在销售环节的行为方面产生重大影响。进一步地，郑旭媛等（2022）的研究发现，交易成本是农户在选择产品销售契约方式时不可忽视的因素。因此，探索有效途径以减轻农户在生产外包中所承担的交易费用显得尤为关键。这不仅可以激发农户参与社会化服务的积极性，还能促进农业生产效率的提升。

### 1.3.3.4  交易成本对农户生产性服务经营主体选择行为影响的研究

在农业发展中，降低交易成本对促进农户和农业生产性服务经营主体之间的合作与互利关系、优化资源配置以及提高农业效率具有重要意义。一些学者指出，农业生产要素的"假不可分性"是一个神话，农户购买生产资料和服务的活动在不同阶段都存在规模经济的怀疑，而服务扩大规模时也面临交易费用增加的挑战。Wakaisuka-Isingoma（2018）提出交易成本理论框架揭示了服务提供者和消费者之间的相互作用和依赖关系。Buvik 和 Reve（2001）的观点强调供应商在市场中投入专用性资产时所面临的风险和不确定性，供应商可能会倾向于要求买家签订长期合同或其他形式的保障措施，以降低这种风险的发生。Nalukenge 和 Kibirige（2003）也发现，交易双方不可能签订一份包含所有偶然事件的事前完备契约。Williamson（1975）指出，交易成本的绝对数量并不是最重要的，重要的是不同组织模式的交易成本的相对比较。Williamson（1975）关于市场组织和层级组织的理论发现，纵向一体化被认为是解决资产专用性最好的方法。通过纵向一体化，企业可以在内部整合生产和供应链，减少对外部市场的依赖，从而更好地管理和控制资产。Buvik 和 Andersen（2001）的观点强调资产专用性对企业协作决策的重要影响。此外，他们指出资产专用性对跨国企业协作的影响比对国内企业协作的影响更显著。Cam 等（2007）的研究指出，在整合的组织架构中，企业有效地具备了辨识及对机会主义行为进行处罚的能力，这一优势显著减少了在寻找、筛选潜在合作伙伴以及履行交易合同过程中产生的成本。Moran 和 Ghoshal（1996）的研究成果揭示威廉姆森关于交易成本的理论在多数企业决策过程中并不具备普遍适用性。在少数适用的情况下，交易成本甚至会逆向作用于企业家的决策行为。Taylor 等（1998）指出，在交易的各个环节，如寻找潜在合作伙伴、进行协商以及监督交易行为，均需承担不菲的成本。此外，Gedajlovic 等（2010）运用交易成本理论研究家族企业存在的合理性。

在探索农产品质量标准与交易成本对供应链组织结构的影响方面，Ménard 和 Egizio（2005）的研究为我们提供宝贵的视角。Benin 和 Samuel（2016）的研究进一步证实，政府推广活动及非政府组织如 NAADS 项目的实施，有效降低农户获取信息的难度，农业生产性服务组织成为联系农户、政府、服务提供者与市场的"桥梁"。而 Brezuleanu 等（2015）的研究认为，农业合作社显著减少了边远地区的交易成本，为农户通过合作经济组织参与市场，实现成本降低和收益提升提供可能。随着分工的深化、交易规模的扩大，中间专业服务组织通过精心设计的农业要素契约，为交易双方提供高效的连接"桥梁"。这种方式显著降低交易过程中的成本（何一鸣等，2020；徐旭初，2019）。同时，谢琳和钟文晶（2016）发现，通过实施土地股份合作社这一机制，引入职业经理人这一新型角色，以及建立服务超市这样的平台，能有效地减少社会化分工中产生的交易成本。李亚朋（2023）、陈超等（2019）研究认为，交易成本是影响农户对农产品销售对象选择的重要因素。李颖慧和李敬（2020）、宋慧岩和王卫（2013）提出多元参与者的供应链体系有助于显著减少交易费用，从而极大地提升农业市场的交易速度和效率。胡新艳等（2016）强调，农业规模化经营服务的介入，对减少农地在流转过程中的内部交易费用具有显著效果。杨丹和刘自敏（2017）发现，农业社会化服务模式有效降低农业生产经营主体和服务供给者双方的交易成本。上述研究指出资产专用性对企业协作决策的重要性，并强调在不同情境下选择合适的组织形式和策略的必要性。然而，针对交易费用与棉农生产性服务经营主体选择行为的研究相对较少，因此本书将从棉农选择不同生产性服务经营主体类型和不同规模棉农选择生产性服务经营主体视角比较交易成本的差异。

### 1.3.4　农业生产性服务经营主体的服务效果研究

　　生产性服务经营主体在农业生产性服务业中扮演着关键的角色，是实现农业规模经营的"排头兵""尖刀班""主力军"（姜长云，2016）。在我国，农业服务体系正快速发展和壮大，涵盖家庭农场、专业农户、农民合作社以及农业行业的领军企业。此外，工商资本也纷纷涌入这一领域，宛如八仙过海，各显神通。这样的多元化发展有利于缓解农业生产过程中劳动力的短缺问题（王志刚等，2011），消除传统家庭经营模式的种种弊端（董欢和郭晓鸣，2014），从而推动农业规模经营。生产性服务经营主体的快速成长，有助于资源要素的集聚（邵腾伟和钟汶君，2022），提升农业产业化和专业化水平，推动区域环境与资源的整合，进而实现农业现代化的适度规模经营（孙蕊和齐天真，2019）。生产性服务经营主体作为要素供给的一种形式，影响农户的生产经营决策（刘强和杨万江，2016），进而改变农业的规模经营行为（孙新华，2016）。一方面，生产性服务经营主体提供的服务能有效填补农户在资源配备上的欠缺，有助于扶植小农户形成规模效益，提高农户的收入水平。生产性服务经营主体能够有效解决小农户在生产经营中所面临的资金短缺、科技投入不足、信息不及时且不对称、管理水平落后等问题，进而提高农户的农业收益（梁巧等，2023）。另一方面，在推动我国农业现代化进程中，农业服务主体在助力小农户融入现代农业产业链方面正扮演着至关重要的角色。小农户通常因为规模有限、资金和技术短缺、管理能力不足而难以独立适应现代农业的快速步伐。然而，得益于农业服务主体提供的现代化机械设备和高效管理技术，小农户得以跨越传统农业生产的种种限制，实现与现代农业的有机结合。

　　另外，许佳彬等（2020）研究表明，生产性服务经营主体发挥引领作用，其技术效率明显高于小农户，可带动小农户发展，但对于不同地区、不同作物，带动小农户增收模式存在差异，不同生产性服务经营主体经营倾向性也存在差异。例如，以政府为主体提供的公益性服务可以优化土地资源配置，减少交易成本，促进农户获取更高农业收入（钱煜昊和武舜臣，2020）。可见，中国的生产性服务经营主体与小农户合作既存在共同规律，也因地区、经营主体的目的、合作类型、作物类型的不同存在较大差异。

生产性服务经营主体在追求供给高质量服务的征途上，还致力于整合资源、推广高新技术，助力小农户跨越传统农业的局限。众多文献指出，企业凭借自身较强的领军能力和较广的辐射带动能力有利于企业促进技术创新能力（姜长云，2019；王曙光和王琼慧，2019），提高农业科技转化率（沈费伟，2019）以及提升农户技术采用率（王洋和许佳彬，2019），最终保障农作物产量（郭如良等，2020）、促进农民增收（马轶群和孔婷婷，2019）。家庭农场、合作社与企业相比，其更容易形成相对紧密而又稳定的利益联结机制，更能关注普通农户的利益诉求，更能有效增加农户收入、提高农户劳动舒适度（姜长云，2018），提升农户福利效应。同时，合作社具备提供高质量、高效农业服务的能力。值得一提的是，那些自主决定加入合作社的社员，还能无偿享受到合作社提供的一系列农业服务（黄季焜等，2010；杨丹，2019；徐旭初和吴彬，2018）。然而，在当前农业生产模式下，外包现象日益普遍，导致农户在获取农业服务时，所需支付的成本明显上升。面对这一趋势，学术界对生产性服务经营主体在提升农作物产量方面的作用展开深入探讨，但至今尚未形成统一看法。在这种背景下，农业生产服务外包的效率与成本问题成为业界关注的焦点，而生产性服务经营主体能否真正助力产量提升，依旧是值得深思的话题。李娜和冯双生（2019）构建关于龙头企业对农户福利影响的理论模型，发现龙头企业多以追求利润最大化为目标，在有限的服务市场内出现"捞一把就走"或向普通农户"转嫁风险"的行为，降低了农户的福利效应。闵师等（2019）认为合作社的不断发展，也可能导致小农户难以分享农业生产性服务环节带来的增值利润。因此，探析生产性服务经营主体如何与小农户合作共赢，需要进一步阐释农业生产性服务经营主体的服务效果，对准确把握生产性服务经营主体带动小农户发展的一般规律与提升农户福利效应机制十分必要。

### 1.3.5 文献述评

随着农业生产性服务业的发展，农业生产性服务经营主体迎来了新的发展契机，但其发展规模又不足以将各种所需的外部服务内部化，难以同时满足所有农户的需求。目前研究主要聚焦于农户对农业生产性服务的需求，而对农业生产性服务经营主体的服务供给情况关注较少。即：忽视杜志雄和刘文霞（2017）曾经提出"农业生产性服务经营主体除了是农业生产性服务的需求者，更是农业生产性服务的供给者"的命题。而基于微观视角，从农业生产性服务经营主体的服务供给功能出发，归结农户选择行为特征及规律的研究是间断式的、离散化的。具体表现为：第一，国内学术界的研究重点在于探讨农户的行为，但研究深度尚显不足。从交易成本的角度来看，很少有研究探讨棉农对生产性服务经营主体需求的深层次理念问题，例如他们为何需要这些生产性服务经营主体以及如何进行选择等。当前，学术界对农户与生产性服务经营主体选择的研究大多仅限于描述实际情况，主要采用实地调查和个案访谈等质性研究方法。研究者很少采用建立在多种假设基础上的模型研究方法，以深入探索原理层面。第二，学者们通常选择特定的农业生产性服务经营主体进行单方面的研究。目前，棉农选择生产性服务经营主体的状况和具体选择行为还没有形成一致性结论，不同的研究可能会得出相反的看法和结论。在交易成本视角下，棉农选择生产性服务经营主体的内在机理是什么？当前棉农都做出了哪些具体的选择行为？棉农生产性服务经营主体选择行为的福利效应怎样？针对这一系列问题的合理探讨，能深刻揭示出棉农选择生产性服务经营主体行为背后的深层机制。综观国内外的研究文献，尚未形成明确且具有说服力的结论。第三，理论上仍然沿袭国外学者提出的农户行为模型，尽管农户对生产性服务经营主体选择有较多的共同特点，但在农业生产性服务业发展机制体制方面我国与国外有很大不同，研究结论的适切性可能会稍显不足。在探索农户行为模型的过程中，笔者发现尽管棉农在选择生产性服务经营主体时展现出诸多相似偏好，但中国在农业生产性服务业的发展机制和体制上却呈现独特性，这与国外学者的理论模型存在显著差异。因此，我们必须在继承和借鉴国外成熟理论的基础上，加强本土化研究，以弥补现有结论的不足，确保理论成果能在实际中得到有效应用，进而促进我国农业的持续健康发展。这一转变不仅涉及对现行体制的深刻理解，还包括对棉农需求变化的敏锐洞察以及在服务提供机制上的不断创新。

无论是通过深入探讨交易成本视角下棉农选择生产性服务经营主体的行为规律，还是通过解决棉农服务需求理念与生产性服务经营主体供给关系间的分歧，抑或是将异域棉农行为理论的本土化，其最终目标都是优化农业生产性服务经营主体配套制度，推动农业生产性服务业的发展，以实现农业现代化。

# 1.4　研究思路与研究方法

### 1.4.1　研究思路

本书的基本思路：研究基于以上机理分析，沿着"交易成本棉农生产性服务经营主体选择行为—棉农生产性服务经营主体选择行为差异—棉农生产性服务经营主体选择行为的福利效应—政策建议"的逻辑思路。首先，基于宏微观相结合的视角，系统阐述农业生产性服务业发展的历程，解析农业生产性服务经营主体发展政策演变及其在棉花主产区实践的现实逻辑。其次，围绕"交易成本特征—选择行为—选择行为差异"的逻辑思路，运用多种数理模型，探索交易成本影响棉农生产性服务经营主体选择行为及差异的作用机制。再次，通过建立反事实框架进行实证分析，深入探讨棉农生产性服务经营主体选择行为的福利效应。最后，基于组织行为的新分析框架（SAGP 模型），以质性研究方法剖析棉农选择生产性服务经营主体的福利效应，了解这些主体对棉农家庭收入和舒适度的影响路径。最终为满足农户多元化需求、促进农业生产性服务、实现农业现代化提供对策建议。本书的技术路线如图 1-1 所示。

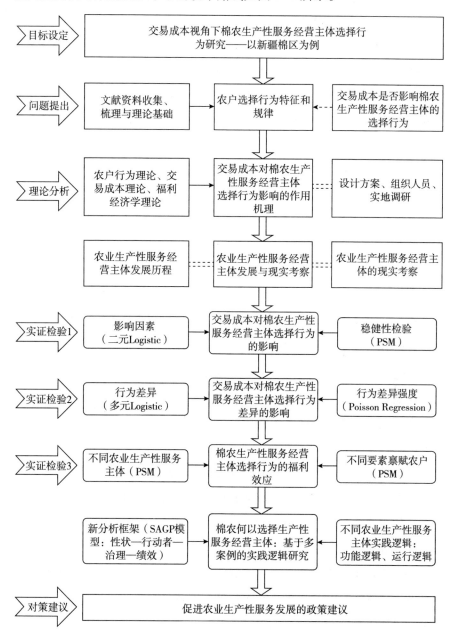

图 1-1　本书的技术路线

### 1.4.2 研究方法

#### 1.4.2.1 实地调查法

作为一种社会调查方法的问卷调查法，其重要作用在于收集第一手微观数据。笔者在 2023 年 5~10 月对新疆维吾尔自治区的部分农村地区进行实地考察并发放了问卷调查。选取了包括北疆和南疆等地为样本地，并在其中一部分由大学生协助完成的问卷中获得了基础数据。

#### 1.4.2.2 计量分析法

本书将综合采用多种计量联合检验方法，包括 Heckman 模型、二元 Logistic 模型、泊松回归模型、Mv-probit 模型、多元有序 Logistic 模型以及倾向得分匹配法（PSM），对棉农在生产性服务经营主体选择行为、行为差异和行为效应等方面进行深入分析。

（1）Heckman 样本选择模型。

棉农生产性服务经营主体选择行为差异是由两个阶段构成的：第一阶段是棉农是否选择生产性服务经营主体；第二阶段涉及棉农选择接受何种生产性服务经营主体。若棉农未选择生产性服务经营主体，则无法观测其实际接受的生产性服务经营主体；只有在棉农选择生产性服务经营主体时，才能观测到其实际接受的服务主体。本书采用 Heckman 两阶段模型，以拟合棉农生产性服务经营主体选择行为上的差异。

（2）二元 Logistic 模型。

基于棉花生产过程中各环节的深入研究，发现劳动力、资本和技术三大要素在不同阶段的需求呈现显著的异质性，选择整地播种、水肥管理和棉花采收三个典型环节作为研究对象。

（3）泊松回归（Poisson Regression）模型。

构建棉农生产性服务经营主体选择行为差异程度模型，即棉农采购服务环节数，通常在整地播种、水肥管理和棉花采收三个典型环节，数据的取值范围往往会受到非负数的限制。针对这种计数数据，常采用泊松回归进行估计。

（4）Mv-probit 模型。

同时，在棉花各生产环节，棉农对劳动力、资本和技术需求存在差异，且各个环节中选择生产性服务经营主体的行为通常不会彼此排斥。因此，为更加深入探讨棉农采购生产性服务经营主体服务环节之间的相互作用关系，使用 Mv-probit 模型以凸显整地播种、水肥管理和棉花采收环节之间的相关性，并进一步提升模型估计的效率。

（5）多元有序 Logistic 模型。

为更进一步验证棉农选择行为差异程度，又由于被解释变量"棉农采购生产性服务经营主体的服务环节数"选项有多个且是有序的，故采用多元有序 Logistic 回归模型进行稳健性回归。

（6）倾向得分匹配法。

已有研究显示，由于农户行为会存在"自选择"现象，因此会存在某些不可观测的因素影响选择行为，进而导致有偏的估计结果。对此，本书采用倾向得分匹配法克服调研对象"自选择"问题。为了更加准确地测算选择农业服务主体后农户（处理组）所获得的福利效用，因此选用未选择农业服务主体后的农户（对照组）进行匹配分析，鉴于两组农户样本的划分是非随机的，很难确保两组样本的概率分布保持一致。为解决这一问题，Rosenbaum 和 Rubin（1983）构建了一个反事实分析框架，可以更加有效地测度选择农业服务主体后的农户福利效应，从而有效消除样本非随机分布的有偏估计。在此基础上，通过这一框架的运用，即使用倾向得分匹配法模型，能够对棉农的福利效用获得更加精确和客观的理解，确保研究结果的有效性与可靠性。

### 1.4.2.3 案例研究法

案例研究可在一定程度上改善定量研究的局限性。在我国，案例分析法作为研究工作中的关键方法，其价值及对科学领域的可能贡献已深受学术界肯定。在本书中，其中重要的创新之处在于尝试基于新分析框架（SAGP 模型：性状—行动者—治理—绩效），对生产性服务经营主体的形成和发展以及对服务功能的实现路径进行探究；我国农业服务领域的成长起步较晚，其监管标准相对较为宽松，这就使得关于农业生产性服务经营主体的时间序列数据收集变得相当困难。鉴于此，本书旨在采用案例分析方法，深入探讨并总结农业生产性服务经营主体在实现其服务功能方面的内在逻辑规律。

# 1.5  本书的创新之处

第一，系统架构包括交易特性（资产专用性、风险性、规模性）和交易过程中产生的交易费用（信息费用、执行费用、谈判费用）两个维度的评估框架，拓展了棉农交易成本的评估指标体系，不仅有助于构建符合国情的农业经济模式，还能推动整个行业的现代化转型。

第二，探索交易成本对棉农生产性服务经营主体选择行为的影响机理，构建交易成本对棉农生产性服务经营主体选择行为差异影响的理论模型，揭示交易成本对棉农主体选择行为及差异的影响机制，从而有助于深入理解农户的行为模式，为制定更有效的农业政策提供依据。

第三，将服务柔性、服务集聚理论从制造业与工业领域延伸到棉农生产性服务经营主体选择行为的研究中，深入探究其影响机制和具体路径，有助于揭示棉农选择生产性服务经营主体的行为及差异，进而指导提升农业生产性服务体系效能和改善棉农服务体验。

# 第2章 概念界定与相关理论基础

## 2.1 相关概念界定

### 2.1.1 农业生产性服务经营主体

农业生产性服务经营主体是为满足棉农生产需求，为棉农提供产前、产中、产后生产性服务的组织或个体。包括政府机构、合作社、农业企业、农民专业合作社、农机合作社、个体经营者等。它们协同合作，为农业生产提供全方位支持，包括提供产前、产中、产后的金融、灌溉、播种、施肥、病虫害防治、农产品收割、仓储物流等服务，以及产业链、供应链、价值链层面的一体化服务。目前，农业生产性服务经营主体呈现多样化的趋势。在农业领域，传统的服务架构如集体经济组织、农机大户等，一直是农业社会化服务的主力军。然而，随着时代进步，新型服务模式如农业产业化联合体、多元化合作社，以及集科技与经营于一体的各类平台和联盟也应运而生。多元化的农业生产性服务经营主体共同作用下形成健全、综合和高效的生产性服务体系。一方面，能够为现代农业的发展打下良好的基础，农业生产性服务经营主体扮演着为棉农提供各种生产性服务的角色，通常拥有专业的设备、技术和经验，提供高效、精确和可靠的农业生产服务，实现农业现代化。另一方面，在当前农业发展的大背景下，推进农业现代化已成为必然趋势。农业生产性服务经营主体能有效地搭建小农户与现代化农业之间的"桥梁"。农业生产性服务经营主体把现代服务业的创新理念引入传统的农业生产过程，推动农业机械化的发展和生产环节的外包服务，可以提高农业生产效率、降低生产成本、减轻棉农的劳动负担、提高产量和质量，并帮助棉农适应市场需求和技术创新。

### 2.1.2　交易成本

广义的交易成本普遍存在于有利益冲突的个体之间。为更清晰地阐述，本书将交易成本细分为两个维度，从而全面考察威廉姆森分析范式下的"交易特性"以及交易过程中产生的具体"交易费用"。

#### 2.1.2.1　威廉姆森分析范式下的"交易特性"

威廉姆森提出的交易维度概念是经济学中非常重要的理论之一。这些维度涵盖交易中的几个关键方面，涉及资产专用性、不确定性和交易频率。资产专用性是指资金一旦被投入到某个特定的项目中，要将这些资产转换为其他用途将面临重大挑战。同时，交易过程中的不确定性同样不容忽视。包括对市场走向的无法预知，以及双方在策略上的隐瞒或信息差导致的潜在机会主义行为。这些因素共同构成交易中的风险与挑战，这就要求投资者在决策时不仅要考虑眼前利益，更要对潜在的风险作出充分的预估和准备。而交易频率量度交易行为在一定时间框架内发生的次数，可以分为一次性、重复性和常态性交易。因此，在经济学家威廉姆森的分析框架内，完全竞争市场被视作理想化的概念，而在现实世界经济活动中，交易过程远比模型复杂。由于资产具有专用性，交易双方面临的不确定性以及交易发生的频繁程度，在这些因素共同作用下，使得现实中的交易变得相当困难。然而，胡新艳等（2015）指出，威廉姆森提出的交易特性分析并不完全契合那些易受自然因素影响或涉及生命现象的交易类型。此外，Brouthers 和 Brouthers（2003）强调，农业与工业在交易性质上显著不同，尤其是在农业活动中交易具有多样化特征。

鉴于此，何一鸣等（2019）针对农业生产的独特性质，对威廉姆森的交易特性分析进行适应性调整，将其扩展到资产专用性、风险性和规模性三个方面。在农业生产背景下，这些经过细化的交易特性对理解棉农交易行为提供更为精确的分析框架，并在本书的第 5 章和第 6 章中占据核心地位。

### 2.1.2.2  交易过程的"交易成本"即交易费用

交易成本的概念最初源自 1937 年英国经济学家科斯在其著作《企业的性质》中的论述。他通过论证企业存在的原因，提出"交易费用"的概念。科斯指出，所谓的交易费用主要包括以下几个方面：首先，需要明确界定产权；其次，必须搜索交易对象并获取其他交易信息；再次，一旦找到合适的交易对象，就需要进行谈判并达成合同；最后，在合同执行过程中，将严格监控合作方的履行情况，一旦发现违约情况，将立即采取法律手段予以维权。在整个交易过程中，所涉及的各种费用累计起来便构成了所谓的交易成本。自科斯时代起，众多经济学专家和学者从多种视角对交易成本进行了阐释，遗憾的是，至今尚未出现一个被广泛认可的确切定义。

科斯等学者提出的交易费用概念主要从具体交易活动的角度分析是否存在交易费用，并根据整个交易过程将其划分为多个方面成本。一方面，在 Barzel（1997）的研究中提出一种独到见解，他认为交易费用实质上涵盖从寻找交易对手、进行谈判直至签约并实施监督全过程中的成本。这些费用不仅仅体现在直接的金钱支出，还包括为确立和维系特定产权所付出的一系列努力和代价。在此范围内，学者们普遍认为交易费用是市场运行过程中的具体成本。另一方面，Arrow 的观点颇具代表性，他认为交易费用并非仅限于产权交易本身，更应扩展至制度构建、维护及执行的各个层面。值得一提的是，张五常（1999）提出的交易费用概念被最广泛地应用。他认为交易费用时刻存在社会交往中，仅当在社会只存在一个人的情况下交易费用才会为零，超过一个人的情况就会产生交易费用。基于这些不同学者对交易费用的阐述和区分，考虑到在不同的市场环境下，交易成本受多种因素影响而呈现的差异性，因此，准确测量这些成本成为一项切实可行的任务。

在新制度经济学浪潮的推动下，农业经济领域的研究视角亦发生转变，将交易成本这一概念融入其研究的核心框架中。然而，欲深入研究交易成本的实际影响，首先必须克服关键挑战，即找到准确衡量这些成本的有效方法，精确的度量不仅关乎理论的完善，更是实践探索的基石，对理解农业经济运作的深层逻辑具有重要意义。张溪和张堪钰（2024）将交易费用视为影响农户生产和交易决策的重要因素。本书通过对棉农与生产性服务经营主体之间的交易活动进行实地考察，发现交易成本涵盖了从收集市场信息到谈判价格、品质和合同条款，再到监督合同执行的各个环节。因此，基于深入的文献回顾和翔实的现场调研数据，结合交易成本理论和精确的数据解读，有助于全面评估棉农在选择生产性服务经营主体时所面临的交易费用及其在不同情境下的具体差异，深入揭示棉农行为背后的决策逻辑。

通过以上分析可见，早期众多学者在研究初期阶段往往将"交易费用"与"交易成本"两个概念混为一谈。但有研究指出，交易成本用于明确交易单位的特征并衡量实施契约的成本（张五常，1999）。在本书中，我们着重深入解析棉农在降低交易成本过程中所采取的策略，以揭示棉农如何在复杂的交易环境中作出明智的选择，从而优化其交易效益。

### 2.1.3　农业生产环节的划分

在深入探讨农业生产的精细化分工过程中，发现一个有趣的现象：当农业分工的细节被进一步细化，每个参与分工的个体所承担的环节相对减少，进而提升整体的农业分工效率。这种分工机制主要分为横向和纵向两个维度。横向分工表现为不同作物类型间的专业分化，而纵向分工则体现在生产过程中不同阶段的生产性服务经营主体参与，形成一种曲折而高效的生产模式。以棉花为例，其生产流程涉及十大环节。在这些环节中，我们特别关注了产前的土地整理和良种选购，产中的灌溉与施肥管理以及产后的棉花收获等关键阶段。这些环节的研究对于理解如何优化农业生产过程具有重要的实践意义。在此基础上，农业生产各环节进行精准配合，不仅能提高效率，也为农业的可持续发展奠定了坚实基础。通过对这些核心环节的深入分析和优化，将有助于推动我国棉花产业的现代化进程，实现农业生产的更高水平。

### 2.1.4    棉农选择行为过程

#### 2.1.4.1    棉农选择行为

棉农选择行为包括棉农"是否愿意""是否接受"生产性服务经营主体的实际行动。根据马克思主义的实践理论，在农业生产经营实践中，棉农作为主体需要将农业科学技术有效地运用于农业资源中，以改变农业生产过程中生产低效和高强度劳动的窘境。但是，在我国新疆棉花种植区域，众多棉农由于采用分散的经营方式，加之科学知识掌握程度有限，导致农业创新成果和实用技术难以被直接、高效地融入日常的农业生产活动中。

在农业生产领域，除农户这一核心角色外，农业生产性服务经营主体同样扮演着至关重要的角色。这些专业机构或个体（农技推广部门与基层技术服务站、大学和科研单位、村干部或村组集体、专业合作社、农业龙头企业、专业服务公司和供销社等），致力于为农业生产经营提供全方位的支持与协助。但是，该主体不能直接开展农业的生产经营活动，通过为棉农提供全产业链的技术服务这种间接的实践活动，最终促进棉农提质增产。但棉农作为农业一线的实际操作者，他们将科研成果和先进技术直接运用于田野中，从而对农业资源进行有效的改进与提升。这种双方的合作互动，是农业进步的基石。只有当棉农积极采纳生产性服务经营主体的建议和服务时，这种由间接推动者引导的实践活动才能最大化地发挥其应有的效力。换言之，农业服务与棉农之间的良性互动，是推动农业生产方式变革、促进农业现代化的关键所在。

#### 2.1.4.2 棉农选择行为差异

生产性服务经营主体选择行为差异,对于棉农来说是在自身所拥有的资源禀赋约束下,按照比较优势的原则,权衡成本与收益而做出的理性选择。就本书而言,棉农选择行为差异主要包括棉农选择专业大户、家庭农场、合作社、农业服务公司、龙头企业、村集体的差异,也包括大规模农户、中规模农户、小规模农户选择生产性服务经营主体的差异,实质是棉农在棉花种植过程中选择不同生产性服务经营主体的行为实践。

#### 2.1.4.3 棉农选择行为差异程度

为了实现效用最大化,棉农在面对不同环节生产行为时,常常会多类行为并举,而不同行为的差异程度各异。因此,本书根据棉农采购生产性服务经营主体的服务环节数来衡量其生产性服务经营主体选择行为差异程度。

### 2.1.5 服务柔性

进入 20 世纪 90 年代,服务领域的竞争越发激烈,引发学术界对服务业竞争优势的深入思考,服务柔性由此被引入研究视野。尽管关于服务柔性的探讨起步较晚,研究相对有限,但已有学者从多角度对其进行阐释。如 Correa 和 Gianesi(1994)的实证研究中指出,服务柔性如同制造业的柔性一样,是应对市场变化的关键能力。同时,通过对旅游、银行、物流等领域的深入研究,学者们尝试构建符合服务业特性的柔性理论。例如,洪静和张勇(2005)提出以"真实一刻"为切入点,诊断银行业服务不足,并对服务接触点进行细致剖析,进而提出提升银行服务柔性的策略。国内学者陈荣平(2006)深入探讨服务柔性的多个维度,如企业文化、服务人员与顾客的视角,他提出了服务柔性的核心要素涵盖灵活的服务产品、高效的服务过程以及精心设计的互动接触。这一系列研究不仅揭示了服务业柔性的重要性,更为服务业在多变环境下的转型升级提供理论指导和实践路径。

学术界对服务柔性这一概念尚无统一定义,本书将服务柔性定义为一种能够迅速满足顾客个性化需求，并从顾客角度出发的服务能力。首先，服务柔性理念可以被应用于棉农生产性服务经营主体选择行为的研究。其次，在农业领域，服务柔性可以体现为生产性服务经营主体能够根据棉农的需求提供个性化的服务，如根据不同地区、不同农作物的特点，灵活安排农业机械、技术、培训等资源。最后，服务柔性对棉农的生产性服务经营主体选择行为有着重要的影响，能够增加棉农对生产性服务经营主体的满意度和信任度，进而提高棉农与生产性服务经营主体的合作意愿。即生产性服务经营主体能够及时满足棉农不同农业生产环节的多样化服务需求。

### 2.1.6 服务集聚

集聚在《简明牛津地理学词典》中被解释为"产业、资本、人口向空间的集中"。在多数研究者倾向于沿袭前辈对生产性服务业集聚概念的界定以明确其研究范畴的同时，仅有少数研究人士选择对生产性服务业集聚的范围进行深入的反思与重新解读。如 Keeble 和 Nacham（2002），将其定义为以特定地理区域为范围实现某一产业相关生产要素的集中分布、实现生产要素的持续汇聚。基于前文论述，在本书中，将服务集聚概括为农业生产性服务业如何在其相关资源、劳动力以及组织结构三个方面，在特定地理区域内形成一种集聚效应的连续变化过程。这不仅仅是空间上的集中现象，更涉及多方面因素相互作用、持续发展的动态系统。此外，农业生产性服务集聚会极大地降低农业成本（赵丹丹等，2022），它不仅激发了一系列经济效应，如外部经济、规模经济、区位经济以及城市化经济效应（Marshall 等，1987；Pandit 等，2011），还显著提高了企业效率（钟廷勇等，2015）。同时，服务集聚还提升农业生产性服务经营主体的专业化水平，更重要的是，集聚效应和路径依赖是农业生产性服务业发展的两大特性，这种集聚状态将不断自我强化，为我国农业产业链的持续壮大注入源源不断的强大动力（赵丹丹等，2022）。

因此，服务集聚理论可以用于探讨服务集聚对棉农生产性服务经营主体选择行为差异的影响。首先，服务集聚指的是在特定区域内，某一类相关生产性服务经营主体密集聚集的现象。其次，在农业领域，服务集聚可以表现为多个农业服务机构、农技推广机构、农业合作社等在特定地区内提供服务。最后，服务集聚对棉农生产性服务经营主体选择行为产生影响的具体路径包括：一是提供更多的选择机会，棉农可以比较多个生产性服务经营主体的服务内容、价格、质量等，从而做出更为理性和优化的选择；二是产生竞争和合作的机制，生产性服务经营主体之间在服务质量、创新能力等方面的竞争和合作，可以促进提供更好的服务，满足棉农的需求。

# 2.2　理论基础

## 2.2.1　交易成本理论

新古典经济学理论在探讨市场机制时，容易忽视交易成本这一重要因素。该理论主张市场具有自我调节的能力，能够无须外部干预实现资源的合理配置，这一观点基于一个假设——市场交易零成本。但现实世界远比理论模型复杂，市场中的信息并不对等，参与者也常常无法做到完全理性。正因如此，在市场的各个层面和活动中，交易成本不可避免地扮演着关键角色。这一认识揭示理论与实践之间的差距，强调深入探究市场交易成本对理解经济运行机制的重要性。在此基础上，发现市场的有效运作并非无须代价，而是需要充分考虑并有效管理交易成本，以实现资源配置的最大效益。

### 2.2.1.1　交易成本理论的产生

在 20 世纪 30 年代，交易成本理论崛起。在 Commons（1934）的研究中，对交易的重要性进行深刻阐述，把交易本身视作基本的分析单元，赋予交易成本以实际的测量与应用的可能。随后，Coase 的论文中引入交易成本概念，然而，由于当时缺乏实际应用的可能性，这一理念并未得到广泛关注。Williamson（1971）在《生产的纵向一体化：市场失灵的考察》的论文中，对市场失效的多种因素进行深度剖析，他认为，专用性投资、契约的不完备性、由于道德风险等所导致的战略误传的风险、信息处理效应和制度是导致市场失灵的五个原因。而 Alchian 和 Demsetz（1972）撰写的《生产、信息费用和经济组织》也是较早论述关于交易成本的经典论文，他指出导致企业偷懒行为的原因是团队生产造成的监督和测度成本较高。总体而言，在深入探讨交易成本理论的领域时，发现其核心议题集中在如何决定组织的结构以及合同条款的完整性上。

### 2.2.1.2　交易成本概念界定

科斯认为，交易成本是指使用价格机制所涉及的各种成本，其中最明显的是发现相对价格所需的费用，如寻找交易对象和确定交易价格的成本，谈判成本、合同签订成本以及确保契约条款得到严格执行的成本等。威廉姆森认为，交易的对象是产品和服务，交易是连续的过程，一个交易的结束意味着下一个交易的开始。

交易是通过契约进行的。在商业活动中，合同的签订是交易过程的核心环节，将交易成本区分为签约前后的两部分至关重要。签约前的成本主要涉及合同的制定、双方的谈判以及为保障合同执行所付出的努力；而签约后的成本，则往往源于交易本身的不确定性及合同可能存在的缺陷。达尔曼与威廉姆森的观点相符，将交易成本分为信息收集和谈判、决策、履约以及监督等阶段的费用。他们将交易成本界定为狭义上的成本。Arrow（1969）、张五常（1999）也从广义角度对交易成本进行界定。Arrow 对交易成本进行独到阐释，将其视为经济体系在运作过程中必然产生的成本。由于在实际情况下，许多交易成本是无法明确区分的，张五常对交易成本的定义十分广泛：首先，交易成本是在所有权交易的过程中产生的；其次，这些成本源自经济制度的使用所带来的费用；最后，交易成本无处不在。

在经济活动中，我们不可避免地会遇到交易成本这一概念。这些成本随着所有权的转移而出现，主要源于利用经济制度所必需支付的费用。值得注意的是，交易成本贯穿于各种经济行为中，成为我们进行商业往来时必须考量的重要因素。同时，确定和衡量转让权利所需的成本也是不可避免的，这就导致了交易过程中会产生交易成本。

### 2.2.1.3 交易成本分类

交易成本分类源于对交易成本内涵和外延的理解。Coase认为，交易成本包括交易准备时期发现价格的费用、交易进行时的谈判和签约费用以及督促合约严格执行的费用。Demsetz（1968）指出，交易所有权所产生的成本即交易成本。而Arrow（1969）则将交易成本解释为"经济系统运行的费用"。Williamson（1985）对此有着深刻的理解，他认为交易成本实际上涵盖从事交易过程中所涉及的劳动力、土地、资本以及企业家的才能等资源的消耗。

张五常（1999，2000）研究指出，交易成本的概念并非涉及生产物质产品直接所需的费用，而是由多种制度性开销组成的整体。包括获取信息的成本、协商谈判的支出、执行合同的耗费、产权界定的开支、监督管理的费用，以及制度改革调整所产生的费用。与此同时，Williamson（1985）将交易成本划分为两个阶段：事前成本和事后成本。事前成本涉及合同的起草、谈判和执行过程，而事后成本则包括合同签订后可能出现的错误处理、争议解决、日常运营和遵守约束等费用。

弗鲁博顿和芮切特（2006）提出的分类法中，交易成本被细分为市场型、管理型以及政治型三大类别。这种分类法凸显交易阶段在成本划分中的核心作用，即交易前、中、后各个阶段所涉及的成本条目。由此，从个体交易者的视角审视成本差异显得尤为重要。农业选择行为的分析便是一个典型例证。鉴于此，本书采纳科斯和威廉姆森等的交易成本观念及其分类方法，从交易特性和交易过程中产生的"交易费用"两个维度来考量，以探讨棉农在选择生产性服务经营主体时所面临的交易成本。

### 2.2.2　农户行为理论

农户行为理论是研究农户生产性服务经营主体选择行为的重要理论基础。近年来，关于农户行为的研究领域，学术界的焦点主要集中在农户理性经济人的假设上，引发广泛的讨论和辩论。王洪丽和杨印生（2016）研究指出，这场辩论主要划分为三个颇具影响力的学术流派。这三个流派分别是生存小农学派、理性小农学派以及历史学派，它们的研究成果为深入剖析和解读本书主题——农户行为，提供富有洞察力的观点和启示。在此基础上，农户的经济决策并非孤立无援，而是受到多种因素的综合影响，这些学术流派为我们理解农户行为背后的复杂动因，提供重要的理论依据和思考方向。

#### 2.2.2.1　生存小农学派

在探讨小农经济理论中，生存小农学派的观点尤为引人注目，其核心人物包括恰亚诺夫、波兰尼和斯科特。杰出的社会学者恰亚诺夫开创性地提出小农在农业生产中的行为模式与企业追求利润最大化的逻辑大相径庭。小农配置家庭资源，并非以盈利为目的，而是基于家庭消费需求的满足。一旦这种需求得到满足，小农便会停止农业生产。继承此观点的波兰尼对资本主义经济学中以利润为终极目标的思维模式进行深刻批判。詹姆斯·斯科特沿袭前人的理论，强调小农经济在农业生产中的核心宗旨应着眼于降低潜在风险，而非单一追求市场收益的最大化。基于这一理论视角，为理解小农经济的本质提供新的思考方向。在此基础上，这些思想家们对农业生产的解读，揭示不同于资本主义经济逻辑的农业生产模式，强调小农经济中以家庭需求为核心，注重稳定和保障的生产生活方式。

#### 2.2.2.2　理性小农学派

理性小农学派的旗帜性人物——舒尔茨与波普金，对农业经济有着深刻的洞察。在舒尔茨的经典著作《改造传统农业》中，他强调农户在传统与市场交易环境中，认为农业生产物资的分配和农户定价实践与帕累托效率完全一致，在市场条件完备的情况下，农户能像商业精英一样通过绝对理性的行为决策精确分配土地、水资源、劳动力等生产要素。他们依据市场的微妙变化灵活调整资源利用，确保资源的有效配置与个人行为的协同。无论是传统农业还是现代农业，农户始终以追求家庭经济效益最大化为宗旨，其决策过程无不透露出经济理性。舒尔茨进一步阐述，小农经济的要素配置已然达到帕累托最优状态，意味着生产要素的任何重新组合都不会显著提高产出，这一观点对小农经济的发展有着深远的影响。波普金作为理智小农学派的杰出代表，于1979年提出了突破性的"理性小农"观念。他认为在农业生产中，农户若要摆脱低效率的小农经济困境，关键在于合理运用现代生产要素，以克服生产要素边际产出递减的难题。农户会在成本、风险和收益的博弈中，凭借自身的资源条件及价值取向，预判行为结果，进而按照家庭效用最大化的原则作出决策。这一理论不仅揭示农业现代化的必由之路，更为传统农业向现代化转型提供有力的理论支撑。

### 2.2.2.3 历史学派

历史学派以黄宗智（2014）为代表，黄宗智提出了独到的"拐杖逻辑"，认为由于劳动力转移出现困难，目前农村存在大量青壮年劳动力剩余的情况，造成机会成本趋近于无的人工投入，所以即使在边际报酬偏低的情况下，农户仍旧会投入劳动力。他通过对农民的农业和非农业收入进行深刻剖析，揭示既追求理性利润，又注重生活保障的农民形象，强调农业收入是构成小农经济的基础，而非农收入则如同支撑家庭经济的拐杖，两者相辅相成，共同塑造小农家庭的经济结构。

在我国社会经济的快速推进下，农户行为理论经历由生存小农学派向理性小农学派、历史学派转变的深化过程。借助现代生产要素的融入，这一理论不断完善，力图构建出更能揭示现实情况的理论体系。本书围绕棉农行为范畴，无论是采用绿色生产技术还是选择生产性服务经营主体，棉农需结合自身实际情况做出明智的选择。借助既有研究假说为理论依据，棉农在选择生产性服务经营主体时，需要评估交易费用的多少外，还需考虑生产性服务经营主体的服务能力、服务专业性、服务便捷性等以及选择生产性服务经营主体行为后的服务效果、服务有效性等，从而让棉农做出的选择行为更加理性。

### 2.2.3 福利经济学理论

福利经济学致力于评判社会福利处于何种状态下更为优越（黄有光，2003）。福利经济学的研究涵盖了从经济与社会福祉到效率与公正的权衡，涉及平等的收入分配、公共财产与外部效应，再到环境保护与可持续性发展，同时还包括政府政策、群体合作、经济增长与就业机会以及全球化的多维度挑战。因此，我们必须深入探究多元化的影响因素，以便更全面地理解和把握福利经济学的现代发展脉络。

福利经济学的研究领域广泛、研究成果丰富，然而在多元争鸣的学术环境中，在某些关键议题上学者们仍然持有不同的观点和见解。我们看到知识不断演进的动力，也感受到理论与实践不断碰撞出的火花。例如，在探讨福利水平的量化评估中，传统福利经济学理论提出，个体的收入水平与其所享受的福利程度成正比（Tilman，2004）。个人福利水平也可用效用来衡量，其边际效用呈递减规律。至于社会福利水平，则随着社会产出的增加而增加，一个国家或地区的社会福利水平也相应增加（Mega，2010；Younghwa，2013）。在新福利经济学的观点中，福利的本质被视为个人的内心体验，人们能够对自己所获得的福利进行优劣的比较，但无法将其量化为具体的数值（Vries 等，2013）。因此，福利并非是通过简单相加来衡量，而是在一定程度上挑战传统的基数效用论。在此框架下评价福利水平的合理性，我们转而采用帕累托最优原则，这一标准更注重个体间的相对福利状态而非绝对数值的总和。就本书而言，棉农面临规模经营向服务经营转变的问题，而生产性服务经营主体的出现改变传统农业生产方式，促进棉农的农业收入和提高棉农舒适度等方面的福利效应。因此，基于福利经济学视角，从棉农家庭收入和劳动舒适度两个维度，探讨棉农生产性服务经营主体选择行为的福利效应具有较强的理论和现实意义及政策价值。

### 2.2.4 专业分工理论

要更深入地探讨农户在农业生产中的分工与协作行为，首先需要明确农业生产中分工与协作的概念。从分工对象角度来看，涉及农业产业的分工、不同农产品的生产分工以及农业生产各个环节的分工；从主体角度来看，包括区域内的农业分工、区域内不同农户之间的分工以及单个农户家庭内部的分工等。这些不同形式常常会相互交织和相互融合（杨丹和刘自敏，2011）。然而，就如斯密所设想的，农业劳动生产力的提升速度落后于制造业。这或许是因为农业难以像制造业那样完全实现分工制度，从而导致了农业生产分工的不完全。在研究农户在农业生产中的分工与协作时，我们可以确定的是，在我国农村地区，随着劳动力向城市的不断流动，农户对于提升生产技能的渴望越发强烈。这种需求源于农村劳动力资源配置、性别构成和年龄分布等多重因素的变化，迫使农户在农业生产过程中寻求更精细的分工与合作。然而，这种迫切需求与目前农业社会化服务体系的不足和不完善形成鲜明对照。正是这一现状促使国务院在过去10年里持续强调并推动农业社会化服务体系的发展，以期实现农业生产的高效与现代化。

农业生产性服务属于农业社会服务领域，其本质在于专业分工的细致化，是由技术进步和社会分工得到的必然结果（龚道广，2000）。这种专业分工对农业种植的规模提出一定的要求，若规模过小，就会限制农业生产性服务的细致化分工。相反，规模化的生产更适合非公有制农业生产性服务的提供（张忠军和易中懿，2015）。农业生产性服务业被视为我国农业现代化发展的重要契机（梁银锋等，2018）。其兴起是社会分工的产物，是企业内部服务从"内部化"向"外部化"和"市场化"方向发展的结果（芦千文，2018）。专业化分工提升了知识储备能力、社会生产总量以及劳动生产率。分工内生发展的核心是在分工经济与交易成本之间进行艰难抉择，提高交易效率能够刺激分工发展（李颖慧和李敬，2020）。当购买服务的收益超过成本增加时，企业会选择"外部化"，否则会自给自足（芦千文，2018）。总体而言，农业生产性服务业是对农业经营领域的更深度细分，即将原先由单个农户自行完成的农业生产环节交由专业组织或机构，以更低成本、更高效率来完成生产环节。

## 2.3　交易成本对棉农生产性服务经营主体选择行为影响的作用机理

### 2.3.1　交易成本对棉农生产性服务经营主体选择行为的影响理论分析

2.3.1.1　经典理论分析下服务外包行为过程的交易成本理论模型

Coase 在 1937 年《企业的性质》中首次提出"交易成本"这一概念。基于科斯的交易成本理论，Williamson（1993）探讨资产专用性对企业决策的影响，详细阐述企业在市场机制与治理结构之间做出选择的深层逻辑。他指出市场治理和企业治理的选择主要受到两个因素的影响：交易成本（治理成本）的水平和生产成本之间的差异。

在理论框架的指导下，我们建立了一个分析模型，该模型基于两个核心假设：

假设 1：无论是市场管理还是企业管理，其成本均由交易费用和生产成本构成。

假设 2：在假定生产成本不变的情况下，企业内部的扩张将导致更高的组织管理费用，而市场采购则涉及交易成本。

在纵向一体化的企业结构中，总成本可被划分为生产成本和管理成本两个部分：

$$C = C_A + C_M \tag{2-1}$$

其中，$C_A$ 表示企业的生产成本，$C_M$ 表示企业的管理成本。

$$C = C'_A + C_T \tag{2-2}$$

其中，$C'_A$ 表示企业外包成本以外的成本，$C_T$ 表示企业还需考虑非外包成本及由外包服务引起的交易费用。由此，在假设 2 背景下，决定是否外包只需比较 $C_M$ 和 $C_T$ 这两者的大小。具体如图 2-1 所示。

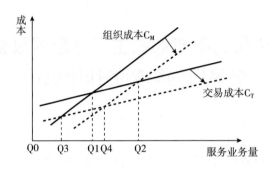

**图 2-1　服务外包行为机制**

假设业务量为 Q0，根据图 2-1 可以明确判定 Q1 是一个关键的转折点。在 Q0<Q1 的情况下，交易成本高于组织成本（$C_T>C_M$），企业将面临较高的交易成本，这一成本超过组织内部的费用，导致企业倾向于通过纵向一体化来规避高昂的交易开支；而在 Q0>Q1 时，组织成本开始占据主导，超过交易成本，即（$C_M>C_T$），此时企业通过服务外包的手段可以有效减轻成本压力，进而倾向于采纳外包策略，以跨越原有的运营界限。

然而，Q1 的临界点随时发生变化，即企业的关键转折点并非一成不变，而可能受到三方面因素的影响而产生变化。首先，随着企业内部管理水平的提升，Q1 会发生变动。若企业能够提升自身的管理能力和领导水平，组织成本将相应减少。由图 2-1 可知，曲线 $C_M$ 将向右下方移动，导致转折点从 Q1 位置向 Q2 位置转移。在这种情况下，若企业的服务业务量在 Q1 和 Q2 之间时，它们更倾向于采取纵向一体化的策略。其次，服务外包市场的扩张和成熟也将降低交易成本。这也会导致曲线 $C_T$ 向右下方移动，使转折点从 Q1 下移至 Q3，此时，若企业服务量在 Q3 和 Q1 之间时，服务外包依然是一个吸引人的选择。最后，当组织成本和交易成本同时下降，即曲线 $C_M$ 和 $C_T$ 同时移动时，转折点将处于 Q4。此时，Q4 和 Q1 的大小取决于这两方面成本降低的具体幅度。在这样的动态环境中，企业必须灵活调整战略，以适应不断变化的成本临界点。

2.3.1.2　交易成本在棉农生产性服务经营主体选择行为中的理论应用

接下来，本书将以棉农的视角构建一个分析模型，专门探讨交易成本如何作用于棉农在生产性服务经营主体选择上的决策。农业生产过程中，交易成本作为一种实际因素，无疑会提高棉农与生产性服务经营主体间的交易门槛，进而左右棉农的决策。

（1）不考虑交易成本的情形。

假设在一个充满竞争的农业生产服务环境中，棉花的种植涉及整地播种、水肥管理、收割、秸秆利用和地膜回收等多个阶段，这些环节共同构成生产链。设服务环节的数量为 n，其中 n 的取值从 1 到无穷大。每个环节的服务成本以单位劳动力的价格 P 来计算，而耕作的总面积 A 被划分为 t 个地块。在此研究中，我们聚焦于农业生产服务市场，因此排除农地流转市场的可能性，将农地租金设定为 0。

假定理性棉农旨在实现棉农经济效益的最大化，并且存在非农就业市场的情况下，不考虑交易成本，目标函数可设定为：

$$\max \pi = t\left(\frac{L_0}{t}\right)^{\alpha}\left(\frac{A}{t}\right)^{\beta} + W(L - L_0) - L_0 P_n \qquad (2-3)$$

其中，$\alpha + \beta = 1$ 表示技术限制，即规模报酬不变；A 表示土地资源的约束；$\pi$ 表示棉农家庭的收益；L 表示家庭总劳动力；$L_0$ 表示购买服务的劳动力；W 表示非农务工工资收入；$L_0 P_n$ 表示家庭农业生产性服务费用。以上共同构成一个复杂的农业生产图景。在这个假设的场景中，我们设定棉农地块数为 t，且每块地面积相同，劳动投入和产出在各地块间均等分布，$\frac{L_0}{t}$ 和 $\frac{A}{t}$ 代表每块地劳动投入和面积，$\left(\frac{L_0}{t}\right)^{\alpha}\left(\frac{A}{t}\right)^{\beta}$ 表示每块地的产出，$t\left(\frac{L_0}{t}\right)^{\alpha}\left(\frac{A}{t}\right)^{\beta}$ 表示家庭所有土地的产出总和，$W(L - L_0)$ 表示非农收入。因此，在劳动力配置达到最佳状态时，棉农家庭的土地产出总和与非农收入将达到均衡点，从而实现收益的最大化。

根据劳动力的一阶条件，在劳动力配置达到最优的情况下的函数为：

$$\frac{\partial \pi}{\partial L_0} = \alpha L^{\alpha-1} A^\beta - W - P_n \qquad (2-4)$$

遵循边际效益的原则，农业生产者在考量劳动力投入时，会在农业劳动带来的边际收益与因从事农业而放弃的其他活动的边际成本之间达到平衡点，进而决定最适宜的劳动力购买规模。如图 2-2 所示，在 $MRL_0 = W+P_n$ 的条件下，棉农将会做出是否增加劳动力投入量 $L_0$ 的决策。换言之，这一模型展示在确定农业劳动力使用效率的最优解过程中，如何权衡成本与收益，以实现资源的最合理配置，确保农业生产的经济效益最大化。

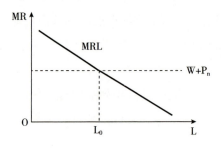

**图 2-2　不考虑交易成本边际劳动**

（2）考虑交易成本的情形。

在探讨农业生产性服务交易过程中涉及的交易成本 $C^3$ 问题时，若我们假设所雇佣的农业劳动力水平为 $L_1$，在这样的背景下，构建一个优化目标函数显得尤为重要，则目标函数为：

$$\max \pi = t\left(\frac{L_0}{t}\right)^\alpha \left(\frac{A}{t}\right)^\beta + W(L-L_1) - L_0(P+C)_n \qquad (2-5)$$

此时，当农业生产的劳动力投入资源调配达到理想的平衡状态，则农业劳动力投入实现最优配置的函数如下：

$$\frac{\partial \pi}{\partial L_0} = \alpha L^{\alpha-1} A^{\beta} - W - (P+C)_n \tag{2-6}$$

在图 2-2 的分析框架下，引入交易成本因素后，图 2-3 展示了新的决策场景。棉农在考虑到总成本时，即 $MRL_1 = W(P+C)_n$ 的情况下，决定其购买的劳动力投入量 $L_1$。由于考虑到交易成本后，总成本 $(P+C)_n$ 超过原本的成本 $P_n$，即 $(P+C)_n > P_n$，导致棉农减少对劳动力的需求，具体体现在 $L_1$ 小于无交易成本时的劳动力需求 $L_0$，即 $L_1 < L_0$。换言之，交易成本的存在限制棉农对生产性服务经营主体的选择，影响其投资决策。

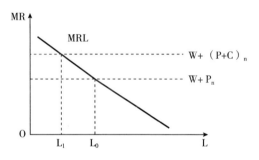

**图 2-3　考虑交易成本边际劳动**

### 2.3.2　交易成本对棉农生产性服务经营主体选择行为差异的影响理论分析

#### 2.3.2.1　棉农生产性服务经营主体选择约束因素分析

根据黄祖辉等（2008）的研究，市场的每一笔交易，无论其性质是长久合作还是临时往来，也不管是公开透明还是潜藏不露，都被视为一种交易关系。然而，个体的有限理性往往使得参与者难以对未来进行周详的预测。环境的不可预测性和多变性加剧了这一困境，让当事人在做决策时不得不面对种种潜在的未知数。由此，交易成本、个体的有限性、环境的复杂性以及契约不完全性的作用机制，为我们提供全新的视角，用于理解信息不对称、不确定性和市场风险。在本书中，我们借鉴了张五常（2000）提出的"交易机制如何实现"的问题意识，进一步探讨棉农与生产性服务经营主体之间的交易机制。棉农选择不同的生产性服务经营主体，面对潜在盈利的追求，交易布局无疑会受到众多要素的深刻影响。

第一，在当前农业服务市场中，棉农在进行生产性服务经营主体选择时面临着信息不对称的难题。受限于获取信息渠道和自身认知能力，棉农在决策过程中往往只能依赖于有限理性判断。面对可能潜藏道德风险的农业生产性服务经营主体，尤其是那些不熟悉的商业主体或合作社，棉农需保持高度警惕。生产性服务经营主体虽然在推进农业专业化方面发挥着作用，但也存在追求短期利益的机会主义行为。一旦违约，棉农可能会遭受巨大经济损失。即便诉诸法律途径，棉农仍需承担高额的交易成本，这对他们而言无疑是雪上加霜。

第二，交易成本理论认为，交易是最基本的分析单位。在新制度经济学的理论框架下，普遍认为人类在决策过程中所展现的理性是受限的，同时，人们的行为模式往往伴随着机会主义的倾向。在农业服务交易领域，规避风险、实现双方共赢显得尤为关键。由于农地租约的特性，如资产的专用性和不确定性，以及交易过程中产生的纯交易费用，农户在挑选合作伙伴时需面对诸多挑战。这些因素不仅导致契约的不完整性，还使交易行为的监管和证实变得复杂，进而提升交易的实施成本。同时，考虑到高昂的诉讼和仲裁费用，第三方介入也变得极为困难。综上所述，交易成本已成为限制棉农决策，影响其选择生产性服务经营主体的一大关键因素。在这一背景下，寻求降低交易成本、提高合作效率的途径，成为促进农业服务市场健康发展的重要课题。正如刘丽和吕杰（2015）研究所指出的，理解并应对这些交易成本，对于优化棉农的决策具有重要意义。

第三，服务特性和棉农特征。在探究农业服务领域的特性与棉农行为的关系时，本书将相关生产性服务经营主体明确区分为公益性和经营性两大类。这两类生产性服务经营主体因服务方式、合同内容以及面临的交易条件上的显著差异，对棉农决策施加各异的影响力。在中国的乡村社会，传统的差序格局依旧具有举足轻重的地位，特别是在熟人社会中，基于协商与互信的合作机制对生产性服务经营主体的配置起到至关重要的作用。接下来的论述将深入分析这一关键性问题。

### 2.3.2.2　交易费用对棉农生产性服务经营主体选择行为差异的影响理论分析

每一次市场交易都是一种互动行为，本质上是人类社会中的交换活动，而这种活动往往伴随着交易成本。然而，利用市场价格机制进行交易所产生的成本相对较高。鉴于棉农通常以追求经济效益为主要目标，因此每次交易的关键之一是降低交易成本。换言之，交易成本的大小直接影响棉农选择生产性服务经营主体的行为差异。为探究棉农选择行为的差异，有必要从交易特性和交易过程中所产生的费用进行分析。

结合农业实践，并参考相关文献，在 Williamson（1985）的分析框架下，我们对交易特性的理解进行深入改进。此次改进的主要目标锁定在以下三个关键层面：首先是资产的专用性，其次是风险性，最后是规模性（何一鸣等，2019；何一鸣和罗必良，2011）。研究表明，在棉农挑选合作伙伴的过程中，资产专用性扮演着关键角色，其影响呈现两个面性。一方面，随着资产专用性的提升，棉农在退出市场时可能遭遇更大的转换难题或承担更高的成本，这是由于改变用途或完全废弃将不可避免地带来所谓的"沉没成本"。另一方面，资产的专用性加强意味着对专业技术的依赖性增强，从而赋予农户有效排斥非专业人士的能力，并由此降低成本（何一鸣等，2019）。由此可见，棉农在考虑是否选择生产性服务经营主体时，资产专用性的考量显得尤为关键。然而，棉农选择生产性服务经营主体的行为差异建立在已经选择生产性服务经营主体的基础上，只有在面临风险带来的不确定性时，才会影响棉农选择何种生产性服务经营主体的行为。

棉农与生产性服务经营主体交易的过程中会产生交易费用，显著的费用支出集中在信息的搜寻、合约的谈判以及交易执行的监督环节。这些环节的成本可以精简为三大类：信息费用、谈判费用和执行费用。Coase 的理论认为，交易成本主要涵盖探寻交易定价、协商合同条款及保障合同执行的监管任务这三个核心部分。在 Coase 的研究基础上，黄少安（1995）进一步提出，交易成本应被划分为两个主要类别：一类是构建市场机制所必需的投入，另一类是在实际交易执行过程中所不可避免的费用。Kaser 等（1991）认为交易费用应包括信息获取、缔约、监督以及可能产生的违约处理费用。然而，棉农在考虑选择何种生产性服务经营主体类型的过程中，他们会比较选择不同生产性服务经营主体所产生的信息费用、谈判费用和执行费用，以实现交易成本的最小化。

在现实的交易过程中，任何棉农都可以选择接受某类生产性服务经营主体，也可以不接受某类生产性服务经营主体，已有大量学者对交易成本的测度方法进行研究。但是，在农业生产过程中，不同生产环节、不同棉农、不同类型生产性服务经营主体的交易成本千差万别，难以归结于同一体系之中。与以往研究不同，本书从交易特性（风险性和规模性）和棉农在选择何种生产性服务经营主体过程中产生的交易费用（信息费用、谈判费用和执行费用）两个维度来测度棉农选择生产性服务经营主体产生的交易成本，讨论棉农选择生产性服务经营主体行为差异和不同规模棉农生产性服务经营主体选择行为差异。

### 2.3.3 交易成本对棉农生产性服务经营主体选择行为研究的逻辑框架

综上所述，首先，基于专业分工与交易成本的核心理念，深入探讨交易成本对棉农生产性服务经营主体选择行为的影响机理。其次，构建棉农模型，深入分析交易成本对棉农生产性服务经营主体选择行为差异中的内在影响机制。最后，基于福利经济学理论，构建棉农福利效应模型，系统探讨棉农生产性服务经营主体选择对棉农福利的影响及其潜在机理，如图2-4 所示。

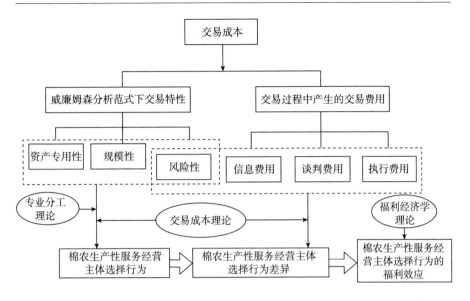

**图 2-4 交易成本对棉农生产性服务经营主体行为研究的逻辑框架**

# 2.4 本章小结

本章通过界定相关概念和分析理论基础，为后续研究提供了棉农生产性服务经营主体选择行为的意义、差异性以及福利效应的基础。首先，对相关概念进行明确定义；其次，运用文献分析法，对交易成本、农户行为、福利经济学、专业分工等相关理论进行全方位阐释；最后，搭建本书的基础理论架构。

# 第3章 农业生产性服务经营主体发展历程与现实考察

农业生产性服务经营主体作为农业生产领域的一种新型经营组织，源于棉农对专业化、规模化农业服务的需求。通过宏观与微观层面的综合数据分析，深入探讨农业生产性服务经营主体的源起、成长脉络及其发展动向，揭示农业生产性服务经营主体发展的关键特点和未来走向，确保后续实证研究的可靠性与理论深度。

## 3.1 农业生产性服务业发展历程

当前，我国正处于一个决定性时期，正经历着从古老的农业生产方式向现代化农业的全面转型。在农业发展较为先进的地区，农业生产性服务业已与农业产业链实现深度整合，为农村经济和农业产业发展提供了强大的资源集聚效应。值得注意的是，尽管现有政策文件中对农业生产性服务业的直接提及不多，但与之相近的农业社会化服务体系已得到广泛关注。在本书讨论农业生产性服务业时，将同时关注农业社会化服务体系的政策内涵。

### 3.1.1 农业生产性服务业萌发阶段（1978~1984 年）

在 20 世纪 80 年代之前，我国逐步搭建起以政府为主导的农业服务体系，涵盖农业技术、林业、畜牧、兽医、水产等多个领域，并设立供销合作社、信用合作社等机构。1978 年，我国成立农业生产资料公司，专营化肥、农药等农用物资①。1982 年，我国农业领域迎来了两个显著变革：一是全国农业技术推广总站迎来了重建；二是基层供销社的商业职能将得到恢复，同时县级供销社逐步向合作社转型。1983 年中共中央印发的《当前农村经济政策的若干问题》提出，产前产后的社会化服务……已逐渐成为广大农业生产者的迫切需要。1984 年印发的《关于 1984 年农村工作的通知》进一步强调，建立起比较完备的商品生产服务体系，满足农民对技术、资金、加工、运输和市场信息等方面的要求。同时提出满足专业户对信息、供销和技术进步等方面的需求，要求合作经济组织把农业生产性服务作为工作重点，扶持各种服务性专业户发展；还提出服务也是一种劳动交换，一般应是有偿的，农民可以自愿选择。具体如表 3-1 所示。

表 3-1 农业生产性服务业萌发阶段的相关政策

| 时间 | 名称 | 涉及农业生产性服务的内容 |
|---|---|---|
| 1983 年 1 月 | 《当前农村经济政策的若干问题》 | 强化产前产后的社会化服务，将经济联合机制作为商品生产发展的核心动力 |
| 1984 年 1 月 | 《关于 1984 年农村工作的通知》 | 构建健全的商品生产服务体系，全面覆盖农户在技术、销售、资金、加工以及商业指导等多个方面的需求 |

资料来源：中央人民政府网站、农业农村部网站整理汇总。

在日益宽松的政策氛围中，我国农民自主发起的农业生产服务组织日渐兴起。一方面，多样化的农产品流通网络初步建成，在 1978~1984 年的经济变革浪潮中，我国统购统销产品的市场份额经历了显著的缩减，从

---

① 农业生产资料公司于 1993 年改组成为中国农业生产资料集团，1995 年 7 月从国内贸易部分离，归供销总社管理。农业生产资料公司成立后，农资经营进入了其与供销合作社"双头经营"时期。

原先的 84.7% 骤降至 39.4%。与此同时，集市上的粮食交易量实现惊人的增长，从 50 亿斤迅猛攀升至 167 亿斤。另一方面，新疆、广东、四川等省份自发成立的技术专业协会，主要以提供技术服务为主，合作模式较为灵活。此外，农民还自发开展经营性服务活动，如创办社队企业、招聘工人及培训学徒等，1984 年约有 70 万人参与其中，培育一批专业服务人才。然而，受限于各项政策，这些经营性服务发展遭遇瓶颈，大多处于自主生长、自生自灭的状态。

### 3.1.2 农业生产性服务业逐步完善阶段（1985~2007 年）

1985~2007 年，我国农业服务领域呈现出丰富多样的变化趋势，其中农业生产性服务业的结构出现明显的调整。1985 年印发的《关于进一步活跃农村经济的十项政策》明确提出，农村一切加工、供销、科技等服务性事业，要国家、集体、个人一齐上。1986 年印发的《关于一九八六年农村工作的部署》把改善农业生产条件，组织产前产后服务列入年度农村工作的总要求。1990 年印发的《关于一九九一年农业和农村工作的通知》提出，农业社会化服务体系包括合作经济组织内部的服务，国家经济技术部门和其他各种服务性经济主体为农业提供的服务。1991 年印发的《关于加强农业社会化服务体系建设的通知》明确了农业社会化服务体系建设的内容和原则，要求发展以乡村集体或合作经济组织为基础，以专业经济技术部门为依托，以农民自办服务为补充。1993 年印发的《关于当前农业和农村经济发展的若干政策措施》提出，以市场为导向，积极发展贸工农一体化经营，通过公司或龙头企业的系列化服务，把农户生产与国内外市场连接起来，实现农产品生产、加工、销售的紧密结合。1998 年印发的《中共中央关于农业和农村工作若干重大问题的决定》指出，基本建立以家庭承包经营为基础的农村经济体制，该体制依托农业社会化服务体系、农产品市场体系和国家对农业的支持保护体系，以适应社会主义市场经济的发展需求。2000 年印发的《中共中央、国务院关于做好二〇〇〇年农业和农村工作的意见》提出，逐步建立具有先进水平的农业科技创新体系。2002 年印发的《中共中央、国务院关于做好 2002 年农业和农村工作的意见》提出，逐步建立起分别承担经营性服务和公益性职能的农业技术推广体系。2003 年印发的《关于促进农民增加收入若干政策的意见》提出，明确加快改革和创新农村金融体制建立与农业产业带相适应的跨区域、专业性的农业科技推广服务组织。2004 年印发的《关于进一步加强农村工作提高农业综合生产能力若干政策的意见》提出，迅速提升农业技术推广效率。2005 年印发的《关于推进社会主义新农村建设的若干意见》提出，为全面提升农业发展水平，必须加速推进农业技术扩散体系的革新与构建进程。2006 年印发的《关于积极发展现代农业扎实推进社会主义新农村建设的若干意见》强调，对农业现代化战略要深入实施。其中，重点提出促进农业生产者之间的合作共享，特别是在农业机械使用和运营方面的合作。具体如表 3-2 所示。

表 3-2　农业生产性服务业萌发阶段的相关政策

| 年份 | 名称 | 涉及农业生产性服务的内容 |
| --- | --- | --- |
| 1985 | 《关于进一步活跃农村经济的十项政策》 | 需要国家、集体和个人三方面共同努力，发展各类服务性事业，如农产品加工、供销和科技等 |
| 1986 | 《关于一九八六年农村工作的部署》 | 构建产前产后服务体系，提供种植技术指导以及收获后的储存、加工和销售服务 |
| 1990 | 《关于一九九一年农业和农村工作的通知》 | 包括合作经济组织内部服务，国家经济技术部门和其他服务性经济主体为农业提供的服务 |
| 1991 | 《关于加强农业社会化服务体系建设的通知》 | 以集体或合作经济组织为核心，构建起包含多种经济元素、多元化渠道、丰富形式及分层次的服务架构 |
| 1993 | 《关于当前农业和农村经济发展的若干政策措施》 | 提出"以市场为导向，积极发展贸工农一体化经营""通过公司的系列化服务，实现农产品生产、加工、销售的紧密结合" |
| 1998 | 《中共中央关于农业和农村工作若干重大问题的决定》 | 在以家庭为单位的承包责任制基础上，我国正致力于打造与社会主义市场经济相匹配的农村经济体系 |
| 2000 | 《中共中央、国务院关于做好二〇〇〇年农业和农村工作的意见》 | 致力于构建一个接轨国际的农业科技创新架构，实现科研成果的高效转化 |

续表

| 年份 | 名称 | 涉及农业生产性服务的内容 |
|---|---|---|
| 2002 | 《中共中央、国务院关于做好 2002 年农业和农村工作的意见》 | 逐步建立起分别承担经营性服务和公益性职能的农业技术推广体系 |
| 2003 | 《关于促进农民增加收入若干政策的意见》 | 深刻改革现有的农村金融体系,致力于打造与农业生产特点紧密结合的科技推广网络 |
| 2004 | 《关于进一步加强农村工作提高农业综合生产能力若干政策的意见》 | 迅速提升农业技术推广效率。坚持公益性与经营性相结合的原则 |
| 2005 | 《关于推进社会主义新农村建设的若干意见》 | 加强农业的七大关键体系建设 |
| 2006 | 《关于积极发展现代农业扎实推进社会主义新农村建设的若干意见》 | 倡导农业生产经营者携手合作,共享农业机械设备,创新服务模式 |

资料来源:中央人民政府网站、农业农村部网站整理汇总。

在政策的有力引导下,我国的农业生产性服务行业迎来飞速的发展期。

第一,农业公共服务机构通过机制改革,不断迈向市场化服务的新模式。国家对农产品市场的调控改革步伐显著加快,倾力打造从收购到零售的多层次市场体系。城乡集贸市场全面解禁,初级农产品市场因此蓬勃发展。截至 1990 年,全国集贸市场数量攀升至 83001 个,成交额实现 5343 亿元,与 1985 年相比,无论是市场数量还是成交额,都分别增长了 35.3% 和 745.0%。截至 2000 年,我国农产品市场的增长势头迅猛,市场个数已攀升至 27445 个,交易总额更是惊人,高达 7555 亿元。这些市场的成交额占据当年我国农林牧渔业总产值的半壁江山,占比达 53.2%。到 2007 年,全国农产品批发市场的数量已超过 4700 家,市场不仅遍布各大中型城市,更是覆盖了农产品的主要产区,其中交易蔬菜、水果、水产品的比重在整个商品交易中占据了举足轻重的地位。

第二,我国农业公共服务机构改革不断深化。推动生产性服务经营主体多元化发展。首先,国家实施了"星火计划""丰收计划"等,以推动农业科技的创新与发展,解决农技推广"网破、线断、人散"问题。1990 年已经建立了 5.6 万个农业技术推广机构(覆盖种植业)。1987 年农业技术承包集团兴起。1998 年，我国农业科研机构在市场化改革中取得了显著成果，其创收高达 15.5 亿元，甚至超过财政拨款规模。得益于事业单位开展农业服务主体和有偿服务的政策，农业科研机构的服务方式不断优化，以适应农业发展的新需求。同时，农业专业合作组织也在规范化发展的道路上迈进。此外，1996~2000 年，我国农业产业化发展取得了显著成就。产业化组织的数量迅猛上升，实现了令人瞩目的 5 倍增长；同时，农户之间的联合数量也实现了 3 倍的增长。截至 2007 年末，我国农业产业化的进程显著加速，形成了庞大的组织网络，总计 17.2 万个不同类型的组织，占比最大的龙头企业数量为 7.5 万家，贡献了 44.0% 的力量；紧随其后的是中介服务组织，有 8.4 万家，占比为 49.1%；而专业市场也有 1.2 万个，占比为 6.9%。这一系列组织的协同作用极大地推动了农业发展，带动 9511 万户农户共同迈向现代化农业的新时代。值得注意的是，新疆农民合作社总数仅为 510 个，成员数为 7.81 万户。

随着全国农业产业化组织的蓬勃发展，新疆各类专业组织也在稳步增长。截至 2006 年底，新疆在农业领域取得显著成就。当地共计成立 405 个专业协会，吸引 14.8 万户农户参与其中。同时，建立 278 个专业合作社，使 1.3 万户农户受益，这些合作社创造了高达 8.9 亿元的销售收入，极大地推动了农民增收，实现了 8.8 亿元的经济效益。供销社系统有一定规模的龙头企业达 155 家，实现销售总额 162.9 亿元，带动 129 万户农户，帮助农民实现收入 64.3 亿元；发展商品基地 100 个，连接 8.87 万户农户，为农民实现收入 6262 万元；建立县、乡、村三级综合服务站 2541 个。新疆农民专业合作组织产业涉及粮食、棉花、蔬菜、瓜果、畜产品、水产和特色农产品，行业涉及农产品生产、加工、销售各环节。从组建方式来看，由供销社、农业技术推广机构、科协、龙头企业、村集体与农民个人联合等发起设立。

第三，公益性农业生产性服务体系持续完善，经营性农业生产性服务产业体系进一步发展。自 2001 年起，我国致力于提升农业信息化水平和服务体系质量，到 2005 年，已显著扩展公益性服务范畴，涵盖农业发展的全面配套体系。此外，多项关键项目如种子工程、沃土工程等得以实施，并新增一系列旨在提高农业质量与效率的工程和计划。截至 2006 年，国家级和省级农业标准化示范区数量大幅增长。截至 2007 年，农业科技示范场的建设也取得了显著成果。这些举措不仅推动农业现代化进程，更为农民提供全方位的信息与技术支持，为我国农业的持续发展奠定坚实基础。

### 3.1.3  农业生产性服务业发展阶段（2008 年至今）

面对农业结构的持续优化，客观上要求进一步创新农业社会化服务，致力于打造一个符合时代需求的现代农业社会化服务体系。2008 年，党的十七届三中全会审议通过了《中共中央关于推进农村改革发展若干重大问题的决定》，强调现代农业建设取得显著进展，农业综合生产能力明显提高，国家粮食安全和主要农产品供给得到有效保障，把资源节约型、环境友好型农业生产体系作为现代农业发展的具体要求。2010~2013 年的中央一号文件中，对农业生产性服务领域的进步作出了进一步的充实与优化。核心焦点在于致力于打造一个新型的农业经营体系，以促进我国农业的现代化发展。2014~2016 年的中央一号文件提出大力培育新型经营主体的重要性，同时首次将农业"托管式"写入中央一号文件。2017~2022 年的中央一号文件多次重申健全农业社会化服务体系，大力培育新型服务主体，加快发展"一站式"农业生产性服务业。具体如表 3-3 所示。

表 3-3　农业生产性服务业萌发阶段的相关政策

| 时间 | 名称 | 涉及农业生产性服务的内容 |
| --- | --- | --- |
| 2008 年 1 月 | 《中共中央关于推进农村改革发展若干重大问题的决定》 | 加快构建新型农业社会化服务体系，促进公益性和经营性服务相结合 |
| 2008 年 2 月 | 《关于切实加强农业基础建设进一步促进农业发展农民增收的若干意见》 | 积极扶持农业生产经营服务组织，向农民提供全方位的便捷服务，包括代耕代种、水资源管理以及仓储物流等关键环节 |

续表

| 时间 | 名称 | 涉及农业生产性服务的内容 |
| --- | --- | --- |
| 2008 年 12 月 | 《关于 2009 年促进农业稳定发展和农民持续增收的若干意见》 | 加快基层农业公共服务机构体系建设，3 年内普遍健全乡镇农技推广、动植物疫病防控、农产品质量监管等公共服务机构要求，明确职责，增强服务能力 |
| 2009 年 | 《关于加大统筹城乡发展力度进一步夯实农业农村发展基础的若干意见》 | 引导家庭农业经营迈向采用尖端科技和高效生产手段的革新之路，促进单一的统一经营模式向农户联合与合作的新型模式演进 |
| 2011 年 | 《关于加快推进农业科技创新持续增强农产品供给保障能力的若干意见》 | 致力于提升基层农技推广服务水平，充分激活农技推广机构的核心职能，全面提高其服务效能 |
| 2013 年 | 《关于加快发展现代农业进一步增强农村发展活力的若干意见》 | 全面激活公共服务机构的核心功能，打造一个全新的农业社会化服务体系。专项与综合服务将实现有机融合，共同推动农业的高质量发展 |
| 2016 年 | 《关于加快发展农业生产性服务业的指导意见》 | 构建农业生产全程社会化服务体系，涵盖产前、产中、产后各环节的综合性服务 |
| 2017~ 2022 年 | 中央一号文件 | 完善农业社会化服务架构，推进涵盖全方位服务的"一站式"农业生产服务行业 |

资料来源：笔者根据中央人民政府网站、农业农村部网站相关信息整理汇总。

积极扶持农业生产经营服务组织的发展，向农民提供全方位的便捷服务，包括代耕代种、水资源管理以及仓储物流等关键环节。鼓励在农村地区培育综合性服务组织，旨在打造集便民与利民于一体的社区服务中心及公益服务站，以满足农民群众多方面的需求。这样的举措不仅提升农业生产效率，还进一步改善农村居民的生活质量，为全面建设社会主义现代化新农村贡献力量。

从上述政策发展可以看出，生产性服务经营主体在推动农业生产现代化建设中的作用日益凸显。为适应农业发展方式的转变要求，农业生产性服务业的发展已跨越传统界限，其服务内容不仅局限于产前、产中、产后阶段，更是延伸至农业产业链、供应链乃至价值链的全方位服务。

第一，公益性服务体系的服务能力得到提升。在推进农业服务体制改革的过程中，我国明确公益性与营利性服务的界限，并对公益性质的服务范畴进行适时调整，推动公益型农产品批发市场的构建。此外，通过强化资金扶持和绩效评估体系的完善，激发公益服务机构的创新活力，推动农业服务模式的革新，同时也支持涉农机构及部分公益组织向领军企业或专业服务公司转型。2013~2021年，国家财政累计拨款245亿元用于扶持农业生产社会化服务，尤其是2021年，资金投入增至55亿元，受益省份扩展至29个。不仅增加了我国第一产业的贡献率（见图3-1），而且稳定农业生产的基础地位。根据国家统计局数据显示，中国第一产业的贡献率从2005年的5.2%增长到2022年的10.5%，呈逐年上涨趋势。综上所述，农业生产性服务的最终目标是让市场在资源配置中起到决定性的作用，通过市场机制的运行和市场竞争的推动，实现农业资源的优化配置和农业产业链的协调发展。

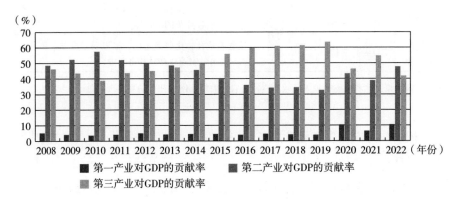

**图3-1　全国三次产业贡献率**

资料来源：国家统计局。

第二，引导各类经营性生产性服务经营主体积极发展。涉农企业、农业服务商和农民合作社正成为促进我国农业产业链优化升级的核心动力，它们在推进农业现代化、工业化和市场化进程中发挥至关重要的作用。截至2018年末，全国范围内此类服务组织已逾37万家，其服务的农业生产托管区域广泛，达13.84亿亩次，受益小农户多达4194.37万户，占全国农业种植户的1/5。截至2019年底，服务组织数量激增至89.3万个，提供的托管服务面积突破15亿亩次，特别是粮食作物服务面积高达8.6亿亩次。这些成就不仅使超过 6000 万户小农户受益，而且这一数字已经占到全国农业经营户的三成。2020 年，我国农业社会化服务组织的数量进一步增至 95.5 万家，服务面积 16.7 亿亩次，服务小农户 7800 多万户。2021 年，全国农业社会化服务组织数量达 104 万个，农业生产托管服务面积达 18.72 亿亩次，服务小农户 8900 多万户（见图 3-2）。总体而言，生产性服务经营主体通过提供专业化、标准化的农业生产性服务，帮助农民提高农业生产的效率和质量，促进农产品的增值和市场竞争力。

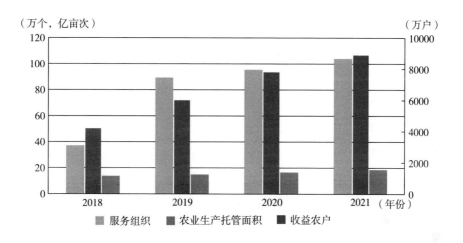

**图 3-2　全国农业生产性服务经营发展现状**

资料来源：国家统计局。

截至 2022 年底，新疆共有农业社会化服务组织 14060 个，服务小农户 164.11 万户，占家庭承包小农户总数的 82%，农业生产托管面积 5568.43 万亩次，较 2021 年增长 21.71%。新疆吉木萨尔县、尉犁县、阿克苏市 3 个县（市）和伊宁县禾稼旺农民专业合作社、布尔津县晨晞农业发展农民专业合作社、沙雅县德民种植农民专业合作社 3 个服务组织 2021 年 11 月获批成为第一批全国农业社会化服务创新试点单位。3 个创新试点县（市）共有农业社会化服务组织 959 家，为农户直接服务的 955 家，服务面积 251.55 万亩，引领带动小农户 3.22 万户，服务领域以种植业为主，包括玉米、小麦、棉花等新疆大宗作物及少量水稻及花生、食葵、红花等特色作物。纳入县级服务主体名录库的组织数量922个，占服务组织数量的96%，评选县级示范服务组织381个，加入中国农服平台的组织162个。在开展全国创新试点的基础上，新疆启动自治区级农业社会化服务创新试点工作，目前有7个县（市）和12个服务组织开展创新试点，服务领域包含育种、农机、农技、养殖、运输、金融等，涉及玉米、小麦、棉花等自治区重要农作物，并按照全国试点要求同推进、同指导、同监测、同评估。

第三，在当前的经济格局下，新兴的农业主体、业务模式及业态正迅速崛起，展现出明显的地区集聚特性。农业服务体系内，专业土地流转机构、技术研发平台、品牌策划公司以及质量检测团队等新兴力量正快速成长。在传统服务模式持续创新的同时，新型业态逐渐占据农产品流通的主导地位。特别是农超对接与电子商务的迅猛扩张，为农业商业模式注入了新活力，使其从简单的买卖合同向产业联盟、联合体及利益共享体等方向演进，并向具有优势的特色农业产业带集中。由此可见，农业生产性服务业的发展，促进我国农业生产服务价格指数呈现波动下降趋势。国家统计局数据显示，农业生产服务价格指数从2008年的107.8下降到2020年的101.8。说明我国农业社会化服务供给能力大幅度提高，农业生产性服务供求由卖方市场转向买方市场，降低了农业生产服务价格指数，促进棉农生产节本增效，推进农业高质量的发展。如图3-3所示。

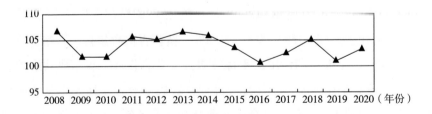

图3-3　全国农业生产服务价格指数

资料来源：国家统计局。

# 3.2　农业生产性服务经营主体发展政策演变

培育新型农业经营主体，构建现代农业经营体系，是当前和今后一段时期中国农村发展改革的重点任务，也是推进农业现代化、农村振兴的关键任务。政府将加大政策支持和投入，促进新型农业经营主体的发展，推动现代农业经营体系的建设，为农村经济的转型升级和农民增收致富创造了良好的条件和环境。2013 年中央一号文件明确提出培育新型农业经营主体，建设现代化农业经营体系。截至 2022 年 6 月底，全国家庭农场超过 100 万家，农民合作社超过 220 万家，辐射带动全国近一半农户。然而，新型农业经营主体在发展过程中并不完全与政策目标相一致，陆续出现家庭农场单位规模产值低于小农户、农业龙头企业压缩农户农机服务空间以及农民合作社"空壳"等问题。鉴于此，为深入剖析中国新型农业经营主体发展问题，探寻新型农业经营主体培育的政策演变过程，捕捉时间线脉络上的政策与实践拟合矛盾，以期提高政策瞄准点，为新型农业经营主体培育的相关政策提供有益参考。值得指出的是，在现有的政策中，对农业生产性服务经营主体的描述较少，更多的是采用新型农业经营主体和服务主体的表述。尽管这两者在实质内容上基本一致，但侧重点略有区别。因此，本书将涉及新型农业经营主体和服务主体相关的政策视为农业生产性服务经营主体（农业服务主体）发展政策的一部分。

### 3.2.1　农业生产性服务经营主体定位政策演变

新型农业经营主体性质定位决定了主体的特点与实质。通过梳理2013~2022 年中央一号文件，可将新型农业经营主体的定位演变划分为两个阶段，归结出政府在不同时期对新型农业经营主体的重点关注和政策导向的调整。第一阶段为 2013~2015 年的体系架构阶段，重点打造和完善新型农业经营体系，并着重培养具备生产力的新型农业经营主体。这一战略的核心目标是释放和增强农业的生产力，表明政府在这一阶段注重提高农业的生产效率和质量，以及培育适应现代化农业发展需求的农业经营主体。第二阶段为2016~2022年的主体扶持阶段，强调培育"生产型+服务型"的新型农业经营主体。政府将培育的重点从单纯的生产型主体逐渐扩大，将服务型主体纳入其中。这意味着政府对农业经营主体的定位更加综合，注重发展农业产业链上下游的服务型企业和机构，以满足现代农业发展中的各种需求。服务型主体的内涵即新型农业经营主体对农业生产者提供代耕代种、土地托管、采购包销和物流配送等服务（赵晓峰和赵祥云，2018），为农业生产者提供全方位的支持和帮助，帮助其提高农业生产效率、减轻劳动负担，促进农产品的销售和流通。在第一阶段发展经验的基础上，我国农业经营主体的角色定位发生了显著转变。最初，新型农业经营主体的培育主要聚焦于克服小规模生产的难题，关注如何高效利用土地。然而，我国仍有大量小农生产者，这一国情尚未改变。若仅将新型农业经营主体视为生产者和需求者，以满足其自身需求为核心，这将对小农户的发展产生不利影响，甚至加剧他们的生存困境，引发新的农地争议和问题。因此，确立服务型主体定位，并非否定生产型主体，而是为新型农业经营主体赋予双重角色，挖掘并释放其服务功能的潜力。这一转变有助于缓解农户在规模化生产过程中可能遭遇的农业资源空间压缩问题，为我国农业的可持续发展开辟了新路径。这两个阶段的定位演变可以看出，政府对新型农业经营主体定位演变路径清晰，经历了从生产主体到服务主体的政策转变，政策导向也逐渐从单一的生产导向转向综合发展的理念，并注重推动农业产业链的优化和完善。这也反映了政府在农村发展改革中的不断探索和创新，以适应农村经济转型和农业现代化的需求（见表3-4）。新疆也根据实际情况出台了一系列生产性服务经营主体发展政策，且地方出台的生产性服务经营主体发展政策是对国家新型农业经营主体发展政策的进一步分解与落实，其本质是为了实现因地制宜，但总体目标一致。

表 3-4　2013~2022 年中央一号文件中关于生产性服务经营主体定位的政策演变

| 阶段 | 发展定位 | 年份 | 文件内容 |
|---|---|---|---|
| 体系架构阶段 | 以发展新型经营主体为目标 | 2013 | 推进现代农业经营主体的培育与发展，全力挖掘和释放农村地区各类生产要素的巨大潜力 |
| | | 2014 | 围绕提高土地利用效率和质量，加快完善新型农业经营架构。同时，重点培育和支持新型农业经营主体 |
| | | 2015 | 加快构建适应新时代需求的农业经营新体系，促进农民增收，提升农业生产效率，实现农村经济可持续发展 |
| 主体扶持阶段 | 以打造生产+服务双主体为目标 | 2016 | 立足于农户家庭经营的坚实基础，培育新型农业经营和服务主体，使其成为推动现代农业发展的中坚力量 |
| | | 2017 | 激发新型农业经营与服务主体的活力，大力促进包括土地流转和服务引领在内的多样化商业模式迅速发展 |
| | | 2018 | 积极培育新型农业经营主体，充分发挥新型农业经营主体带动作用 |
| | | 2019 | 倡导和激励供销合作社、邮政系统、农业服务企业向广大农户提供全方位的农业生产性服务 |
| | | 2020 | 通过多元化的策略，例如订单农业、入股分红、托管服务等方式，促进农业经济的高质量发展 |
| | | 2021 | 加强家庭农场与农民合作社的建设，加快农业专业化服务组织的成长，深化供销合作社的改革 |
| | | 2022 | 鼓励和扶持包括农业服务企业、合作社、村集体以及供销合作组织在内的多元主体，从单一环节到多环节服务 |

资料来源：中央人民政府网站、农业农村部网站整理汇总。

### 3.2.2　农业生产性服务经营主体培育政策导向演变

在我国农业现代化进程中，中央一号文件不仅着重支持新型农业经营主体的成长，同时也聚焦于培育主体生态圈。国家政策准确捕捉到新型农业经营主体的专业化、规模化、社会化及服务化特点，致力于引导它们在发展道路上，实现与实际操作的有机结合，共同迈向繁荣昌盛的未来。2016 年印发的《中共中央　国务院关于落实发展新理念加快农业现代化实现全面小康目标的若干意见》中提出"支持供销合作社创办领办农民合作社，引领农民参与农村产业融合发展，分享产业链收益"。首次明确提出除基本要素供给之外的发展指导方针。这一举措的核心目的，在于引领诸如合作社这类新型农业经营主体走向更为成熟的发展道路。将这类主体纳入产业链的闭环发展之中，旨在打造一个从农户、家庭农场，延伸至农民合作社以及农业龙头企业的完整农业价值链条。新型农业经营主体培育初期带动农户增收创效作用显著（鲁钊阳，2016），产业链政策指导可以充分发挥新型农业经营主体相较农户的生产优势，增加农产品附加值（苑鹏和张瑞娟，2016），将规模化产出效应与地区产业联动配合起来，扩充主体效益影响范围，延伸主体辐射波长，打通农业区域供血脉络，以"新"带"链"，以合作促发展。

伴随网络深度下沉，电商销售模式兴盛。2017年印发的《中共中央国务院关于深入推进农业供给侧结构性改革 加快培育农业农村发展新动能的若干意见》提出，"促进新型农业经营主体、加工流通企业与电商企业全面对接融合，推动线上线下互动发展""加快建立健全适应农产品电商发展的标准体系"。以上举措旨在充分利用电商销售快节奏、低成本、销路广的特点，缩短产销直线距离，以网销对接调节需求，降低新型农业经营主体规模化生产面临的市场风险（薛岩等，2020）。2017年一号文件也明确提出"全面提升农产品质量和食品安全水平"和"支持新型农业经营主体申请'三品一标'认证，推进农产品商标注册便利化，强化品牌保护"。在网络时代，传播速度迅猛和信息透明化的趋势下，拓展网络销售途径变得尤为重要。这种变革不仅推动了消费者通过评价体系发声，更是从需求侧对现代农业经营实体施加压力，迫使它们关注并不断提高产品的品质（吕丹和张俊飚，2020）。在市场经济的引导下，通过优化生产标准，实现供需的健康发展循环，品牌力量与电商渠道的结合已成为推动产业升级的关键。这与2016年中央一号文件中提出的产业链发展战略相呼应。通过产业链的整合与创新，我们致力于用市场动力促进品牌建设，实现由"链"到"牌"的质的飞跃，从而带动整个产业的繁荣发展。

在打通新型农业经营主体发展路径过程中，2018年，《中共中央 国务院关于实施乡村振兴战略的意见》在肯定新型农业经营主体旺盛活力的同时，强调要促进小农户和现代农业发展有机衔接"统筹兼顾培育新型农业经营主体和扶持小农户""培育各类专业化市场化服务组织，推进农业生产全程社会化服务，帮助小农户节本增效"。通过这些措施，我们旨在有效减少农户在农业生产中所面临的种种问题，从而降低他们的生产成本（赵晓峰和赵祥云，2018）。依据《中国统计年鉴》，2019 年末全国农民人口为 72135 万人，小农户基数庞大的国情依旧，稳定小农户生产安全，拉动农户参与积极性，保证农民稳产增收仍是中国农业现代化体系的重点。政策引导农业参与主体有机联结，以"稳"促增收，以共享促发展。

梳理政策导向可以看出，导向重点演变主要围绕两个关键维度展开。一是着重重塑新型农业经营主体与普通农户之间的互动关系，旨在通过强化双方之间的互助与协作，提升农业发展的整体效能。二是关注提升新型农业经营主体的竞争优势，通过精准捕捉时代脉搏和农业生产的实际需求，打造一条具有特色的培育之路，这将极大地促进未来现代农业的全面进步和发展。在此基础上，政策旨在构建一个既符合时代特征又满足农业发展需要的新型农业经营体系，确保我国农业能够沿着高效、专业的路径持续前行（胡轶歆等，2022）。

## 3.3　农业生产性服务经营主体发展现状

### 3.3.1　调研区域农业生产性服务经营主体的可得性

第一，棉农选择生产性服务经营主体的数量充足与否，直接决定其是否能够满足农业生产性服务的需求。生产性服务经营主体的可得性高意味着棉农有更多的选择，能够满足其需求；反之，可得性低则表示棉农面临服务供应不足，无法满足需求。

如图 3-4 所示，棉农对生产性服务经营主体充足程度的评价，表示在整地播种、施肥管理、棉花采收环节可供选择的生产性服务经营主体数量"多"的棉农最多，样本频率高达 1776；其次选择"一般"的棉农样本频率为 1350；选择数量"非常多"的棉农频率为 421；选择"非常少"和"较少"的棉农最少，频率分别为 167 和 160。表明多数棉农对于目前生产性服务经营主体的数量感到满意，但不可忽视的是，有一定数量的棉农在农业生产的关键环节仍面临服务供需不平衡问题，他们的需求尚未被现有的生产性服务经营主体充分满足。

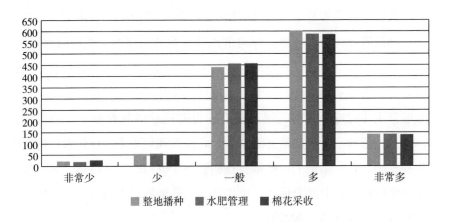

**图 3-4 农业生产性服务经营主体数量的充足程度情况**

资料来源：根据课题组调研数据整理所得。

第二，棉农获取生产性服务经营主体的来源及比例。如表 3-5 所示，生产性服务经营主体分布广泛，涵盖从本组到外县的各个层面。生产性服务经营主体为棉农带来多元化的选择，其来源地比例分布显著体现农村服务市场的地域特点。其中在整地播种、水肥管理、棉花采收环节，生产性服务经营主体来源于本组的样本频率为 805、392、602，占比分别为 81.98%、65.77%、60.93%；来源于本村外组的样本频率为 112、126、137，占比分别为 11.41%、21.14%、13.87%；来源于外县的样本频率为 9、13、64，占比分别为 0.92%、2.18%、6.48%。观察表明，棉农在选取生产性服务经营主体时，主要依赖本村供给。其原因是本村的生产性服务经营主体服务距离近、数量充足、信任度高，能提供及时有效的服务。实际调研中发现，在农忙时期有少数棉农存在服务等时情况，但需要某项服务一般只需提前两三天预约，总体而言，本村生产性服务经营主体的数量基本能满足棉农各生产环节的服务。需要注意的是，存在等时现象较为严重的是水肥管理环节，原因可能是新疆水资源较为匮乏，外加极端天气造成的高温，导致每家每户排序浇水现象较为明显。

表 3-5　棉农获取生产性服务经营主体的来源及比例

单位：次，%

| 主体来源 | 整地播种环节 | | 水肥管理环节 | | 棉花采收环节 | |
|---|---|---|---|---|---|---|
| | 频次 | 比例 | 频次 | 比例 | 频次 | 比例 |
| 本组 | 805 | 81.98 | 392 | 65.77 | 602 | 60.93 |
| 本村外组 | 112 | 11.41 | 126 | 21.14 | 137 | 13.87 |
| 本乡外村 | 21 | 2.14 | 32 | 5.37 | 46 | 4.66 |
| 本县外乡 | 35 | 3.56 | 33 | 5.54 | 139 | 14.07 |
| 外县 | 9 | 0.92 | 13 | 2.18 | 64 | 6.48 |

资料来源：根据课题组调研数据整理所得。

### 3.3.2　调研区域农业生产性服务经营主体的满意度

表 3-6 为棉农对不同农业生产性服务经营者主体类型的满意程度，研究发现，村集体的整体服务满意程度最高，其次是专业大户，最后是合作社。具体而言，村集体的服务方便性满意程度最高，表明棉农获取服务较便利，即可得性高。专业大户和合作社的服务效果满意程度最高，说明专业大户和合作社通常会提供全方位的服务，其在服务质量和棉农满意度方面更有竞争力。此外，专业大户、合作社、村集体具有明显"地缘"和"亲缘"优势，其服务及时性和服务方便性的满意程度较高。值得注意的是，龙头企业和农业服务公司的服务效果和服务标准满意程度较高，表明两者设备先进、技术力量雄厚，在市场竞争中占据较大优势。家庭农场的服务效果满意程度最高，其比一般的生产性服务经营主体更注重农产品质量安全。

·69·

表3-6  棉农对生产性服务经营主体的服务满意程度（求均值）

| | 专业大户 | 家庭农场 | 合作社 | 村集体 | 农业服务公司 | 龙头企业 |
|---|---|---|---|---|---|---|
| 服务效果 | 3.940 | 3.583 | 3.715 | 4.004 | 3.516 | 3.483 |
| 服务及时性 | 3.913 | 3.569 | 3.700 | 4.002 | 3.502 | 3.432 |
| 服务方便性 | 3.927 | 3.583 | 3.699 | 4.014 | 3.504 | 3.416 |
| 服务费用 | 3.872 | 3.565 | 3.675 | 3.969 | 3.480 | 3.417 |
| 服务信誉度 | 3.891 | 3.563 | 3.698 | 3.982 | 3.505 | 3.462 |
| 服务标准 | 3.884 | 3.562 | 3.699 | 3.968 | 3.508 | 3.478 |
| 总体均值 | 3.905 | 3.571 | 3.698 | 3.990 | 3.503 | 3.448 |

资料来源：根据课题组调研数据整理所得。

# 3.4  棉农生产性服务经营主体选择行为特征

### 3.4.1  样本特征

#### 3.4.1.1  样本棉农个人基本特征

如表3-7所示，男性棉农的比例高达80.92%，而女性棉农的比例只有19.08%，凸显了男性在农业领域的主导地位。在样本户年龄方面，以中年棉农偏多，其中，样本棉农年龄在40~55岁的家庭最多，共有550人，占比为43.72%，而样本棉农年龄在36~45岁的家庭次之，占比为24.40%，56~65岁占比为17.41%，25岁及以下和61岁及以上的棉农数量最少，其占比分别是1.19%和4.05%。在文化程度方面，拥有高等教育背景的棉农所占的比例是相对偏低的；在所有样本中，初中教育水平棉农数量为671人，占有效样本的53.34%。其次是小学及以下教育水平的棉农，占样本棉农的27.11%。高中/中专教育水平的棉农占比为

15.66%，而大专及以上教育水平的棉农占比为 3.90%。在健康状况的统计中，样本农户的健康状况较为良好。564 人和 585 人的健康状况为很好和较好，占比分别为 44.83% 和 46.50%；在健康状况属于一般的棉农中，有 90 人棉农的健康状况一般，占比为 7.15%；有 14 人棉农的健康状况较差，占比为 1.11%。调查结果显示，有 468 位棉农加入了农业合作社，占总样本数的比例高达 37.20%；1038 位棉农参加了农业培训，占总样本数的 82.51%；847 位棉农比较了解国家政策，即占总数的 67.33%。这表明，棉农在农业知识、政策理解以及合作参与度上均取得了显著的进步。这一趋势无疑为我国棉花产业的持续健康发展奠定了坚实的基础。

表 3-7　样本棉农个体特征　　　　　单位：人，%

| 变量 | 变量定义 | 样本量 | 百分比 | 变量 | 变量定义 | 样本量 | 百分比 |
|---|---|---|---|---|---|---|---|
| 性别 | 男 | 1018 | 80.92 | 健康状况 | 很好 | 564 | 44.83 |
| | 女 | 240 | 19.08 | | 较好 | 585 | 46.50 |
| 年龄 | 25 岁及以下 | 15 | 1.19 | | 一般 | 90 | 7.15 |
| | 26~35 岁 | 116 | 9.22 | | 较差 | 14 | 1.11 |
| | 36~45 岁 | 307 | 24.40 | | 很差 | 5 | 0.40 |
| | 46~55 岁 | 550 | 43.72 | 是否参加合作社 | 是 | 468 | 37.20 |
| | 56~65 岁 | 219 | 17.41 | | 否 | 790 | 62.80 |
| | 66 岁及以上 | 51 | 4.05 | 是否接受培训 | 是 | 1038 | 82.51 |
| 文化程度 | 小学及以下 | 341 | 27.11 | | 否 | 220 | 17.49 |
| | 初中 | 671 | 53.34 | 是否了解国家政策 | 较了解 | 847 | 67.33 |
| | 高中/中专 | 197 | 15.66 | | 听说 | 360 | 28.62 |
| | 大专及以上 | 49 | 3.90 | | 不了解 | 51 | 4.05 |

### 3.4.1.2　样本棉农家庭基本特征

如表 3-8 所示，家庭特征主要涵盖了家庭人口数、16~60 岁农业劳动力人数、农业收入比重、种植面积、耕地质量等方面。在 1258 户被调查的家庭中，拥有"5 人及以上"家庭人口数的家庭最多，达 463 户，占比为 36.80%。其次家庭人口数为"4 人"的有 413 户（32.83%），"2 人及以下"家庭人口数最少，有 109 户，占比为 8.66%。在农业劳动力人数方面，劳动力人数为"2 人"的家庭最多，占比为 61.76%，农业劳动力人数为"1 人"的家庭最少，占比为 8.98%。耕地质量为"越来越差"和"和以前一样"的家庭较多，占比分别为 26.87% 和 48.25%。从农业收入比重来看，发现高达 841 户家庭农业收入超过 70%，占比为 66.85%。相对而言，农业收入比重 20% 及以下和 51%~70% 的家庭数量较少，分别有 146 户和 143 户，占比分别为 11.61% 和 11.37%。值得注意的是，农业收入比重在 21%~30% 的家庭最少，仅有 55 户，占比为 4.37%，这一现象反映出家庭收入结构的多样性及其对农业依赖程度的差异。在种植面积方面，种植面积在 46~184 亩的家庭数最多，共计 543 户，占样本的43.16%；种植面积在 185 亩及以上的家庭数最少，共计 198 户，占比为15.74%。从借贷状况来看，棉农借贷情况普遍存在。家中"正规借贷"的家庭共有 855 户，占比为 67.97%；"没有借贷"的家庭为 382 户，占比为 30.37%，"民间借贷"的家庭有 21 户，占比为 1.67%。

表 3-8　样本棉农家庭特征　　　　　　　单位：户，%

| 变量 | 变量定义 | 样本量 | 百分比 | 变量 | 变量定义 | 样本量 | 百分比 |
|---|---|---|---|---|---|---|---|
| 家庭人口数 | 2 人及以下 | 109 | 8.66 | 农业收入比重 | 20% 及以下 | 146 | 11.61 |
| | 3 人 | 273 | 21.70 | | 21%~30% | 55 | 4.37 |
| | 4 人 | 413 | 32.83 | | 31%~50% | 73 | 5.80 |
| | 5 人及以上 | 463 | 36.80 | | 51%~70% | 143 | 11.37 |
| 劳动力人数 | 1 人 | 113 | 8.98 | | 71% 及以上 | 841 | 66.85 |
| | 2 人 | 777 | 61.76 | 种植面积 | 45 亩及以下 | 517 | 41.10 |
| | 3 人 | 182 | 14.47 | | 46~184 亩 | 543 | 43.16 |
| | 4 人及以上 | 186 | 14.79 | | 185 亩及以上 | 198 | 15.74 |
| 耕地质量 | 越来越差 | 338 | 26.87 | 借贷状况 | 没有借贷 | 382 | 30.37 |
| | 和以前一样 | 607 | 48.25 | | 正规借贷 | 855 | 67.97 |
| | 越来越好 | 313 | 24.88 | | 民间借贷 | 21 | 1.67 |

资料来源：根据课题组调研数据整理所得。

### 3.4.2 棉农生产性服务经营主体的选择行为

3.4.2.1 棉农选择生产性服务经营主体情况

如图 3-5 所示，在整地播种环节，88% 的棉农选择生产性服务经营主体；在水肥管理环节，50% 的棉农选择生产性服务经营主体；在棉花采收环节，84% 的棉农选择生产性服务经营主体。整体来看，棉农对生产性服务经营主体的选择率很高，特别是在需要高劳动力和机械化要求的生产环节，如整地播种和棉花采收，棉农的选择意愿更强烈。在调研中也发现，棉农在选择生产性服务经营主体时往往会考虑周边棉农的服务效果。若生产性服务经营主体能够为周边棉农提供高质量的服务，比如保证耕地平整、棉花采收高效干净等，都会促进更多棉农选择该生产性服务经营主体。此外，值得注意的是，在水肥管理环节，棉农未选择生产性服务经营主体的概率占总样本的 50%。实际调研也表明，高标准农田建设推动棉花水肥一体化的进步，并使棉农能轻松地进行水肥管理。

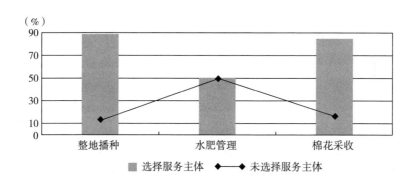

**图 3-5　棉农选择生产性服务经营主体行为**

资料来源：根据课题组调研数据整理所得。

3.4.2.2 棉农选择生产性服务经营主体的原因

从棉农选择生产性服务经营主体的原因分布情况来看，如图 3-6 所示，发现棉农选择生产性服务经营主体的原因主要分布在几个关键因素。

经过深入分析，发现为了省心省事，提高产量，速度快、效率高排在前三位，分别占比为53.89%、46.11%、35.94%，其原因如下：一方面，农业自身链条太长，生产性服务经营主体的存在能够加速推动农业产业链的整合，促进农民增收。另一方面，农业生产的精准化、智能化和数字化是农业未来发展趋势。生产性服务经营主体通过专业化分工和集约化服务使棉农适应市场经济的需要，获得规模效益。

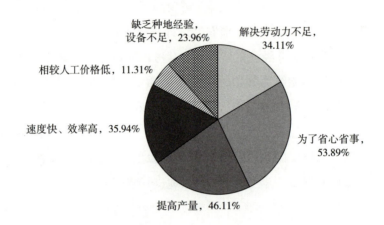

**图3-6　棉农选择生产性服务经营主体的原因**

资料来源：根据课题组调研数据整理所得。

### 3.4.2.3　棉农未选择生产性服务经营主体的原因

根据棉农不选择生产性服务经营主体的原因分布情况来看，如图3-7所示，由于担心服务质量而不选择生产性服务经营主体的棉农占比高达38.12%，由于没有必要而不选择生产性服务经营主体的棉农占比为29.61%，由于不了解服务内容而不选择生产性服务经营主体的棉农占比为26.29%，由于寻找服务太花时间而不选择生产性服务经营主体的棉农占比为17.97%，由于不知道从哪里获取而不选择生产性服务经营主体的棉农占比为16.81%。由于不了解相关政策而不选择生产性服务经营主体的棉农占比为7.82%。由数据可知，棉农对生产性服务经营主体信任程度、了解深度以及自身丰富的种植棉花生产经验，降低了棉农选择主体的意愿。

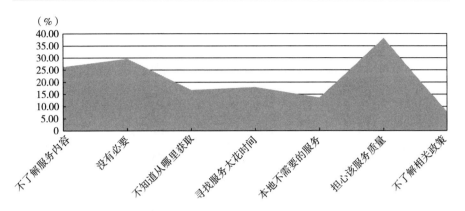

**图 3-7　棉农未选择生产性服务经营主体的原因**

### 3.4.3　棉农生产性服务经营主体的选择行为差异

#### 3.4.3.1　棉农选择不同生产性服务经营主体情况

如图 3-8 所示，在棉农选择不同类型生产性服务经营主体方面，样本棉农选择多元生产性服务经营主体的频率并不相同，表明在农业服务领域存在着不同的选择模式。棉农选择专业大户、合作社、农业服务公司的频次排在前三位，分别为 3725、2967、1240，棉农选择村集体、家庭农场、龙头企业的频次较低，分别为 709、291、187。可见，棉农在选择服务主体时的多样化趋势和偏好差异。

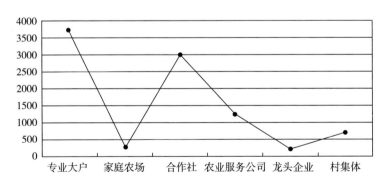

**图 3-8　棉农选择不同生产性服务经营主体情况**

资料来源：根据课题组调研数据整理所得。

### 3.4.3.2 不同规模棉农选择生产性服务经营主体类型情况

不同规模棉农对生产性服务经营主体选择行为存在差异性。如图 3-9 所示，首先小规模棉农选择合作社的频次高达 1558 次，其次是专业大户（频次为 1099）、然后是农业服务公司（频次为 990）；中规模棉农选择生产性服务经营主体的偏好是专业大户、合作社、农业服务公司；频次依次为 1756、915、837；大规模棉农选择生产性服务经营主体的频次依次为专业大户（812）、合作社（521）、农业服务公司（506）。从整体来看，棉农选择专业大户的概率普遍偏高，选择其他生产性服务经营主体的概率偏好存在差异。小规模棉农选择合作社的次数最多；中规模棉农选择专业大户的次数最多，大规模棉农选择龙头企业的次数最多。这表明，不同规模棉农在生产经营中，根据自身需求和资源条件，做出了理性的选择。如此看来，我国棉花产业正逐步形成以专业大户、合作社和龙头企业为主导的多元化发展格局。在这种趋势下，各主体间的协同效应将有助于提升整个产业的竞争力和可持续发展能力。

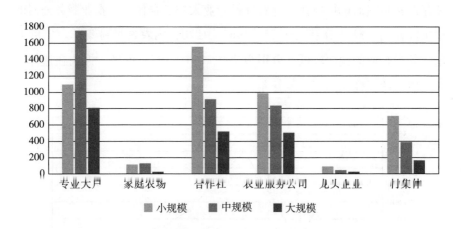

**图 3-9 不同规模棉农选择生产性服务经营主体情况**

资料来源：根据课题组调研数据整理所得。

### 3.4.3.3 不同环节棉农选择生产性服务经营主体类型情况

从不同环节观察棉农对生产性服务经营主体选择行为差异的情况来

看。如图 3-10 所示，在整地播种环节，棉农选择专业大户、合作社、农业服务公司的频次较高，分别为 448、257、61；在水肥管理环节，棉农选择生产性服务经营主体的频次依次为合作社（142）、专业大户（135）、村集体（63）；在棉花采收环节，棉农选择生产性服务经营主体的频次依次是专业大户（483）、合作社（241）、村集体（61）位居前三。可见，在棉花生产的产前、产后环节，棉农选择专业大户的频次蝉联榜首，说明棉农在不同生产环节对生产性服务经营主体的选择行为虽有差异，但是也有共同的选择偏好。

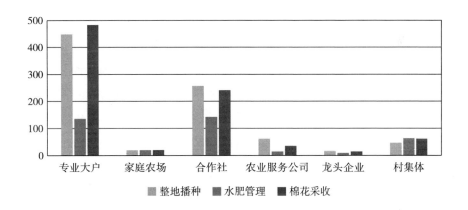

**图 3-10 不同环节棉农选择生产性服务经营主体情况**

资料来源：根据课题组调研数据整理所得。

# 3.5 本章小结

本章从宏观和微观两个角度阐述了农业生产性服务经营主体的发展过程和演变逻辑，分析了农业生产性服务经营主体的发展现状和特点，并提炼棉农生产性服务经营主体行为规律，研究得出：

第一，我国农业生产性服务经营主体发展政策的演变规律体现了政府角色调整和市场化理念引入的过程；而农业生产性服务业经历了萌芽、完善和发展三个阶段，促进了新主体、新业务、新业态不断涌现，形成了市场化、合作化和产业化的服务模式。

第二，调研结果显示，受访棉农中以男性和年龄在 45 岁以上的棉农比例较高，多数棉农具有初中学历，身体状况良好，大部分棉农参加过农业技术培训。家庭农业劳动力人数以 2 人为最多，拥有种植面积在 46~184 亩的棉农居多，而土壤质量普遍维持在中等水平。

第三，大多数棉农认为所提供的生产性服务经营主体数量充足，但有少部分棉农认为生产性服务经营主体数量不足以满足需求。调研显示，受访棉农在选择生产性服务经营主体时更倾向于选择本组生产性服务经营主体，较少选择外县生产性服务经营主体。具体而言，在整地播种、水肥管理和棉花采收等环节中，本组生产性服务经营主体的频次较高，占比分别为 81.98%、65.77% 和 60.93%；而外县生产性服务经营主体的频次相对较低，占比分别为 0.92%、2.18% 和 6.48%。总体而言，棉农对生产性服务经营主体的整体满意度较高，其中首先村集体生产性服务经营主体获得最高满意度，其次是专业大户，最后是合作社。

第四，调查显示，棉农对生产性服务经营主体的选择积极性较高，近 3/4 的棉农选择了生产性服务经营主体。棉农没有选择生产性服务经营主体的主要原因是担心服务质量和认为没有必要，其中认为没有必要是因为棉农拥有丰富的农用机械，可以自行进行农事活动。而棉农选择生产性服务经营主体的主要原因是为了减轻劳动负担、提高产量以及快速高效地服务。

第五，现阶段农业生产性服务经营主体发展呈现递增趋势。棉农在选择生产性服务经营主体时表现出频次差异。从整体趋势来看，专业大户更受棉农青睐。然而，不同生产规模和环节的棉农在选择生产性服务经营主体时，其行为表现出一定的差异性，但仍显示出部分共同的选择偏好。

# 第4章 交易成本的指标体系构建与测度

本章在构建表征交易成本的指标体系的基础上，运用探索性因子分析方法对交易成本的指数进行了测度，进而分析样本户交易成本特征，为下文进一步研究棉农生产性服务经营主体选择行为提供实证依据。

## 4.1 交易成本指标体系构建

### 4.1.1 数据来源

新疆以其独特的干旱气候和充沛日照，成为我国高品质棉花的核心产区。本书旨在深入探究南疆与北疆这两大棉花种植区域的实际情况。研究团队采用严谨的分层随机抽样方法，在南疆和北疆的多个县市中，挑选出具有代表性的乡镇和村庄，进而对 10~20 户棉农进行面对面问卷访谈。该调查项目得到国家自然科学基金和自治区创新项目的支持，在 2023 年 5~10 月，研究人员对莎车县、阿瓦提县、温宿县等南疆区域，以及玛纳斯县、呼图壁县等北疆地区，进行了全面深入的实地调查。

经过与地方干部及农民朋友的紧密合作，共收集到 1258 份有效问卷。

该调查样本涵盖棉农家庭、棉花种植以及棉花市场特征等方面的内容。

### 4.1.2　指标体系构建原则

对交易成本变量进行测度是分析其对棉农生产性服务经营主体选择行为影响机制的前提。科学构建交易成本指标是进行后续研究的基本工作。为最大限度地提高所构建指标的科学性、合理性以及实用性，以下内容将明确构建交易成本细分指标的具体原则。

#### 4.1.2.1　全面性原则

在深入探究棉农交易成本的复杂结构时，必须遵循一种全方位的考量方法。由于棉农在交易过程中面临的成本涉及众多层面，在挑选分析变量时，需要将棉农决策行为背后的各种交易成本类型和范畴纳入考量范畴，以保障所构建的指标体系在多个层面和视角下，准确、全面地揭示出样本棉农交易成本的本质、特点和具体表现，从而为科学决策提供坚实的数据支撑。

#### 4.1.2.2　系统性原则

在确保满足全面性原则的前提下，设计交易成本的细分指标应呈现完整的系统性，避免仅集中于个别指标而忽略整体结构。换言之，设计过程中必须确保各细分指标间存在深刻的内在逻辑联系，既保持相互独立性，又能实现相互统一性，从而构建出各具专业侧重且内容相对完备的指标体系。

#### 4.1.2.3　可得性原则

尽管变量指标的设计可能十全十美，但若无法获取相关数据，其实际意义将大大降低。因此，在设计交易成本的细分指标时，应尽可能选择已经获得或有数据支持的细分指标，避免设计缺乏数据支持的细分指标，以确保实际分析的可操作性得以保障。

#### 4.1.2.4　明确性原则

在界定多维度的具体指标时，要力求避免含混不清，防止指标间的内容交织，同时排除具有包含关系的层级设计。通过此种严谨的处理方法，使得所选指标的定义更为精确，层次更为分明，从而有效增强整个指标体系的可靠性和准确性。

### 4.1.3　指标选取及体系构建

鉴于交易成本本身的独特性，难以以数量或金额直接予以表述，因此在其度量上存在一定难度。为克服这一问题，可以结合国内外对交易成本概念和分类的研究，在特定情境下选择适当的分类方式以便进行度量。在本书中，不仅探讨 Williamson 划分的交易特性，还探求交易过程中产生的"交易费用"，如信息费用、谈判费用和执行费用。

#### 4.1.3.1　交易特性指标体系构建

多数研究者认为，交易特性影响农户与生产性服务经营主体的选择。但已有研究尚存不足，具体表现为：以往的研究将农户整体进行分析，但忽略专业农户的特殊性，未考虑从事专业化生产所带来的资产专用性、交易频率和不确定性对其主体选择行为的影响。周立群和曹利群（2002）提出，如果资产专用性到位，合作社与农户之间签订商品契约比要素契约更优。聂辉华（2013）认为，在多期重复博弈合作中，如果市场价格波动较大，"龙头企业+农场"的合作模式则更优。邓宏图和王巍（2015）讨论了专用性资产、人力资本、土地等多种因素对合作模式的影响。这些研究者均通过数理模型的方法得出上述结论，并未进行计量方面的检验。崔宝玉和程春燕（2017）运用理论演绎和定性研究方法，讨论资产专用性、交易频率和不确定性三个要素组合对农业合作组织与农户之间合约选择的影响。丁存振和肖海峰（2019）的研究中，揭示了资产专用性提升、交易活动频繁以及市场不确定性增强等因素，对农户从水平合作模式转变为垂直协作模式产生显著影响。

然而，农业发展面临着巨大的自然和地理环境的挑战，这些不可预测的因素对农作物的生长周期产生显著影响。由于农产品从种植到收获的周期较长，众多不确定性要素共同增加稳定生产的难度，考验着农业生产的韧性和应对策略。由此，在探讨农业生产领域的交易模式时，何一鸣等

（2019）的研究中指出，基于 Williamson（1993）提出的分析框架，特别关注棉花生产的独特性质，把交易特性的定义扩展至包括资产专用性、规模性和风险性三个方面（何一鸣等，2020；苟茜和邓小翔，2019；吴曼等，2020）。在农业生产活动中，生产环节和交易频率的可控性仅适用于工业生产领域，而在农业领域则难以实现这种可控性。此外，在威廉姆森范式中，虽然使用"交易频率"一词，但是其原意除交易频率还有交易规模的含义，大宗商品的交易频率一般相对较小，小型的、分散的商品交易频率一般较高。基于此，本书将威廉姆森意义上的"交易频率"一词修改为"规模性"，即农产品的种植规模，规模与农产品的交易频率和交易数量都息息相关。交易的不确定性包括生产的不确定性、环境的不确定性和当事人行为的不确定性，但工业生产活动相对而言可控性强，在一般情况下，工业产品生产和交易过程的不确定性相对较低。而农业生产活动不同，一方面，自然条件和自然环境很难掌控，农业生产活动的风险永远都会存在；另一方面，在农产品加工、流通和交易过程中，同样会受到人为因素和"后契约机会主义"的影响。而在农业生产领域，不确定性实际上就意味着一种潜在的风险，包括自然风险和交易风险。由此，本书将农业生产和交易的不确定性，修改为"风险性"。资产专用性由于其在威廉姆森范式中的重要性，本书也继续沿用威廉姆森的定义。其中，资产的专用性成为衡量农户资源调配能力的重要指标。强调在保持生产效率的前提下，农户应能灵活地将资产转换到不同的用途上，而这样的转换不会对农业产出造成负面影响（任健华，2022）；农户规模性是指农户的种植规模（何一鸣等，2019）；风险性是指在农业生产领域，由于棉花种植本身固有的长期性和连贯性，农户不可避免地要面对来自大自然的不可预测性，如气候变化、病虫害等自然风险。同时，在市场交易过程中，由于信任的缺失，交易双方往往容易产生机会主义行为，无疑又增加了农户的交易风险（苟茜和邓小翔，2019）。

鉴于此，在深入探讨农户交易本质的基础上，构建一套全面评估农户交易特性的指标框架，该框架主要涵盖资产专用性、规模性和风险性三大核心维度。特别强调人力资本、物质资产以及地理资产专用性作为考量资产专用性的指标（谢先雄等，2021；Hendrikse 和 Bijman，2002；Ménard 和 Egizio，2005），用"60 岁以上老年人数与家庭总人数的比值""家庭中具体拥有的农机数量""耕地细碎化程度""地形特征"四个题项来表征资产专用性；将自然风险和交易风险作为测度风险性的指标（万俊毅等，2017；郝华勇和杨梅，2023；刘畅等，2018），用"近 5 年当地自然灾害发生次数""农户与服务者认识度"两个题项来表征风险性，将种植面积作为测度规模性的指标（周宏和高灿，2023）。如表 4-1 所示。

**表 4-1　交易特性的指标构建**

| 成本分类 | 潜变量 | 观察变量 |
| --- | --- | --- |
| 交易特性 | 资产专用性（A1） | 物资资产：家庭中具体拥有的农机数量 |
| | | 地理资产：耕地细碎化程度，地形特征 |
| | | 人力资本：60 岁以上老年人数与家庭总人数的比值 |
| | 风险性（A2） | 自然风险：近 5 年当地自然灾害发生次数 |
| | | 交易风险：农户与服务主体认识度 |
| | 规模性（A3） | 种植面积 |

#### 4.1.3.2　交易费用指标体系构建

农户主体选择行为差异的交易费用内生于农户的个体特征和市场环境，对农户主体选择行为差异的内生动力具有重要影响（曾福生和李飞，2015）。学者对交易费用的研究各有侧重，主要基于其界定、研究方向以及涉及领域，采用与之密切相关的代表性指标进行深入研究（徐俊丽和翁贞林，2018；仇童伟和罗必良，2018）。因此，本书运用多指标表征和测度交易费用。将交易费用作为交易成本的一个细分维度，在农户一系列相关行为下产生的各种费用的总和，涵盖事前、事中和事后三个核心要素费用，与交易特性的区别在于要素侧重点体现有所区别。因此，本书借鉴李亚朋（2023）、胡友等（2023）、张永勋等（2023）的研究成果，将交易费用划分为信息费用、谈判费用和执行费用三个方面。本书融合棉农在选择生产性服务经营主体过程中的实际情况以及调查数据的可获得性，系统地总结归纳本研究第 6 章中关于棉农交易成本初始测量问题的选项（林展和彭凯翔，2022；牛晓，2021；骆康等，2021）。其中具体包括交易前产生的信息费用（B1），交易过程中与交易方的谈判费用（B2），交易之后监督对方执行花费的费用（B3）。每个潜变量的测量多数为李克特 5 级量表。具体如表 4-2 所示。

表 4-2　交易费用的指标构建

| 潜变量 | 观察变量 |
|---|---|
| 信息费用（B1） | B11：农户与服务者关系相处的程度 |
| | B12：农户与服务者信任程度 |
| | B13：农户对服务内容和条款的了解程度 |
| 谈判费用（B2） | B21：农户目前与服务者契约类型选择情况 |
| | B22：服务组织保障产量情况 |
| | B23：服务交易付款方式选择情况 |
| 执行费用（B3） | B31：农户从预约到服务上等待时长 |
| | B32：农户联系服务者花费时间情况 |
| | B33：农户在服务过程中联系服务者的难易程度 |

# 4.2　交易成本指标测度

本章采用 Stata16 软件，运用探索性因子分析方法对交易过程中产生的交易费用进行测度，具体计算步骤如下：

### 4.2.1　指标测度方法

#### 4.2.1.1　数据标准化处理

交易特性各指标的数量级别基本相同，数值和单位也大致相近，没有因为观察水平或数量级的差别而导致的无法合并的问题。所以，在开始因子分析之前不需要先做标准化操作。然而，在进行交易费用的测度时，由于要测度的指标具有不同的计量单位和数量级，这使得它们无法直接汇总，从而阻碍计算交易费用的总体指数。为此，必须对交易费用各个代表性的指标转化为无量纲形式。在本章中，我们将使用 Z-score 方法来实现这个目的。这样做的结果是，所有的原始变量都能满足它们的平均值等于 0 且方差为 1 的标准。具体的数学表达式如下：

$$y_i = \frac{x_i - \bar{x}}{s} \tag{4-1}$$

其中，$\bar{x} = \frac{1}{n} \sum_{i=1}^{n} x_i$，$s = \sqrt{\frac{1}{n-1}} \sqrt{\sum_{i=1}^{n} (x_i - \bar{x})^2}$。

#### 4.2.1.2　模型构建

一般来说，在数据分析领域，各种变量往往呈现出相互联系的特性，这种内在的联系为利用少量综合指标来捕捉和表达原始数据中的丰富信息提供可能。这些综合指标在统计学上被称为因子，它们彼此独立、互不干扰。虽然这些线性综合指标并非直观可见，但它们在揭示单一指标深层含义方面却显得尤为有力。以下是交易费用因子分析的数学模型：

$$x_1 = a_{11}f_1 + a_{12}f_2 + \cdots + a_{1k}f_k + \varepsilon_1$$
$$x_2 = a_{21}f_1 + a_{22}f_2 + \cdots + a_{2k}f_k + \varepsilon_2$$
$$\vdots$$
$$x_n = a_{n1}f_1 + a_{n2}f_2 + \cdots + a_{nk}f_k + \varepsilon_n \tag{4-2}$$

其中，$x_1$，$x_2$，$x_3$，$\cdots$，$x_{n-2}$，$x_{n-1}$，$x_n$ 表示 n 个经过标准化处理的原始变量；$f_1$，$f_2$，$f_3$，$\cdots$，$f_k$ 表示 k 个因子，k 小于 n；$\varepsilon$ 表示特殊因子（主因子不能解释的部分）。因子模型的矩阵形式可以表示为：

$$X = AF + \varepsilon \tag{4-3}$$

其中，X 表示可观察的 n 维度变量矢量；F 表示主因子（公因子）；A 表示因子载荷矩阵。

### 4.2.1.3 因子旋转与公共因子提取

执行因子分析模型之后，其产生的公共因子可能无法完全揭示问题本质特性。为更深入地理解这些公共因子的真实含义并降低解读的主观性，必须对其进行公共因子进行旋转，使得旋转之后的公共因子载荷系数（设为 $b_{ij}$）的绝对值尽量趋近于 0 或者 1，这代表初始变量的相对重要性，0 则表明两者之间的关联度较低，而 1 则显示出较高的关联强度。经过旋转后的因子模型矩阵呈现如下：$X = AF' + \varepsilon$。与此同时，根据特征根大于 1 的原则提取公共因子。$\sum\limits_{i=1}^{m} \lambda_i \left( \sum\limits_{i=1}^{p} \lambda_i \right)^{-1}$ 为提取公共因子的累计方差百分比（贡献率），$w_i = \lambda_i \left( \sum\limits_{i=1}^{p} \lambda_i \right)^{-1}$ 为公共因子的权重，其中 m 特征根大于 1 的公共因子的个数，p 为所有公共因子的个数。

### 4.2.1.4 因子得分

因子分析作为一种统计方法，核心在于通过线性组合的方式，揭示变量背后的公共因子，由此，因子得分函数可以用以下方式表示：

$$F_j = \beta_{j1}x_1 + \beta_{j2}x_2 + \cdots + \beta_{jp}x_p (j = 1, 2, \cdots, m) \tag{4-4}$$

其中，将关注点放在了如何准确描绘出第 j 个公共因子在第 p 个原始变量上得分表示为 $\beta_{jp}$。由于得分函数构建时涉及的自由参数众多，其数量甚至超过我们可观测的变量，因此，采用普通最小二乘法来对不可见的因子得分进行合理的估计。每个样本的综合得分可以用以下方式表示：

$$\theta_i = \sum w_i F_i \tag{4-5}$$

其中，$\theta_i$ 表示第 i 个样本棉农的交易费用指数，$F_i$ 表示各维度的公共因子得分。

## 4.2.2 指标测度结果

### 4.2.2.1 因子分析适用性

在进行因子分析之前，首先利用 Stata16 软件进行 KMO 值和 Bartlett 球形值检验。通常情况下，只要 KMO 指数超过 0.5 且 Bartlett 球形测试得出的 P 值低于 0.05，就表明测量指标及调查数据满足要求，适于开展因子分析。根据表 4-3 的数据，交易费用的 KMO 统计数都高于 0.5，并且交易费用的 Bartlett 球形测试都在 1% 的统计级别下具有显著性，这意味着可以采用因素分析法来评估交易费用。

表 4-3  交易费用适用性检验

| 变量 | KMO | Bartlett 检验 | | |
|---|---|---|---|---|
| | | 卡方值 | 自由度 | 显著性 P 值 |
| 交易费用 | 0.775 | 7048.455 | 36 | 0.000 |

#### 4.2.2.2  公因子提取

由表 4-4 的结果可知，交易费用的前三大因子占比信息较大，一共包含所有初始变量信息的 91.03%。根据吴明隆（2010）的研究，如果在自然科学领域累计方差贡献率应达到 95% 或更高，而在社会科学方面，累计方差贡献率需要达到 60% 以上是可靠的，达到 50% 以上的情况则被认为是可以容忍的。因此，选择交易费用指标作为计量变量，能够相对充分地解释原始变量的变异程度。

表 4-4  交易费用的特征值与方差贡献度

| 公因子 | 特征值 | 方差贡献度 | 累计方差贡献度 |
|---|---|---|---|
| 因子 1 | **3.92650** | **0.4363** | **0.4363** |
| 因子 2 | **2.66374** | **0.2960** | **0.7322** |
| 因子 3 | **1.60212** | **0.1780** | **0.9103** |
| 因子 4 | 0.42588 | 0.0473 | 0.9576 |
| 因子 5 | 0.14170 | 0.0157 | 0.9733 |
| 因子 6 | 0.10471 | 0.0116 | 0.9850 |
| 因子 7 | 0.06501 | 0.0072 | 0.9922 |
| 因子 8 | 0.04906 | 0.0055 | 0.9976 |
| 因子 9 | 0.02129 | 0.0024 | 1.0000 |

注：提取方法为主成分分析法。

### 4.2.2.3 公因子命名

在完成公因子的提取之后，为这些被提取出来的所有公因子进行命名。表4-5展示了从交易费用初始数据中提取出三个公共因素的旋转载荷矩阵。载荷矩阵是反映变量在每个因子的系数关联度。由表4-5交易费用载荷系数可以发现，执行费用B31、执行费用B32和执行费用B33在第一大因子中的载荷系数均较大，关联度均相对比较高。信息费用B11、信息费用B12和信息费用B13在第二大因子中的载荷系数均较大，关联度均相对比较高。谈判费用B21、谈判费用B22和谈判费用B23在第三大因子中的载荷系数均较大，关联度均相对比较高。需要指出的是，因子分析主要基于降维理论进行分析。

表 4-5　交易费用载荷系数

| 指标符号 | 公因子 1 | 公因子 2 | 公因子 3 |
|---|---|---|---|
| 信息费用 B11 | 0.1483 | **0.9634** | 0.0696 |
| 信息费用 B12 | 0.1726 | **0.9550** | 0.0300 |
| 信息费用 B13 | 0.2286 | **0.9328** | 0.0161 |
| 谈判费用 B21 | −0.0568 | −0.0109 | **0.9276** |
| 谈判费用 B22 | −0.1020 | 0.0315 | **0.9372** |
| 谈判费用 B23 | −0.1218 | 0.1423 | **0.8112** |
| 执行费用 B31 | **0.9628** | 0.1769 | −0.0805 |
| 执行费用 B32 | **0.9684** | 0.1867 | −0.0836 |
| 执行费用 B33 | **0.9736** | 0.1639 | −0.0789 |

### 4.2.2.4 因子旋转后方差贡献度

因子旋转后的方差贡献情况如表4-6所示，其中给出特征值、方差贡献率和累计方差贡献率。经过对交易费用各类变量的深入分析，发现经过特定的旋转处理后，三个核心因子的方差贡献率高达91.03%，这一结果显著地指示这三个公共因子在揭示交易费用原始数据特征方面的重要性。同时也说明每个公共因子能够有效地衡量交易费用在不同维度上的信息。具体而言，执行费用因子（公因子 1）占据总变异解释的 32.73%，显示出其在交易费用构成中的重要地位。信息费用因子（公因子 2）紧随其后，其贡献 31.38% 的解释力度，揭示信息获取在交易过程中的显著影响。而谈判费用因子（公因子 3），尽管贡献略低，也有 26.92% 的显著作用。这三个公因子共同勾勒出交易费用变异的清晰图景，强调了它们在交易成本结构中的关键角色。

表 4-6　公因子特征值与方差贡献率

| 公因子 | 特征值 | 方差贡献率 | 累计方差贡献率 |
|---|---|---|---|
| 1 | 2.94527 | 0.3273 | 0.3273 |
| 2 | 2.82463 | 0.3138 | 0.6411 |
| 3 | 2.42246 | 0.2692 | 0.9103 |

### 4.2.2.5　得分系数矩阵

通过上述载荷系数矩阵，可以得到交易费用的得分系数如表 4-7 所示。通过表中不同初始变量的得分系数，可以得到交易费用公因子 1、公因子 2 和公因子 3 的得分。公因子 1 得分 = -0.07984×信息费用 B11 - 0.07225×信息费用 B12 + … + 0.36318×执行费用 B33；公因子 2 得分 = 0.37092×信息费用 B11 + 0.36628×信息费用 B12 + … - 0.07514×执行费用 B33；公因子 3 得分 = -0.01759×信息费用 B11 - 0.03207×信息费用 B12 + … + 0.04316×执行费用 B33。

表 4-7　交易费用得分系数矩阵

| 指标符号 | 公因子 1 | 公因子 2 | 公因子 3 |
|---|---|---|---|
| 信息费用 B11 | -0.07984 | 0.37092 | -0.01759 |
| 信息费用 B12 | -0.07225 | 0.36628 | -0.03207 |
| 信息费用 B13 | -0.04741 | 0.34951 | -0.03169 |

| 指标符号 | 公因子 1 | 公因子 2 | 公因子 3 |
| --- | --- | --- | --- |
| 谈判费用 B21 | 0.06237 | −0.05487 | 0.39943 |
| 谈判费用 B22 | 0.03845 | −0.03110 | 0.39684 |
| 谈判费用 B23 | 0.00220 | 0.02569 | 0.33312 |
| 执行费用 B31 | 0.35667 | −0.06806 | 0.04066 |
| 执行费用 B32 | 0.35716 | −0.06464 | 0.03918 |
| 执行费用 B33 | 0.36318 | −0.07514 | 0.04316 |

# 4.3  交易特性与交易费用特征分析

### 4.3.1  交易特性指标特征分析

表4-8展示了交易特性变量的描述性统计情况，整体而言，棉农资产专用性较强，风险性较大，土地规模性居中上水平。对三指标的表征题项分析可知，资产专用性的表征题项"农机数量""耕地细碎化程度""地形特征""60岁及以上老年人数与家庭总人数的比值"的均值较高，分别为1.58、2.80、1.94、0.29，表明棉农的资产专用性较强，具有特定的功能和用途，其价值和作用主要体现在农业生产过程中。在风险性的表征题项中，"近五年当地旱涝等自然灾害发生的次数"和"服务主体认识度"的均值也呈现相对较高的水平，说明棉农在面对频繁的自然灾害时选择熟悉的人提供农业服务可能主要是基于信任、沟通和经验等方面的考量，希望通过和熟悉的人合作来更好地抵御自然灾害带来的风险和挑战。规模性的表征题项"种植面积实际值（亩）"的均值为92.23。

表 4-8 交易特性指标特征统计

| 指标 | 题项 | 均值 | 标准差 |
|---|---|---|---|
| 资产专用性 | | | |
| 物资资产 | 农机数量：1＝短缺；2＝一般；3＝丰富 | 1.58 | 0.76 |
| 地理资产 | 耕地细碎化程度：土地地块数量实际值 | 2.80 | 2.29 |
| | 地形特征：1＝坡地洼地；2＝平地；3＝旱地 | 1.94 | 0.27 |
| 人力资本 | 60 岁及以上老年人数与家庭总人数的比值 | 0.29 | 0.15 |
| 风险性 | | | |
| 自然风险 | 近五年当地旱涝等自然灾害发生的次数 | 3.18 | 3.16 |
| 交易风险 | 服务主体认识度：1＝熟悉的人；2＝普通认识的人；3＝陌生人 | 1.21 | 0.44 |
| 规模性 | | | |
| 种植面积 | 种植面积实际值（亩） | 92.23 | 92.62 |

### 4.3.2 交易费用指标特征分析

表 4-9 展示了交易费用变量的描述性统计情况，整体而言，信息费用的表征题项均值略大于谈判费用和执行费用的表征题项均值，同时信息费用和执行费用各个表征题项的均值均显著高于一般水平（2.5），这表明交易费用水平整体较高，且棉农获取所需的信息费用最高，其次是执行费用水平，最后是谈判费用水平。对三指标的表征题项分析可知，信息费用的表征题项"您与服务主体关系相处程度""您与服务主体信任程度""您对服务内容和条款的了解程度"的均值较高，分别为 3.9444、3.9134、3.9022。表明双方合作关系较好，服务质量较高，信息对称性较强，有利于双方的合作发展和实现共赢。谈判费用的表征题项"您与服务主体是否签订书面契约""服务主体是否应允保障产量""您与服务主体交易时是否为全额付款"的均值都略低于一般水平，表明棉农可能需要加强风险意识、增强经验积累、提高对服务主体的信任度，以更好地保障自身利益和提高谈判效果。执行费用的表征题项"从预约到服务上等待时长"

的均值最大（3.0977），略大于"您在服务过程中联系服务主体的难易度"的均值（3.0906），"您联系服务主体花费时间情况"的均值最小（3.0795），表明对于棉农而言，等待服务时间较长、联系服务主体的难易度较高，但实际沟通时间较少时，说明棉农可能需要关注时间成本、沟通效率和沟通时间管理方面的问题，以提高服务的执行效率和质量，确保服务能够及时到位并得到有效执行。总之，汇总棉农的交易费用是评估农业产业链环节成本和效益的重要一环。政府、农业企业和农民合作社等生产性服务经营主体应紧密合作，加强信息共享和资源整合，降低交易费用，提高农产品市场竞争力，实现农业产业链的协同发展。

表 4-9　交易费用指标特征统计

| 指标 | 题项 | 最小值 | 最大值 | 均值 | 标准差 |
|------|------|--------|--------|------|--------|
| 信息费用 | 您与服务主体关系相处程度 | 1 | 5 | 3.9444 | 0.6555 |
| | 您与服务主体信任程度 | 1 | 5 | 3.9134 | 0.6684 |
| | 您对服务内容和条款的了解程度 | 1 | 5 | 3.9022 | 0.6692 |
| 谈判费用 | 您与服务主体是否签订书面契约 | 0 | 1 | 0.3271 | 0.4668 |
| | 服务主体是否应允保障产量 | 0 | 1 | 0.2846 | 0.4506 |
| | 您与服务主体交易时是否为全额付款 | 0 | 1 | 0.3774 | 0.4833 |
| 执行费用 | 您从预约到服务上等待时长 | 1 | 5 | 3.0977 | 1.0934 |
| | 您联系服务主体花费时间情况 | 1 | 5 | 3.0795 | 1.0938 |
| | 您在服务过程中联系服务主体的难易度 | 1 | 5 | 3.0906 | 1.0966 |

# 4.4　本章小结

本章基于现有研究以及交易成本的理论框架，遵循科学的指标设计原则，构建交易成本的指标体系，并结合调研数据对其进行验证。运用探索性因子分析方法测算交易成本的综合指数和各维度得分，分析样本户交易成本的基本特征，结论如下：

第一，选取的表征交易费用的 9 个原始变量通过 KMO 检验和 Bartlett 球形检验，数值分别为 0.775 和 7048.455（p = 0.000）。检验结果表明，这些指标在表征交易费用方面具有系统性、科学性和合理性，并且适用于进行因子分析。

第二，基于科学的指标构建原则，将交易成本细分为交易特性和交易费用两个维度；基于调查数据，采用探索性因子分析方法对交易费用各细分指标的表征题项进行测度，信息费用、谈判费用、执行费用三个交易费用公因子的特征值分别为 2.945、2.824、2.422，旋转后因子的方差贡献率分别为 32.73%、31.38%、26.92%，测度结果进一步凸显交易费用指标体系构建的合理性。

第三，样本户交易特性和交易费用特征差异显著。在交易特性的细分指标中，棉农资产专用性较强、农业生产风险性较大、农地规模性居中等水平。交易费用的细分指标中，信息费用>执行费用>谈判费用，整体而言，棉农的交易费用较高。

# 第 5 章　交易成本对棉农生产性服务经营主体选择行为的影响

基于前文的研究设计和理论框架，本章通过对 1258 户棉农的调研数据，对棉花在不同生产环节对劳动力、资本和技术需求的差异进行研究，采用 Logistic 模型分析交易特性各指标对棉农整地播种、水肥管理、棉花采收环节选择生产性服务经营主体行为的影响，揭示服务柔性在其中的调节机制，并对其影响路径进行检验。

## 5.1　分析框架与研究假设

生产性服务经营主体作为一种提供农业技术支持、培训和信息服务的机构或组织，推动了我国农业的现代化进程（曹峥林等，2017）。Kidd 等（2000）指出，公共生产性服务组织在许多国家、州、地区层面仍然保持重要性，但随着农业生产分工深化，农业生产性服务经营主体由政府为主导向多元主体参与发展。各地政府根据各产业、不同主体及环节的生产需求，激励生产性服务经营主体在服务模式和组织形式上进行创新，采取差异化的策略，因地制宜地促进农业生产托管模式的进步，具体包括单一环节、多重环节，乃至覆盖整个生产过程的托管服务，让农户把农业生产的关键薄弱环节交给服务主体去做。同时，推行两种创新型的组织模式。截至 2020 年底，我国社会化的服务主体如雨后春笋般涌现，总数逾 90 万家，累计服务面积高达 160000 万亩。其中粮食作物得到重点关照，服务面积突破 90000 万亩，惠及的小农户数量超过 7000 万户。得益于生产托管模式的推行，稻谷、小麦和棉花等关键农作物的生产效率显著提升，成本有效降低，亩均产值明显提高，其中稻谷、小麦和棉花的亩均纯收益分别增长了 23.0%、26.5% 和 20.2%。因此，生产性服务经营主体在农业生产领域中扮演着至关重要的角色，不仅能有效降低农户农地流转的市场门槛和交易费用（张露和罗必良，2018；廖西元等，2011；陈超和黄宏伟，2012），而且能有效解决我国面临劳动力资源紧张问题（Wang 等，2016；陆岐楠等，2017），还助力农业生产实现专业化和效率的提升（Gillespie 等，2010；Picazo-Tadeo 和 Reig-Martínez，2006），为农户获取分工深化带来的规模效益。

在我国棉花产业中，由于劳动力、资本和技术在各个生产阶段的需求各异，生产过程被划分为几个关键环节，包括整地播种、水肥管理以及棉花采收，分析棉农在选择生产性服务经营主体时的行为模式。目前，这一领域的研究尚处于发展阶段，亟须更为深入的探讨和完善。具体体现在：已有研究忽视杜志雄和刘文霞（2017）曾经直接提出"农业生产性服务经营主体除了是农业生产性服务的需求者，更是农业生产性服务的供给者"的命题，对生产性服务经营主体的服务供给功能的研究较少，然而，在未来农业生产性服务的演进过程中，生产性服务经营主体将作为主导农业生产模式转型的核心动力，同时，它们也构成小规模农户与现代农业发展之间建立有机连接的关键途径。

经过对前文的理论探讨，发现农户在追求利益最大化的过程中，主要依赖农业服务市场来决定其生产性服务经营主体。这一决策过程的核心在于，他们重点关注在农业服务市场中形成的交易成本。因此，棉农在选择生产性服务经营主体时，是以降低交易成本、提高经济效益为根本出发点。在这个过程中，农业服务市场的交易成本成为棉农决策的关键影响因素。当交易成本减少时，棉农倾向于选择生产性服务经营主体提供多元化、专业化、差异化的农业服务。当交易成本高时，棉农进行自我服务来完成农业生产活动。然而，棉农不仅会考虑到交易成本，服务柔性也是不可忽视的影响因素。这意味着在选择合适的生产性服务经营主体时，除关注直接的费用支出，棉农同样注重服务的适应性和调整能力，这些因素共同作用于他们的决策过程，影响着最终的选择结果。目前对于服务柔性的研究仍处于起步阶段，相关研究的深度和视角相对狭隘。而将其引入农业服务行业并应用于研究棉农选择生产性服务经营主体行为的研究较为少见。本章认为服务柔性能有效地减轻由交易成本引发的不良后果。这一发现意味着通过提升服务的灵活性，不仅可以优化交易过程，还能降低潜在的负面影响，为各方的合作带来更为积极的结果，即服务柔性在交易成本带来的抑制影响中起到了正向调节效果。详细分析框架如图5-1所示。

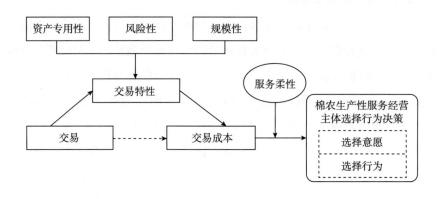

图5-1　分析框架

### 5.1.1　交易成本对棉农生产性服务经营主体选择行为的影响分析

学术界长期以来一直将交易成本的测量视作关注的焦点问题。Williamson（1985）在其研究中详细阐述交易成本的概念和测量方法，主要从可观测的交易特性方面进行分析。然而，胡新艳等（2015）认为，揭示威廉姆森的分析模型在处理受自然因素影响以及涉及生命现象的交易活动时，其适用性明显受限。此外，Brouthers 和 Brouthers（2003）指出，在交易特性上，农业与工业活动之间存在明显的不同。同时，吴翌琳和黄实磊（2022）研究强调农业领域内劳动分工及其交易形式的多样性问题。基于此，在分析和评估交易活动时，必须考虑到行业特有的性质和内部差异性，特别是在农业这样一个与自然紧密相连、生命现象充斥的产业中，其交易活动的复杂性和独特性更是需要被特别关注和深入研究。因此，本章针对农业生产周期特性，何一鸣和罗必良（2011）、何一鸣等（2019）对威廉姆森的分析模型进行深度改进。此次改进的核心在于对交易特性的重新划分，将其内涵明确为资产专用性、风险性以及规模性三大维度。这一创新性的界定方式为理解复杂市场交易提供更为精准的视角。

5.1.1.1　资产专用性

资产专用性是指某些特定资产能用于特定目的或特定产出的能力，表明某些资产不能轻易地用于其他不同的目的或产出。在农业领域，资产专用性是指资金一旦被投入到某个特定的项目中，要将这些资产转换到其他用途将面临重大挑战。在本书中，重点关注三类关键的资产专用性，具体如下：

物资资产专用性指的是针对棉农进行农业生产设计和制造的工具或模具等设备。在农业生产中，物资资产专用性通常指的是农业机械的专用性投资。例如，一台农业机械可能只能用于农业生产，而无法适用于其他行业。棉农生产行为是典型的市场交易，棉农拥有不同类型的农业机械，导致其专用性投资各不相同。这也会影响到机械成本的固定程度，进而影响棉农是否会选择使用生产性服务经营主体的情况。

地理资产专用性涵盖与农业耕作紧密相连的诸多要素，它不仅包括地理位置的选择、气候条件的适配，还涉及土壤的肥力状况等多个核心环节。正是这些关键要素的相互作用，为农作物提供适宜的生长环境，从而确保农业生产的稳定性和高效性（胡新艳等，2015）。与其他生产资源如劳动力和资本相比，土地的移动性极低，显示出高度的专用性。因此，拥有资源丰富的农田对棉农进行农业生产是有利的，同时这也会影响棉农是否倾向于选择生产性服务经营主体。

人力资产专用性是指棉农在长期耕作实践中不断学习和累积的独特技巧与经验。在农业生产领域，这种特征显著的棉农往往更愿意投身于农业的生产活动中。由此可见，人力资产的专用性在棉农是否选择生产性服务经营主体时发挥关键作用。即棉农在农业生产中的专业性和投入程度，将直接影响他们在选择生产性服务经营主体时的偏好和决策路径。这有助于深入理解棉农行为背后的动机和决策逻辑。因此，人力资产专用性在棉农决策行为过程中扮演关键角色，极大地影响他们对生产性服务经营主体的选择。基于此，提出以下假设：

H1：物资资产专用性显著影响棉农选择生产性服务经营主体的行为。

H2：地理资产专用性显著影响棉农选择生产性服务经营主体的行为。

H3：人力资产专用性显著影响棉农选择生产性服务经营主体的行为。

### 5.1.1.2　风险性

在威廉姆森的理论贡献基础上，本章对交易中的风险因素进行深度剖析，将其概括为环境不可预见性与行为不确定性两大核心点。不可预见的自然环境变化和消费者偏好波动构成环境不可预见性的要素，而信息不对称则导致行为上的不确定性。本章特地就风险进行更为详尽的分类，将其具体划分为两大类：一是来源于不可预测的自然力量所引发的自然风险，二是由于市场交易过程中的信息不平衡所产生的交易风险。对于大多数棉农来说，由于他们通常对风险持谨慎态度，当面临高风险情境时，他们会倾向于采取最有效的风险规避策略。因此，风险性对棉农选择生产性服务经营主体的行为具有显著影响。基于此，提出以下假设：

H4：风险性显著影响棉农选择生产性服务经营主体的行为。

### 5.1.1.3　规模性

农业的规模性涉及的是将农业资源的交易扩展至更广阔的范围，并提高其交易的活跃度。这种模式下，资源的有效整合与优化配置成为关键。

本章将规模性定义为种植面积。随着耕地面积的逐步扩大，农业专业化水平亦随之升级，迫使农户转而依靠专业的生产性服务经营主体来优化资源配置（曹峥林等，2017）。然而不同规模的棉农选择生产性服务经营主体的行为不同。具体而言，规模差异导致棉农对生产性服务经营主体选择行为存在差异。一方面，与小型农户相比，规模较大的农户因为实行集中经营，更可能以更低的成本获取农业服务供应商的支持（陈义媛，2017）。另一方面，与整地播种、棉花采收等劳动和资本密集型环节相比，规模较大的农户受到更多劳动力和资本的限制，因此更有可能通过选择农业服务提供者来弥补或替代劳动力（蔡荣和马旺林，2014）。基于此，提出以下假设：

H5：规模性显著影响棉农选择生产性服务经营主体的行为。

### 5.1.2　服务柔性在交易成本对棉农生产性服务经营主体选择行为中的调节分析

此外，棉农在决定选择生产性服务经营主体时，除受到交易成本的影响外，还可能受到服务柔性的调节作用。服务柔性指的是生产性服务经营主体能够根据棉农的需求进行灵活调整和提供服务的能力。在中国农村社会中，服务柔性是顾客与企业的黏合剂。服务柔性本身最外显的价值，就是从资源配置、服务方式到顾客体验，都会给人耳目一新的感觉。在这一过程中，若顾客能承担或愿意承担由此带来的溢价，进而他就会成为企业忠诚的客户群，并且这个忠诚客户群体的规模将随着口碑效应呈指数级增长。同理，在农业生产性服务领域，双方的服务互动成为核心议题。如果棉农对生产性服务经营主体的服务柔性存在不满，他们在未来的决策过程中将不予考虑，这显示顾客对服务满意度的典型特征。根据理性小农理论，棉农在选择生产性服务经营主体时，会对服务效果抱有预期。若服务效果超出预期，正向的溢出效应将有效降低交易成本对农业生产性服务经营主体的负面影响。因此，在农业服务过程中，注重提升服务质量，以满足棉农的期望，对于促进农业生产效率和降低成本具有重要意义。基于这一观点，提出以下假设：

H6：服务柔性在交易成本对棉农主体选择行为中的影响具有正向调节作用。

# 5.2 变量选择与模型设定

## 5.2.1 变量选择

### 5.2.1.1 被解释变量

棉农在各个生产环节中选择生产性服务经营主体的行为。首先，由调研者询问棉农在整地播种、水肥管理、棉花采收等环节是否愿意选择生产性服务经营主体。对于愿意选择的棉农，将其回答"愿意"被记录为"1"；反之标记为"0"。其次，针对愿意选择的棉农，进一步询问在整地播种、水肥管理、棉花采收等环节是否实际接受了生产性服务经营主体的服务。如果棉农实际接受了生产性服务经营主体的服务，这种情况记录为"1"，若未接受服务，记录为"0"。

### 5.2.1.2 核心解释变量

在本章中，基于威廉姆森的交易成本理论，将资产专用性、风险性和规模性作为模型的关键解释变量。在此基础上，结合曹峥林等（2017）研究，对资产专用性进行深入拓展，将其划分为物资、地理和人力资本三个方面。在农业生产背景下，特别关注棉农的农机拥有量，这一指标成为衡量物资资产专用性的重要依据。具体来说，农机种类包括但不限于拖拉机、播种机、打药机和采棉机等。根据棉农所拥有的生产设备种类，将其分为三个等级：1~2种设备视为短缺，标记为1；3~4种设备视为普通，标记为2；5~6种设备则视为充足，标记为3。这样的分类方法有助于更精确地评估棉农在生产过程中的资产专用性。地理资产专用性关注的是棉农土地资源的特定属性。通过选取地块数量和地形特征这两个关键指标，准确描绘棉农土地要素的独特性（王嫚嫚等，2017；罗必良等，2019；田红宇和冯晓阳，2019）；人力资本专用性采用老龄化的程度作为衡量的关键指标。这种特定人力资本的投资，无疑会对棉农在其他潜在领域的投入产生显著的机会成本效应。同时，风险因素分析主要聚焦于自然和交易两大类别，其中自然风险通过评估自然灾害的影响程度来衡量，而交易风险则通过考察服务对象的认识水平来作为其代理指标（胡雯等，2016）。规模性主要是指棉农种植面积。

服务柔性的测度。本章服务柔性的测度借鉴 Bowen 和 Schneider（1988）对服务柔性的定义，从顾客角度出发，便捷快速满足顾客个性化服务需求；Kumar 和 Dash（2017）的研究指出，服务柔性是服务提供者有效应对服务需求高峰，减少顾客等待时间的能力。选取"满足农户服务多元化需求"和"应对农户需求变化能力"两个题项表征服务柔性，最后，服务柔性的值通过因子得分计算得出。

### 5.2.1.3 控制变量

借鉴相关文献，参考蔡荣和马旺林（2014）和郭翔宇等（2023）的研究，个人特征包括年龄、文化程度、务农年限、政策了解、价值认知。家庭特征包括劳动力人数、家庭收入、距乡镇距离；离乡镇距离越远，获取涉及农业生产的服务信息的潜在可能性越少，且采纳生产性服务经营主体的机会越降（宋海英和姜长云，2015）。村庄特征包括村公共汽车、村技术员、村信息员。在乡村生活中，信息传递的速度和质量对棉农至关重要。是否存在村技术员，决定棉农能否迅速掌握本地农业服务资讯的核心（李俏和张波，2013），如表 5-1 所示。

表 5-1　变量赋值、说明和描述性统计分析

| 变量 | 符号 | 变量描述及赋值 | 均值 | 标准差 |
|---|---|---|---|---|
| 资产专用性 | | | | |
| 物资资产 | machine | 农机数量：1=短缺；2=一般；3=丰富 | 1.58 | 0.76 |

续表

| 变量 | 符号 | 变量描述及赋值 | 均值 | 标准差 |
|---|---|---|---|---|
| 地理资产 | parcel | 耕地细碎化程度：土地地块数量实际值 | 2.802 | 2.294 |
| | terrain | 地形特征：1＝坡地洼地；2＝平地；3＝旱地 | 1.94 | 0.27 |
| 人力资本 | old | 60岁及以上老年人数与家庭总人数的比值 | 0.29 | 0.15 |
| 风险性 | | | | |
| 自然风险 | zrisk | 近五年当地旱涝等自然灾害发生的次数 | 3.18 | 3.162 |
| 交易风险 | jrisk | 服务者认识度：1＝熟悉的人；2＝普通认识的人；3＝陌生人 | 1.21 | 0.44 |
| 规模性 | | | | |
| 种植面积 | area | 种植面积实际值（亩） | 92.23 | 92.62 |
| 服务柔性 | flex | 根据因子得分计算得出 | 0 | 1 |
| 个人特征 | | | | |
| 年龄 | age | 年龄实际值 | 48.15 | 9.96 |
| 文化程度 | edu | 1＝没有过学；2＝小学；3＝初中；4＝高中；5＝中专；6＝大专；7＝本科及以上 | 3.01 | 1.00 |
| 政策了解 | policy | 1＝不了解；2＝听说；3＝比较了解 | 1.36 | 0.56 |
| 价值认知 | value | 根据因子得分计算得出 | 0 | 1 |
| 家庭特征 | | | | |
| 劳动力人数 | labor | 18~60岁劳动力人数实际值 | 2.51 | 4.37 |
| 家庭收入 | income | 实际值 | 15.87 | 16.09 |
| 距乡镇距离 | distanc | 实际值 | 8.62 | 13.04 |
| 村庄特征 | | | | |
| 村公共汽车 | bus | 0＝没有；1＝有 | 0.45 | 0.49 |
| 村技术员 | tech | 0＝没有；1＝有 | 0.52 | 0.49 |
| 村信息员 | inform | 0＝没有；1＝有 | 0.53 | 0.49 |

### 5.2.2 模型设定

二元 Logistic 模型。在深入分析棉农生产性服务经营主体选择行为时，本章选用一个特定的统计模型——二元 Logistic 模型。这是因为棉农在选择服务经营主体的过程中，表现出明显的二元离散选择特征。换言之，他们的行为可以归结为两种互斥的选择。因此，二元 Logistic 模型的基本形式为：

$$p_i = F(Y) = F(\beta_0 + \beta_1 x_1 + \cdots + \beta_i x_i + \mu_i) = \frac{1}{1 + \exp\left[-(\beta_0 + \beta_1 x_1 + \cdots + \beta_i x_i + \mu_i)\right]}$$

$$(5-1)$$

在实施 Logistic 回归模型的过程中，对变量进行必要的数学转换是不可或缺的。特别是引入概率变换——Logit 转换，对确保分析结果的准确性与可靠性至关重要。在具体操作中，我们通常会将涉及交易特点的一系列变量整合进式（5-2）中，以展开进一步统计分析，即棉农生产性服务经营主体选择行为模型可转换为：

$$\ln \frac{p_i}{1-p_i} = y_i = \beta_0 + \beta_1 x_1 + \cdots + \beta_1 x_i + \mu_i \qquad (5-2)$$

其中，$p_i$ 表示棉农服务经营主体选择行为的概率；$y_i$ 为被解释变量，表示第 i 个棉农是否选择生产性服务经营主体；$x_i$（i = 1，2，3，…，n）是本章的一组解释变量，核心解释变量是交易特性和服务柔性等，其他变量如棉农个体特征、家庭特征、村庄特征等。$\beta_0$ 表示回归方程的截距；$\mu_i$ 表示扰动项。

# 5.3　实证结果与分析

### 5.3.1　交易成本对棉农生产性服务经营主体选择行为的影响分析

5.3.1.1　资产专用性对棉农生产性服务经营主体选择行为的影响分析

首先，资产专用性观测变量，农机数量显著负向影响棉农整地播种、水肥管理、棉花采收环节对生产性服务经营主体的选择。因此，农机数量越多越会抑制棉农在整地播种、水肥管理、棉花采收环节选择生产性服务经营主体，因此，验证了假设 H1，且与曹峥林等（2017）的研究结果一致。棉农的农机专用性较强，农机的设计和使用更加符合特定农作物或农业任务的需求，其在生产用途上的"套牢"效应也就越强，使得棉农倾向于自我生产而非选择生产性服务经营主体。其次，土地的地形特征对棉农选择生产性服务经营主体进行整地播种的行为具有正向促进作用。换言之，地形平坦的土地更能吸引棉农倾向于寻求专业生产性服务经营主体的帮助，以完成整地播种等关键农业活动，从而验证了假设 H2。然而，地块数对棉农各生产环节选择生产性服务经营主体并未产生影响。在新疆，基于国家土地整理政策的贯彻实施，农田建设和土地整治行动正紧密结合起来，这一举措有效地应对了农村耕地零散分割难题，逐步实现了耕地的集中连片管理。最后，人力资本专用性的观测变量老龄化程度显著正向影响棉农在整地播种、水肥管理、棉花采收环节选择生产性服务经营主体。其原因是农业生产对其经济支撑至关重要，因此更倾向于选择生产性服务经营主体。这与调研结果相符，农业生产性服务经营主体提供从种植到收割的全方位服务，棉农无须亲自参与，同时又能满足其对土地依赖的心理，从而验证了假设 H3。

5.3.1.2　风险性对棉农生产性服务经营主体选择行为的影响分析

风险性主要涉及自然和交易两类风险。从表 5-2 的估计结果来看，自然风险的观察变量自然灾害对棉农整地播种、水肥管理、棉花采收环节选择生产性服务经营主体有消极影响。棉农面对自然灾害风险的上升将进一步削弱其对生产性服务经营主体的选择倾向，即在自然灾害频发的情况下，棉农更倾向于采取自我管理和自我服务策略。这与徐莉和杜宏茹（2018）的研究结论相一致。原因可能在于农业生产性服务经营主体虽然标榜风险共担，当遇到干旱、洪涝、病虫害等农作物生产中不可预测的自然风险时，无法完全抵御自然风险的影响。同时，研究结果表明，交易风险中的服务对象认识程度对棉农在整地播种、水肥管理和棉花采收环节选择生产性服务经营主体具有显著的负向影响。在当前的农业市场环境下，交易风险逐渐上升，这无疑加大了棉农在挑选生产性服务经营主体时的行为难度。然而，当棉农与生产性服务经营主体建立起紧密且熟悉的关系时，这种交易风险便显著降低，棉农更愿意信赖并依赖于这些熟悉的生产性服务经营主体进行合作。这一结论与实地调研结果一致。虽然农业生产标准很难衡量，但棉农更倾向选择自己熟悉的人进行服务，从而降低棉农选择行为的不确定性。因此，验证了假设 H4。

表 5-2　交易成本对棉农生产性服务经营主体选择行为影响的估计结果

| 变量名称 | 整地播种 | | 水肥管理 | | 棉花采收 | |
| --- | --- | --- | --- | --- | --- | --- |
| | 选择意愿 | 选择行为 | 选择意愿 | 选择行为 | 选择意愿 | 选择行为 |
| machine | $-1.111^{***}$ | $-0.434^{**}$ | $-0.291^{**}$ | $-0.279^{**}$ | $-0.682^{***}$ | $-0.633^{***}$ |
| | $(-4.780)$ | $(-2.571)$ | $(-1.978)$ | $(-2.031)$ | $(-3.811)$ | $(-4.241)$ |
| parcel | $-0.052$ | $-0.025$ | $0.001$ | $0.080$ | $0.138$ | $0.031$ |
| | $(-0.572)$ | $(-0.430)$ | $(0.020)$ | $(1.619)$ | $(1.616)$ | $(0.514)$ |
| terrain | $2.257^{***}$ | $0.758^{***}$ | $0.684^{***}$ | $0.301$ | $0.613^{**}$ | $0.191$ |
| | $(5.379)$ | $(2.782)$ | $(2.949)$ | $(1.532)$ | $(2.189)$ | $(0.845)$ |
| old | $0.742^{***}$ | $0.641^{***}$ | $0.388^{***}$ | $0.271^{**}$ | $0.402^{**}$ | $0.260^{*}$ |
| | $(3.054)$ | $(3.444)$ | $(2.734)$ | $(2.216)$ | $(2.079)$ | $(1.806)$ |
| zrisk | $-0.176^{***}$ | $-0.131^{***}$ | $-0.140^{***}$ | $-0.051^{*}$ | $-0.140^{***}$ | $-0.101^{***}$ |
| | $(-4.015)$ | $(-4.055)$ | $(-4.372)$ | $(-1.797)$ | $(-4.149)$ | $(-3.354)$ |
| jrisk | $-1.230^{***}$ | $-0.566^{***}$ | $-0.455^{**}$ | $-0.307^{*}$ | $-0.631^{***}$ | $-0.253$ |
| | $(-4.308)$ | $(-2.792)$ | $(-2.476)$ | $(-1.749)$ | $(-2.979)$ | $(-1.370)$ |
| area | $0.009^{***}$ | $0.003^{*}$ | $0.004^{***}$ | $0.002^{*}$ | $0.003^{*}$ | $0.003^{**}$ |
| | $(3.078)$ | $(1.739)$ | $(2.778)$ | $(1.790)$ | $(1.671)$ | $(2.262)$ |
| edu | $-0.145$ | $0.091$ | $0.175^{**}$ | $0.196^{***}$ | $-0.164^{*}$ | $0.021$ |
| | $(-1.097)$ | $(0.907)$ | $(2.116)$ | $(2.822)$ | $(-1.664)$ | $(0.260)$ |
| policy | $0.096$ | $-0.193$ | $-0.045$ | $0.166$ | $0.417$ | $0.468^{**}$ |
| | $(0.288)$ | $(-0.848)$ | $(-0.230)$ | $(0.961)$ | $(1.556)$ | $(2.187)$ |
| value | $0.013$ | $0.140$ | $0.184^{*}$ | $0.122$ | $0.372^{***}$ | $0.269^{**}$ |
| | $(0.074)$ | $(1.137)$ | $(1.784)$ | $(1.330)$ | $(2.815)$ | $(2.539)$ |

续表

| 变量名称 | 整地播种 | | 水肥管理 | | 棉花采收 | |
|---|---|---|---|---|---|---|
| | 选择意愿 | 选择行为 | 选择意愿 | 选择行为 | 选择意愿 | 选择行为 |
| labor | 0.057 | −0.032 | −0.006 | −0.037 | −0.141 | 0.118 |
| | (0.549) | (−0.387) | (−0.087) | (−0.551) | (−1.356) | (1.370) |
| income | −0.018*** | −0.008* | −0.007 | −0.011*** | −0.004 | −0.001 |
| | (−2.870) | (−1.656) | (−1.543) | (−2.622) | (−0.700) | (−0.305) |
| distance | −0.028*** | −0.018*** | −0.003 | −0.002 | −0.021*** | −0.008 |
| | (−3.385) | (−2.696) | (−0.449) | (−0.408) | (−3.119) | (−1.248) |
| bus | −0.496 | −0.449* | −0.273 | 0.045 | −0.203 | 0.029 |
| | (−1.362) | (−1.801) | (−1.314) | (0.249) | (−0.771) | (0.140) |
| tech | 1.197*** | 0.538** | 0.661*** | 0.381* | 0.712** | 0.488** |
| | (3.133) | (1.999) | (2.950) | (1.907) | (2.496) | (2.148) |
| inform | 1.109*** | 0.461* | 0.432** | 0.710*** | 0.078 | 0.900*** |
| | (2.952) | (1.747) | (1.988) | (3.679) | (0.277) | (4.049) |
| _cons | −0.093 | 0.962 | −0.767 | −1.614*** | 1.861** | −0.023 |
| | (−0.079) | (1.138) | (−1.079) | (−2.576) | (2.048) | (−0.031) |
| Log likelihood | −120.821 | −225.548 | −302.156 | −369.284 | −202.960 | −293.405 |
| chi$^2$ | 272.494 | 143.800 | 132.083 | 92.882 | 159.752 | 118.992 |

注：*、**和***分别表示10%、5%和1%显著性水平。本书余同。

### 5.3.1.3 规模性对棉农生产性服务经营主体选择行为的影响分析

由表5-2可知，种植面积显著正向影响棉农在整地播种、水肥管理和棉花采收环节选择生产性服务经营主体，表明随着种植规模的增加，棉农更倾向于寻找高效、专业的农业服务，以保证作物生长的各个阶段都能够获得适当的护理，这与吕杰等（2021）的研究结果一致。实际调研中也发现，棉农随着种植面积的扩大对选择生产性服务经营主体的概率呈上升趋势。主要原因是棉农个人精力有限，无法精细化管理自家土地，只能借助生产性服务经营主体缓解其规模种植的耕种压力、降低自身劳动强度和解决技术难题。因此，验证了假设H5。

**5.3.1.4 控制变量对棉农生产性服务经营主体选择行为的影响分析**

由表 5-2 可知，政策了解对于棉农在棉花采收环节选择生产性服务经营主体具有显著的正向影响。村技术员、村信息员对棉农整地播种、水肥管理、棉花采收环节选择生产性服务经营主体有显著影响，说明农业工作人员的宣传和指导促进棉农对生产性服务经营主体的选择。

### 5.3.2 服务柔性对棉农生产性服务经营主体选择行为的调节分析

依据先前文献的理论分析，将进一步审视服务柔性对棉农主体选择行为的调节影响。在深入探讨调节效应的过程中，本章致力于减少核心变量与交互作用项之间的潜在多重共线性，分别加入服务柔性与物资资产专用性、地理资产专用性、人力资本专用性，自然风险和交易风险以及规模性的交互项，估计结果如表 5-3 所示。

**5.3.2.1 服务柔性在资产专用性对棉农生产性服务经营主体选择行为中的调节作用**

从表 5-3 的估计结果来看，服务柔性和资产专用性交互项对棉农整地播种、水肥管理、棉花采收环节选择生产性服务经营主体呈现显著负向影响，根据研究结果显示，服务柔性在资产专用性对棉农选择生产性服务经营主体的行为所施加的负向影响中，具有负向调节效应，即服务柔性削弱了资产专用性对棉农在各生产环节选择生产性服务经营主体行为的阻碍作用；服务柔性与地理资产专用性的交互项对棉农整地播种、水肥管理环节选择生产性服务经营主体的行为具有显著正向影响，服务柔性与人力资本专用性交互项对棉农整地播种、棉花采收环节选择生产性服务经营主体行为呈现显著积极影响。

**5.3.2.2 服务柔性在风险性对棉农生产性服务经营主体选择行为中的调节作用**

由表 5-3 可知，自然风险对棉农在整地播种、水肥管理、棉花采收环节选择生产性服务经营主体呈负向显著影响；同时加入服务柔性与自然风险的交互项后，交互项在棉农选择生产性服务经营主体的行为上呈现负

表5-3 服务柔性对棉农生产性服务经营主体选择行为影响的调节作用估计结果

| 变量名称 | 模型1 整地播种 | 模型2 水肥管理 | 模型3 棉花采收 | 模型4 整地播种 | 模型5 水肥管理 | 模型6 棉花采收 | 模型7 整地播种 | 模型8 水肥管理 | 模型9 棉花采收 |
|---|---|---|---|---|---|---|---|---|---|
| machine | -1.283*** (-4.877) | -0.333** (-2.112) | -0.718*** (-3.820) | -1.196*** (-5.062) | -0.332** (-2.191) | -0.704*** (-3.876) | -1.130*** (-4.864) | -0.280* (-1.899) | -0.654*** (-3.638) |
| terrain | 2.448*** (5.186) | 0.693*** (2.858) | 0.538* (1.855) | 2.099*** (4.816) | 0.545** (2.248) | 0.447 (1.546) | 2.134*** (5.083) | 0.658*** (2.809) | 0.531* (1.852) |
| old | 0.817*** (2.867) | 0.372** (2.532) | 0.477** (2.302) | 0.735*** (2.974) | 0.399*** (2.763) | 0.439** (2.267) | 0.689*** (2.818) | 0.387*** (2.738) | 0.407** (2.094) |
| zrisk | -0.166*** (-3.542) | -0.134*** (-4.058) | -0.124*** (-3.647) | -0.176*** (-3.753) | -0.148*** (-4.226) | -0.139*** (-3.869) | -0.161*** (-3.656) | -0.139*** (-4.320) | -0.121*** (-3.598) |
| jrisk | -1.142*** (-3.743) | -0.420** (-2.211) | -0.589*** (-2.683) | -1.462*** (-4.389) | -0.783*** (-3.446) | -0.819*** (-3.530) | -1.140*** (-3.967) | -0.440** (-2.370) | -0.533** (-2.459) |
| area | 0.009*** (2.887) | 0.004*** (2.777) | 0.003* (1.879) | 0.009*** (2.769) | 0.004*** (2.676) | 0.003* (1.803) | 0.008** (2.473) | 0.003** (2.529) | 0.003* (1.670) |
| flex | -0.944 (-1.305) | -0.652 (-1.294) | -0.084 (-0.145) | 0.415* (1.831) | 0.467*** (3.316) | 0.315* (1.721) | -0.437 (-1.524) | 0.043 (0.277) | -0.598*** (-2.602) |
| machine_flex | -0.417* (-1.794) | -0.252* (-1.648) | -0.344* (-1.831) | — | — | — | — | — | — |
| terrain_flex | 0.771** (2.312) | 0.557*** (2.649) | 0.148 (0.627) | — | — | — | — | — | — |

续表

| 变量名称 | 模型 1 整地播种 | 模型 2 水肥管理 | 模型 3 棉花采收 | 模型 4 整地播种 | 模型 5 水肥管理 | 模型 6 棉花采收 | 模型 7 整地播种 | 模型 8 水肥管理 | 模型 9 棉花采收 |
|---|---|---|---|---|---|---|---|---|---|
| old_flex | 0.716** (2.401) | 0.252 (1.542) | 0.552** (2.365) | — | — | — | — | — | — |
| zrisk_flex | — | — | — | -0.119 (-1.174) | -0.108* (-1.675) | -0.127* (-1.768) | — | — | — |
| jrisk_flex | — | — | — | -0.670* (-1.916) | -0.987*** (-3.033) | -0.649** (-2.238) | — | — | — |
| area_flex | — | — | — | — | — | — | 0.045*** (2.628) | 0.011* (1.731) | 0.049*** (3.651) |
| edu | -0.065 (-0.454) | 0.215** (2.487) | -0.137 (-1.331) | -0.183 (-1.372) | 0.173** (2.025) | -0.186* (-1.843) | -0.151 (-1.116) | 0.188** (2.254) | -0.157 (-1.560) |
| policy | -0.002 (-0.007) | -0.038 (-0.195) | 0.394 (1.431) | 0.144 (0.423) | -0.034 (-0.172) | 0.455* (1.651) | 0.105 (0.305) | -0.033 (-0.168) | 0.367 (1.344) |
| value | 0.184 (0.840) | 0.140 (1.097) | 0.515*** (2.793) | 0.008 (0.040) | 0.162 (1.308) | 0.437*** (2.600) | -0.068 (-0.338) | 0.074 (0.631) | 0.349** (2.106) |
| labor | 0.122 (0.953) | 0.002 (0.029) | -0.104 (-1.094) | 0.081 (0.740) | 0.015 (0.213) | -0.087 (-0.910) | 0.066 (0.600) | -0.009 (-0.130) | -0.102 (-1.065) |
| income | -0.012* (-1.704) | -0.005 (-1.027) | -0.002 (-0.279) | -0.017*** (-2.644) | -0.006 (-1.321) | -0.004 (-0.691) | -0.017*** (-2.655) | -0.008* (-1.806) | -0.005 (-0.857) |

续表

| 变量名称 | 模型 1 整地播种 | 模型 2 水肥管理 | 模型 3 棉花采收 | 模型 4 整地播种 | 模型 5 水肥管理 | 模型 6 棉花采收 | 模型 7 整地播种 | 模型 8 水肥管理 | 模型 9 棉花采收 |
|---|---|---|---|---|---|---|---|---|---|
| distance | -0.038*** | -0.006 | -0.027*** | -0.030*** | -0.004 | -0.023*** | -0.037*** | -0.005 | -0.030*** |
|  | (-4.358) | (-0.919) | (-3.769) | (-3.653) | (-0.550) | (-3.359) | (-4.174) | (-0.730) | (-3.939) |
| bus | -0.421 | -0.340 | -0.232 | -0.439 | -0.269 | -0.193 | -0.257 | -0.218 | 0.005 |
|  | (-1.123) | (-1.605) | (-0.867) | (-1.197) | (-1.264) | (-0.720) | (-0.690) | (-1.024) | (0.017) |
| tech | 1.083*** | 0.596*** | 0.744*** | 1.150*** | 0.627*** | 0.722** | 1.155*** | 0.639*** | 0.759*** |
|  | (2.748) | (2.641) | (2.580) | (3.003) | (2.765) | (2.489) | (3.029) | (2.845) | (2.601) |
| inform | 1.394*** | 0.468** | 0.160 | 1.018*** | 0.375* | 0.007 | 1.150*** | 0.409* | 0.083 |
|  | (3.417) | (2.113) | (0.562) | (2.677) | (1.701) | (0.026) | (3.005) | (1.867) | (0.287) |
| _cons | -0.592 | -0.810 | 2.053** | 0.333 | -0.405 | 2.418** | -0.020 | -0.779 | 1.971** |
|  | (-0.451) | (-1.092) | (2.157) | (0.270) | (-0.551) | (2.558) | (-0.017) | (-1.090) | (2.115) |
| ll | -110.205 | -292.122 | -198.658 | -117.954 | -292.847 | -199.758 | -116.070 | -298.840 | -194.253 |
| chi² | 293.728 | 152.150 | 168.356 | 278.230 | 150.701 | 166.156 | 281.997 | 138.714 | 177.165 |

向显著影响，结果显示，服务柔性在自然风险对棉农选择生产性服务经营主体行为的负向影响中呈负向调节效应。交易风险对棉农整地播种、水肥管理、棉花采收环节生产性服务经营主体选择呈负向显著影响，说明交易风险的增加会进一步抑制棉农选择生产性服务经营主体，加入交易风险和服务柔性交互项后，交互项对棉农选择生产性服务经营主体的负向影响中起到了负向调节作用。整体而言，服务柔性减弱了自然风险和交易风险对棉农主体选择行为的消极影响，从而验证了假设 H6。

5.3.2.3　服务柔性在规模性对棉农生产性服务经营主体选择行为中的调节作用

由表 5-3 可知，种植规模对棉农整地播种、水肥管理、棉花采收环节选择生产性服务经营主体具有显著的正向影响，研究结果表明，种植规模的增加与棉农选择生产性服务经营主体呈正向相关，进一步加入种植规模和服务柔性交互项后，研究发现交互项对棉农在不同生产阶段选择生产性服务经营主体行为呈正向影响。分别通过 5%、10% 和 1% 的显著性水平检验。说明服务柔性在棉农整地播种、水肥管理、棉花采收环节选择生产性服务经营主体的正向影响中起到了正向调节作用，即服务柔性促进棉农选择生产性服务经营主体的行为。在实地调研中也发现，许多规模性棉农因生产性服务经营主体能够提供多样性服务和有能力应对农业生产过程中的突发状况。因此，这种正向影响有助于促进棉农持续选择该生产性服务经营主体，这与理论分析一致，从而验证了假设 H6。

### 5.3.3　稳健性检验

为确保回归分析估计结果的有效性和准确性，常规做法是执行稳健性测试。本章选择倾向得分匹配（PSM）来解决自选择偏差问题。将已选择生产性服务经营主体的样本设置为实验组，将未选择生产性服务经营主体的样本设为对照组，采用近邻匹配方法对实验组和对照组进行匹配。此外，发现关键性指标揭示实验组与对照组之间在匹配后的偏差率上呈现出微小差异。由表 5-4 的估算结果可知，发现主要解释变量的符号及显著性水平与初步的回归分析结果保持高度一致。这种一致性不仅凸显模型在处理数据时的坚固性和准确性，同时也增强对其预测结果信任度，进一步验证模型具有较高的可靠性。

表5-4　交易成本对棉农生产性服务经营主体选择行为影响的稳健性检验结果

| 变量名称 | 整地播种 | | 水肥管理 | | 棉花采收 | |
|---|---|---|---|---|---|---|
| | 选择意愿 | 选择行为 | 选择意愿 | 选择行为 | 选择意愿 | 选择行为 |
| machine | −1.202*** | −0.404** | −0.375** | −0.283* | −0.719*** | −0.718*** |
| | (−4.918) | (−2.309) | (−2.447) | (−1.949) | (−3.823) | (−4.572) |
| parcel | −0.054 | −0.046 | −0.018 | 0.043 | 0.120 | 0.002 |
| | (−0.564) | (−0.809) | (−0.355) | (0.865) | (1.348) | (0.031) |
| terrain | 2.273*** | 0.668** | 0.732*** | 0.288 | 0.614** | 0.127 |
| | (5.269) | (2.445) | (3.070) | (1.413) | (2.124) | (0.552) |
| old | 0.632** | 0.662*** | 0.352** | 0.213 | 0.422** | 0.254* |
| | (2.487) | (3.306) | (2.356) | (1.640) | (1.989) | (1.648) |
| zrisk | −0.174*** | −0.138*** | −0.137*** | −0.048* | −0.139*** | −0.102*** |
| | (−3.905) | (−4.207) | (−4.228) | (−1.672) | (−4.040) | (−3.329) |
| jrisk | −1.276*** | −0.591*** | −0.458** | −0.362* | −0.698*** | −0.173 |
| | (−4.312) | (−2.813) | (−2.398) | (−1.951) | (−3.164) | (−0.902) |
| area | 0.009*** | 0.003* | 0.004*** | 0.002** | 0.002 | 0.003** |
| | (2.900) | (1.926) | (2.743) | (2.101) | (1.481) | (2.181) |
| edu | −0.129 | 0.067 | 0.199** | 0.200*** | −0.180* | 0.055 |
| | (−0.930) | (0.642) | (2.268) | (2.697) | (−1.727) | (0.646) |
| policy | 0.068 | −0.230 | −0.078 | 0.246 | 0.344 | 0.438** |
| | (0.200) | (−0.988) | (−0.391) | (1.369) | (1.254) | (2.004) |
| value | 0.011 | 0.105 | 0.196* | 0.175* | 0.384*** | 0.234** |
| | (0.063) | (0.819) | (1.802) | (1.789) | (2.743) | (2.102) |
| labor | 0.026 | 0.007 | −0.024 | 0.003 | −0.195 | 0.128 |
| | (0.252) | (0.081) | (−0.340) | (0.049) | (−1.490) | (1.381) |
| income | −0.016** | −0.010* | −0.005 | −0.010** | −0.004 | 0.001 |
| | (−2.535) | (−1.835) | (−1.107) | (−2.192) | (−0.734) | (0.166) |

续表

| 变量名称 | 整地播种 | | 水肥管理 | | 棉花采收 | |
|---|---|---|---|---|---|---|
| | 选择意愿 | 选择行为 | 选择意愿 | 选择行为 | 选择意愿 | 选择行为 |
| distance | −0.028*** | −0.018*** | −0.000 | −0.002 | −0.022*** | −0.008 |
| | (−3.241) | (−2.634) | (−0.077) | (−0.358) | (−3.160) | (−1.221) |
| bus | −0.612 | −0.371 | −0.299 | −0.003 | −0.400 | −0.010 |
| | (−1.595) | (−1.438) | (−1.373) | (−0.017) | (−1.433) | (−0.045) |
| tech | 1.277*** | 0.602** | 0.628*** | 0.433** | 0.678** | 0.541** |
| | (3.205) | (2.168) | (2.692) | (2.055) | (2.261) | (2.273) |
| inform | 1.094*** | 0.508* | 0.401* | 0.663*** | 0.106 | 0.873*** |
| | (2.825) | (1.867) | (1.774) | (3.268) | (0.358) | (3.753) |
| _cons | 0.163 | 1.059 | −0.753 | −1.752*** | 2.407** | 0.114 |
| | (0.137) | (1.228) | (−1.031) | (−2.695) | (2.505) | (0.152) |
| Log likelihood | −110.911 | −207.728 | −274.564 | −329.280 | −182.003 | −265.141 |
| chi$^2$ | 263.688 | 137.143 | 127.346 | 84.314 | 158.111 | 111.472 |

## 5.4　本章小结

　　本章利用新疆南北疆地区的 1258 份棉农数据，重点考察在棉农整地播种、水肥管理以及棉花采收等环节中，交易成本如何影响棉农选择生产性服务经营主体的行为，并通过倾向得分匹配（PSM）模型进行稳健性，主要得到结论如下：资产专用性、风险性、规模性显著影响棉农整地播种、水肥管理、棉花采收环节选择生产性服务经营主体的行为，但在不同生产环节影响棉农选择生产性服务经营主体的行为呈现异质性特征。具体而言，资产专用性中的资产专用性代理变量"农机数量"显著负向影响棉农整地播种、水肥管理、棉花采收环节选择生产性服务经营主体；地理资产专用性中土地地形特征显著正向影响棉农整地播种环节选择生产性服务经营主体；人力资本专用性的观测变量老龄化程度显著正向影响棉农整地播种、水肥管理、棉花采收环节选择生产性服务经营主体。从整体来看，表明农业生产环节属性决定了交易成本对棉农生产性服务经营主体选择行为的影响。此外，服务柔性在交易成本影响棉农选择生产性服务经营主体的行为中起到了调节作用。

# 第6章 交易成本对棉农生产性服务经营主体选择行为差异的影响

在棉农与生产性服务经营主体的交易过程中，促进了棉农对生产性服务经营主体的深入了解，推动了棉农在不同生产环节选择生产性服务经营主体的差异化行为。本章将基于第5章的研究内容，从实证层面出发，利用新疆南北疆地区的1258份棉农数据，分析交易特性各指标、交易费用各指标对棉农生产性服务经营主体选择行为差异及程度的影响，并对其影响路径进行检验。

## 6.1 分析框架与研究假设

第5章已将农业生产的特殊交易特性和Williamson（1971）的交易成本范式相结合，从资产专用性、风险性和规模三个维度刻画农业生产过程中的交易费用。但是，Williamson的理论没有涉及财产权利的问题。事实上，行为能力在一定程度上确定财产分配的范围，并受交易特性、交易成本等因素的限制。另外，交易特性造成的交易成本大小促进棉农选择不同生产性服务经营主体的行为，即棉农选择生产性服务经营主体行为的差异，不仅由交易特性决定，而且由交易过程中产生的交易费用决定。梳理文献发现，棉农与生产性服务经营主体是一种交易关系，每一次交易必然会产生交易费用，而交易费用的高低对交易成功与否有重要影响。在不同农业生产环节中，棉农与生产性服务经营主体之间呈现交易费用高低的差异。各方生产性服务经营主体为棉农提供更经济有效的生产性服务，尤其是政府主体出于降低交易费用的理性动机，促成了棉农生产性服务经营主体选择行为差异及程度。

然而，棉农选择生产性服务经营主体的行为差异受到交易成本的影响，同时也受到服务集聚的调节。近年来，我国农业农村部采用划定粮食生产功能区、推进主体功能区规划、供给侧结构性改革等方式旨在推进农业生产与服务业相互关联、互相支持、互促发展，逐渐形成"生产—服务"集聚的发展模式，服务集聚成为我国长期存在"小、散、乱、全"的小农经济向现代化农业过渡的重要形式。服务集聚通过提高集群内专业化水平，提升生产性服务业生产率，并弥补因为社会分工深化而增加的交易成本，降低制造业服务外包的中介服务交易成本（Xie 和 Guo，2024；Teller 等，2016），减少人才培养与搜寻成本。具体而言，服务集聚通过竞争效应促进生产性服务业将更多的知识、技术与创新等要素融入服务环节中。分析框架如图 6-1 所示。

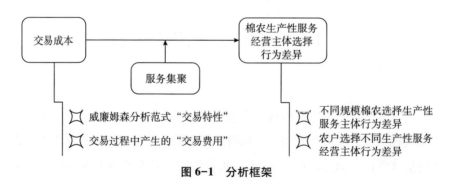

图 6-1　分析框架

### 6.1.1　交易成本对棉农生产性服务经营主体选择行为差异及程度的影响分析

在本章中，深入探讨交易成本的范围涉及 Williamson 分析范式下的交易特性，以及交易过程中产生的费用。基于前文的理论探讨，明确关键观点：当棉农在决定是否选择生产性服务经营主体时，交易成本无疑成为一个决定性的考量因素。因此，棉农生产性服务经营主体的选择行为过程，实质上是涉及成本效益分析和交易效率的综合考量过程。在这个过程中，棉农需仔细权衡不同生产性服务经营主体带来的成本与收益，以确保资源的最佳配置和农业生产效率的最大化。这不仅关系到短期内的经济效益，更对棉农的长期发展战略具有深远的影响。

### 6.1.1.1　风险性

在遵循委托代理理论的指导下，发现其中至关重要的成本就是风险。这种风险不仅涉及系统运作过程中不可控的外部经济和自然因素所导致的各类不确定性，同时也包括因个人决策和行为所产生的风险，即所谓的自然风险与交易风险。随着农户经营规模的扩大，需要与生产性服务经营主体进行多次交易来满足其农业生产的需求。如果购买个体或私人提供的农业生产性服务可能会增加农户面临的风险性，其原因可能为虽然个体或私人提供的服务缺乏良好的声誉和信用背书，但在难以实现与专业生产性服务经营主体对接的情形下，农户对生产性服务经营主体的选择更加谨慎，更倾向于购买由熟人提供的个体服务（李虹韦和钟涨宝，2020）。然而，农户普遍认为政府提供的公益性、基础性服务具有独立、公正和权威的技术标杆地位，当农户面临的风险和不确定性较高时（冯晓龙等，2019），往往更倾向于选择威信高、信任度强的生产性服务经营主体。在现实农业生产过程中，大规模棉农需要更多的劳动力、机械设备、化肥、农药等农业生产要素和技术支持来提高产量和效益，因此，与生产性服务经营主体的交易次数增加，面临的风险性也随之增大。基于理性行为考虑，相较于小规模棉农，大规模棉农对生产性服务经营主体的服务质量可能更"挑剔"。鉴于此，提出以下假设：

H1：风险性显著影响棉农选择生产性服务经营主体行为差异及程度。

H1a：风险性显著影响不同规模棉农选择生产性服务经营主体的行为差异及程度。

### 6.1.1.2 信息费用

在当今的经济活动中，信息费用成为交易过程中不可避免的一部分。当潜在的买家或卖家致力于探寻必要的信息时，他们必须投入宝贵的时间和精力。这些投入本质上就是信息费用的体现。在农业领域中，信息费用主要是指农户在进行交易之前，获取农业生产性服务经营主体供求信息（服务价格、服务质量、信用口碑情况）所花费的信息费用。一般而言，由于信息的不对称和不确定性，农户获得农业生产性服务经营主体的信息难度和供需信息匹配度的不同，从而农户选择不同农业生产性服务经营主体类型产生的信息费用会有所不同，进而影响农户选择行为差异及程度。随着农业规模化、标准化、集约化的发展，规模化农户对"一站式""一体化"服务的需求越来越强（彭建仿和胡霞，2021）。但目前我国农业生产经营中存在服务内容单一、服务模式零散等问题，使得规模农户通过与多种生产性服务经营主体的交易，以满足多样化服务需要。而且，每次交易都要花费大量的时间和精力，高昂的信息费用对服务需求的实现造成负向影响。表明信息费用影响棉农选择生产性服务经营主体的行为差异。鉴于此，提出以下假设：

H2：信息费用显著影响棉农选择生产性服务经营主体行为差异及程度。

H2a：信息费用显著影响不同规模棉农选择生产性服务经营主体的行为差异及程度。

### 6.1.1.3 谈判费用

谈判费用指农户在选择生产性服务经营主体服务过程中与主体取得联系、协商及行为互动的成本。其实质是农户与生产性服务经营主体交易双方在初步明确交易意向后，从自身利益最大化出发，对服务标准、服务效果、付款方式、产量保障相关内容进行协商谈判，在多次博弈、妥协与合作的过程中产生一定的协商与行为成本。因此，在实际农业生产性服务中，谈判费用与生产性服务经营主体市场发育情况和棉农自身的议价能力等密切相关。说明谈判费用（议价能力）影响棉农选择生产性服务经营主体行为差异及程度，也会影响不同规模棉农选择生产性服务经营主体的行为差异及程度。基于此，提出以下假设：

H3：谈判费用显著影响棉农选择生产性服务经营主体行为差异及程度。

H3a：谈判费用显著影响不同规模棉农选择生产性服务经营主体的行为差异及程度。

#### 6.1.1.4 执行费用

执行费用是指在交易完成后产生的费用，用于确保其他交易方履行交易条款而耗费的费用。由于机会主义行为的存在，交易双方在执行过程中因主观因素和客观因素造成一方或双方意愿变动，可能会影响交易的执行；同时农业生产的特殊性，棉农与生产性服务经营主体之间的交易执行具有一定的难度。在我国农业领域，棉农与各类生产性服务经营主体之间的合作模式具有独特的时间安排。这种合作并非在协议达成之际便立刻启动，而是倾向于在年末时期，棉农们会提前预订次年所需的生产性服务。另外，在实际开展特定农业生产环节之前，棉农也会进行相应的服务预约。表明执行费用影响棉农选择生产性服务经营主体行为差异及程度，也会影响不同规模棉农选择生产性服务经营主体的行为差异及程度。基于此，提出以下假设：

H4：执行费用显著影响棉农选择生产性服务经营主体行为差异及程度。

H4a：执行费用显著影响不同规模棉农选择生产性服务经营主体的行为差异及程度。

### 6.1.2 服务集聚在交易成本对棉农生产性服务经营主体选择行为中的调节分析

农户考虑到成本与服务质量，将原本在农业生产的某些环节外包到专业化的生产性服务主体，由此形成生产性服务业围绕农业布局的服务集聚（韩峰和孙沛哲，2023）。首先，服务集聚通过提高集群内产业专业化水平，提升生产性服务业生产率（Brülhart 等，2024；于斌斌，2017），弥补因为社会分工深化与泛化而增加的交易成本，降低制造业服务外包的中介服务交易成本（Jun，2013；Shnyakina，2015）。其次，服务集聚能够促进集聚群内的劳动力资源共享，降低了信息搜寻成本，实现了以提供服务为核心的产品生产模式。此外，服务集聚会加剧服务组织之间的博弈竞争，通过竞争效应促进生产性服务业将更多的知识、技术与创新等要素融入服务环节中（刘斌等，2016），增强服务环节的差异性。在生产性服务市场中，服务集聚中一切以市场需求为中心，由市场这只"无形的手"拉动生产性服务经营主体与棉农供需双方的合作。棉农与服务集聚体内的生产性服务经营主体之间"点对面"的合作关系，即将"面"上的资源集聚到合作的"点"上，对供需双方所需的各种资源要素进行有效组合。根据 Duranton 和 Puga（2001）、Wang（1993）的"技术池观点"与"市场区观点"理论，服务集聚可以增强生产性服务经营主体之间的技术交流与合作，更能促进棉农选择生产性服务经营主体的差异。基于此，提出以下假设：

H5：服务集聚会在交易成本对棉农生产性服务经营主体选择行为差异中的影响起到正向调节作用。

# 6.2　变量选择与模型设定

## 6.2.1　变量选择

### 6.2.1.1　核心解释变量

在本章中，深入探讨衡量交易成本的两个核心维度。首先，在考量交易特性的层面，揭示了棉农在生产性服务经营主体所面临的风险因素对其行为产生的重要作用。这些风险因素主要包括自然灾害以及与生产性服务经营主体相识程度所带来的不确定性。其次，在交易过程中所产生的"交易费用"方面，本章沿用学术界已有的分类方法，将交易过程中的费用细分为信息、谈判以及执行三个具体部分。

信息费用包括"农户与服务者关系相处的程度""农户与服务者信任程度""农户对服务内容和条款的了解程度" 3 个题项。谈判费用包括"农户目前与服务主体契约类型选择情况""服务组织保障产量情况""服务交易付款方式选择情况" 3 个题项。执行费用包括"农户从预约到服务上等待时长""农户联系服务者花时情况""农户在服务过程中联系服务者的难易度" 3 个题项。这三个方面的成本题项共同构成了棉农在享受农业生产性服务经营主体的服务时所需承担的整体费用。

服务集聚测度。询问棉农"如果您接受了该项服务，生产性服务经营主体是哪里的"，"在乡村周边能寻找到几家生产性服务经营主体可为您提供服务"两个题项来测度服务集聚。在本章中，采用因子分析法对四个关键变量进行降维处理，旨在揭示潜在的变量因素。随后，针对每个潜在变量，将其引入模型中，以估算各观测变量的实际影响。

#### 6.2.1.2　控制变量

为确保模型拟合结果的可靠性，本章借鉴国内外已有研究，选取以下几类控制变量：第一，家中主事人个体特征；第二，家庭生产经营特征；第三，村庄特征，村是否有信息员、村是否有专职技术人员、村是否通公交车。各变量赋值、说明和描述性统计分析如表 6-1 所示。

表 6-1　各变量赋值、说明和描述性统计分析

| 变量 | 符号 | 变量描述及赋值 | 均值 | 标准差 |
|---|---|---|---|---|
| 风险性 | | | | |
| 自然风险 | zrisk | 近五年当地旱涝等自然灾害发生次数 | 3.18 | 3.16 |
| 交易风险 | jrisk | 服务者认识度：1＝熟悉的人；2＝普通认识的人；3＝陌生人 | 1.21 | 0.44 |
| 信息费用 | inft | 根据因子得分计算得出 | 0 | 1 |
| 谈判费用 | negot | 根据因子得分计算得出 | 0 | 1 |

续表

| 变量 | 符号 | 变量描述及赋值 | 均值 | 标准差 |
|------|------|----------------|------|--------|
| 执行费用 | exc | 根据因子得分计算得出 | 0 | 1 |
| 服务集聚 | flex | 根据因子得分计算得出 | 0 | 1 |
| 年龄 | age | 年龄实际值 | 48.15 | 9.96 |
| 文化程度 | edu | 1=没上过学；2=小学；3=初中；4=高中；5=中专；6=大专；7=本科及以上 | 3.01 | 1.00 |
| 务农年限 | farm | 务农年限实际值 | 23.15 | 10.33 |
| 政策了解 | policy | 1=不了解；2=听说；3=比较了解 | 1.36 | 0.56 |
| 价值认知 | value | 根据因子得分计算得出 | 0 | 1 |
| 劳动力数 | labor | 18~60岁劳动力人数实际值 | 2.51 | 4.37 |
| 家庭收入 | income | 实际值 | 15.87 | 16.09 |
| 离乡镇距离 | distance | 实际值 | 8.62 | 13.04 |
| 村公共汽车 | bus | 0=没有；1=有 | 0.45 | 0.49 |
| 村技术员 | tech | 0=没有；1=有 | 0.52 | 0.49 |
| 村信息员 | inform | 0=没有；1=有 | 0.53 | 0.49 |

### 6.2.2　模型设定

#### 6.2.2.1　棉农选择行为差异模型

（1）Heckman 样本选择模型。

棉农生产性服务经营主体选择行为差异是由两个连续决策的过程构成：第一阶段是棉农是否选择生产性服务经营主体；第二阶段涉及棉农选择接受何种生产性服务经营主体。若棉农未选择生产性服务经营主体，则无法观测其实际接受的生产性服务经营主体类型；只有在棉农选择生产性服务经营主体时，才能观测到其实际接受的生产性服务经营主体类型。本章运用 Heckman 两阶段模型，以拟合棉农生产性服务经营主体选择行为上差异，模型的基本形式为：

$$y_{1i} = X_{1i}\alpha + \mu_{1i}$$

$$y_{1i} = \begin{cases} 1, & \text{当 } y_{1i}^* > 0 \text{ 时} \\ 0, & \text{当 } y_{1i}^* \leqslant 0 \text{ 时} \end{cases} \qquad (6-1)$$

$$y_{2i} = X_{1i}\beta + \mu_{2i}$$

$$y_{2i} = \begin{cases} c, & \text{当 } y_{1i} = 1 \text{ 时} \\ 0, & \text{当 } y_{1i} = 0 \text{ 时} \end{cases} \tag{6-2}$$

式（6-1）表示选择方程，式（6-2）表示结果方程。$y_{1i}$ 和 $y_{2i}$ 是因变量，分别表示棉农"是否选择生产性服务经营主体"和"选择接受何种生产性服务经营主体"两种行为；$y_{1i}^{*}$ 表示不可观测的潜变量；c 表示棉农选择何种生产性服务经营主体；$x_{1i}$ 和 $x_{2i}$ 分别表示影响棉农"是否选择生产性服务经营主体"和"选择何种生产性服务经营主体"的自变量；$\alpha$、$\beta$ 表示待估参数；$\mu_{1i}$、$\mu_{2i}$ 表示残差项被假定为正态分布；i 表示第 i 个样本棉农。棉农选择生产性服务经营主体的条件期望为：

$$\begin{aligned} E(y_{2i} \mid y_{2i} = c) &= E(y_{2i} \mid y_{1i}^{*} > 0) = E(X_{2i}\beta + \mu_{2i} \mid X_{1i}\alpha + \mu_{1i} > 0) \\ &= E(X_{2i}\beta + \mu_{2i} \mid \mu_{1i} - X_{1i}\alpha) = X_{2i}\beta + E(\mu_{2i} \mid \mu_{1i} > -X_{1i}\alpha) \\ &= X_{2i}\beta + \rho\sigma_{\mu_2}\lambda(-X_{1i}\alpha) \end{aligned} \tag{6-3}$$

其中，$\lambda(-X_{1i}\alpha)$ 为反米尔斯比率函数。表示 $y_1$ 与 $y_2$ 的相关系数：$\rho = 0$，表示 $y_1$ 的选择过程不会对 $y_2$ 产生影响；$\rho \neq 0$，表示 $y_1$ 的选择过程会对 $y_2$ 产生影响，存在样本选择偏误。$\sigma$ 表示标准差。本章使用最大似然估计法（MLE）对 Heckman 样本选择模型进行估计。

（2）泊松回归（Poisson Regression）。

构建棉农生产性服务经营主体选择行为差异程度模型，专注于分析他们在整地播种、水肥管理以及棉花采收环节采购服务环节数的行为。研究数据集中在非负数值范围内，以准确反映棉农的采购服务环节数。对此类计数数据，运用泊松回归模型进行精准估计。对于棉农（i）挑选生产性服务经营主体时所采购的服务环节数量，表示为 $Y_i$，假设 $Y_i = y_i$ 的概率由参数为 $\lambda_i$ 的泊松分布决定：

$$P = \{Y_i = y_i \mid X_i\} = \frac{e^{\lambda_i}\lambda^{i}}{y!} \quad (y_i = 0,\ 1,\ 2,\ 3,\ \cdots) \tag{6-4}$$

其中，$\lambda^{i} > 0$ 称之为"Poisson 到达率"，表示发生的平均次数，并由解释变量 $X_i$ 决定。当期望与方差都到达 Poisson"到达率"时，E =

$(Y_i \mid X_i) = Var (Y_i \mid X_i) = \lambda_i$，同时假设 $X_{nt}$ 表示 n 个自变量经过 t 次观察得到的观测值矩阵，引入 $\ln(\lambda_i)$ 可得到 Poisson 回归模型。其中估计值为 $a_n$ 表示自变量 $x_n$ 改变一个单位时，被解释变量的期望值变为原来的 $\exp(a_n)$ 倍。具体表达式如下所示：

$$\ln(E = (Y_i \mid X_i)) = \ln(\lambda_i) = Xa = \sum\nolimits_n a_n x_n \tag{6-5}$$

### 6.2.2.2　稳健性回归

（1）Mv-probit 模型。

为更加深入探讨棉农采购服务环节之间的相互作用关系，本章详细分析整地播种、水肥管理和棉花采收环节之间的相关性。在我国棉花生产的全过程中，劳动力、资本和技术三大要素的需求各有侧重，不同环节对生产性服务经营主体的选择并不相互冲突。基于此，研究者运用 Mv-probit 模型来揭示这些环节间的相互联系，旨在提高模型估算的精确度。具体表达式如下所示：

$$y^* = \alpha_0 + \sum\nolimits_i \alpha_i x_i + \sum\nolimits_j \beta_j z_j + \varepsilon \tag{6-6}$$

$$y = \begin{cases} 1, & y^* > 0 \\ 0, & \text{其他} \end{cases}$$

（2）多元有序 Logistic 回归模型。

为更进一步验证棉农选择行为差异程度，又由于被解释变量"棉农采购的服务环节数"包含多个有序选项，本章决定采用多元有序 Logistic 回归模型来进行更为精确和稳健的分析。该模型的基本形式如下：

在本章中，我们将棉农在不同环节的选择视为一个包含 m 个不同等级的有序变量，记作 Y。同时，自变量集合 X 被表达为一个矩阵 XT，其中包括了 $x_1$，$x_2$，…，$x_n$。在此基础上，定义了等级 j（其中 j 的取值范围为 1~m）的条件概率 $P(y \geq j \mid x)$，该概率用以估算在特定自变量条件下棉农选择等级大于或等于 j 的可能性。具体如下：

$$P(y \geq j \mid x) = P(y = j \mid x) + P(y = j+1 \mid x) + \cdots + P(y = m \mid x) \tag{6-7}$$

其中，进一步对式（6-7）进行 Logit 变换：

$$LogitP_j = Logit[P(y \geq j \mid x)] = \ln\frac{P(y \geq j \mid x)}{1-P(y \geq j \mid x)}(j=1,2,\cdots,m-1)$$

$$(6-8)$$

而有序 Logitstic 的回归模型定义为：

$$LogitP_j = Logit[P(y \geq j \mid x)] = -\alpha + \sum_{j=1}^{n}\beta_j x_i(j=1,2,\cdots,m-1;i=1,$$

$$2,\cdots,n)$$

$$(6-9)$$

该模型的核心在于将 m 个级别划分为两个范畴：从 1 到 j 的初级类别，以及从 j+1 到 m 的高级类别。基于这一划分，Logit 方程被用来表达高级别概率 P（y≥j｜x）与低级别概率 1-P（y≥j｜x）的比值，即对数形式。由此，这种模型也获得了一个别称——比例优势模型，强调了在不同级别间概率比值的计算优势。

# 6.3　实证结果与分析

## 6.3.1　交易成本对棉农生产性服务经营主体选择行为差异及程度的影响分析

### 6.3.1.1　棉农选择生产性服务经营主体行为差异的影响分析

（1）交易成本对棉农选择生产性服务经营主体行为差异的影响。

棉农与不同类型的生产性服务经营主体之间的交易成功与否往往取决于交易成本的大小，本部分进一步探究交易成本影响棉农选择生产性服务经营主体行为差异的机制。从风险性估计结果可以看出（见表6-2），自然风险在1%的统计水平上显著正向影响棉农整地播种环节选择合作社，但对棉农选择专业大户具有显著负向影响，自然风险在1%的统计水平上对棉农水肥管理环节选择合作社具有显著正向影响，但对棉农选择专业大户、农业服务公司具有显著负向影响，自然风险在1%的统计水平上对棉农采收环节选择合作社、农业服务公司具有显著正向影响，但对棉农选择专业大户具有显著负向影响，这表明自然风险的不确定性和农业生产环节的特殊性使棉农更相信公信力强的生产性服务经营主体，其对棉农生产具有保障作用。

表6-2　交易成本对棉农选择行为差异影响的回归结果

| 变量名称 | 整地播种 | | | | | | 水肥管理 | | |
|---|---|---|---|---|---|---|---|---|---|
| | 专业大户 | 家庭农场 | 合作社 | 农业服务公司 | 龙头企业 | 村集体 | 专业大户 | 家庭农场 | 合作社 |
| zrisk | -0.017** | -0.002 | 0.024*** | -0.004 | 0.001 | 0.006 | -0.010** | 0.001 | 0.039*** |
| | (-2.393) | (-0.519) | (5.659) | (-0.873) | (0.407) | (1.268) | (-1.971) | (0.436) | (7.531) |
| jrisk | -0.061 | -0.036 | 0.083*** | 0.078** | 0.005 | 0.000 | 0.015 | -0.020 | 0.029 |
| | (-1.341) | (-1.304) | (2.968) | (2.561) | (0.311) | (0.009) | (0.439) | (-1.157) | (0.870) |
| inft | -1.975 | -1.583 | 0.467 | 4.290** | 0.137 | 1.875 | 2.378 | -0.743 | 0.100 |
| | (-0.739) | (-0.969) | (0.281) | (2.388) | (0.153) | (0.979) | (1.212) | (-0.724) | (0.050) |
| negot | -1.688 | -1.469 | 0.417 | 4.151** | 0.098 | 1.715 | 2.255 | -0.722 | 0.037 |
| | (-0.654) | (-0.932) | (0.260) | (2.394) | (0.113) | (0.927) | (1.191) | (-0.729) | (0.019) |
| exc | -3.807 | -2.932 | 1.035 | 8.796** | 0.250 | 3.727 | 4.658 | -1.409 | 0.254 |
| | (-0.713) | (-0.898) | (0.312) | (2.450) | (0.140) | (0.974) | (1.189) | (-0.687) | (0.063) |
| gather | -0.061** | 0.015 | -0.118*** | 0.069*** | -0.011 | 0.034* | 0.001 | 0.009 | -0.073*** |
| | (-2.138) | (0.895) | (-6.723) | (3.604) | (-1.203) | (1.686) | (0.030) | (0.806) | (-3.452) |
| edu | 0.018 | -0.006 | -0.020 | 0.027* | -0.009 | -0.006 | -0.022 | -0.003 | -0.015 |
| | (0.846) | (-0.440) | (-1.529) | (1.921) | (-1.304) | (-0.379) | (-1.465) | (-0.381) | (-0.959) |
| farm | -0.000 | -0.000 | 0.000 | -0.000 | -0.000 | -0.000 | -0.000 | -0.000 | 0.000 |
| | (-0.870) | (-0.199) | (0.016) | (-1.124) | (-0.014) | (-0.998) | (-0.640) | (-0.192) | (0.098) |
| policy | -0.058 | -0.017 | 0.049* | 0.036 | -0.013 | -0.005 | -0.049 | -0.014 | 0.065* |
| | (-1.280) | (-0.617) | (1.713) | (1.168) | (-0.850) | (-0.141) | (-1.483) | (-0.819) | (1.905) |
| value | 0.037 | 0.006 | -0.008 | -0.018 | -0.003 | -0.002 | 0.006 | 0.002 | -0.023 |
| | (1.316) | (0.375) | (-0.444) | (-0.942) | (-0.301) | (-0.096) | (0.308) | (0.190) | (-1.083) |
| labor | -0.021 | -0.004 | -0.009 | -0.000 | 0.006 | -0.006 | -0.020 | -0.006 | -0.012 |
| | (-1.165) | (-0.339) | (-0.809) | (-0.009) | (0.925) | (-0.491) | (-1.456) | (-0.819) | (-0.861) |

续表

| 变量名称 | 整地播种 | | | | | | 水肥管理 | | |
|---|---|---|---|---|---|---|---|---|---|
| | 专业大户 | 家庭农场 | 合作社 | 农业服务公司 | 龙头企业 | 村集体 | 专业大户 | 家庭农场 | 合作社 |
| income | 0.000 | −0.000 | 0.002*** | −0.000 | −0.001 | −0.000 | −0.001 | −0.000 | 0.001 |
| | (0.232) | (−0.480) | (3.802) | (−0.026) | (−1.527) | (−0.548) | (−0.788) | (−0.877) | (1.644) |
| distance | −0.001 | −0.001 | 0.003** | −0.002 | −0.001 | −0.001 | 0.005*** | −0.000 | 0.002 |
| | (−0.523) | (−0.410) | (2.421) | (−1.021) | (−1.026) | (−0.328) | (2.826) | (−0.188) | (1.051) |
| bus | 0.034 | −0.012 | 0.072** | −0.033 | 0.011 | 0.039 | −0.029 | −0.024 | 0.068 |
| | (0.596) | (−0.338) | (2.022) | (−0.861) | (0.570) | (0.953) | (−0.706) | (−1.075) | (1.576) |
| tech | 0.077 | −0.006 | −0.261*** | 0.100** | 0.028 | 0.040 | −0.108** | −0.019 | −0.084* |
| | (1.241) | (−0.159) | (−6.812) | (2.409) | (1.343) | (0.903) | (−2.366) | (−0.784) | (−1.818) |
| inform | 0.064 | 0.022 | −0.089** | −0.002 | −0.003 | 0.059 | 0.062 | 0.023 | −0.231*** |
| | (1.107) | (0.625) | (−2.480) | (−0.059) | (−0.135) | (1.423) | (1.462) | (1.039) | (−5.308) |
| _cons | −0.502 | 0.278 | 0.011 | −0.086 | 0.181* | 0.333 | −0.254 | 0.226* | 0.274 |
| | (−1.407) | (1.556) | (0.061) | (−0.442) | (1.704) | (1.501) | (−0.909) | (1.923) | (1.271) |
| chi² | 61.560 | 11.246 | 417.572 | 51.860 | 26.463 | 29.555 | 22.547 | 13.840 | 284.906 |

| 变量名称 | 水肥管理 | | | 棉花采收 | | | | | |
|---|---|---|---|---|---|---|---|---|---|
| | 农业服务公司 | 龙头企业 | 村集体 | 专业大户 | 家庭农场 | 合作社 | 农业服务公司 | 龙头企业 | 村集体 |
| zrisk | −0.012** | 0.001 | 0.003 | −0.024*** | −0.005 | 0.031*** | 0.010* | 0.002 | −0.001 |
| | (−2.281) | (0.249) | (0.495) | (−3.499) | (−1.048) | (6.275) | (1.837) | (0.965) | (−0.006) |
| jrisk | 0.052 | 0.003 | 0.021 | −0.048 | −0.013 | 0.060* | 0.006 | −0.011 | 0.078** |
| | (1.559) | (0.291) | (0.618) | (−1.069) | (−0.433) | (1.854) | (0.170) | (−0.983) | (2.067) |
| inft | −4.860** | −0.007 | −1.318 | −6.198** | −1.584 | −2.125 | 2.280 | 0.159 | 7.334*** |
| | (−2.439) | (−0.010) | (−0.648) | (−2.328) | (−0.893) | (−1.105) | (1.062) | (0.242) | (3.273) |
| negot | −4.515** | −0.025 | −1.384 | −5.741** | −1.451 | −2.081 | 2.138 | 0.127 | 6.904*** |
| | (−2.347) | (−0.039) | (−0.705) | (−2.234) | (−0.848) | (−1.121) | (1.031) | (0.199) | (3.192) |
| exc | −9.114** | −0.028 | −2.682 | −12.058** | −2.868 | −4.192 | 4.468 | 0.288 | 14.465*** |
| | (−2.289) | (−0.022) | (−0.660) | (−2.267) | (−0.810) | (−1.091) | (1.041) | (0.219) | (3.231) |
| gather | 0.009 | −0.005 | 0.015 | −0.080*** | 0.030 | −0.084*** | 0.081*** | −0.003 | 0.023 |
| | (0.439) | (−0.694) | (0.712) | (−2.829) | (1.616) | (−4.102) | (3.555) | (−0.478) | (0.990) |

续表

| 变量名称 | 水肥管理 | | | 棉花采收 | | | | | |
|---|---|---|---|---|---|---|---|---|---|
| | 农业服务公司 | 龙头企业 | 村集体 | 专业大户 | 家庭农场 | 合作社 | 农业服务公司 | 龙头企业 | 村集体 |
| edu | 0.008 | −0.003 | 0.022 | −0.000 | 0.012 | −0.003 | 0.011 | −0.005 | 0.004 |
| | (0.488) | (−0.539) | (1.394) | (−0.016) | (0.863) | (−0.211) | (0.663) | (−0.911) | (0.246) |
| farm | −0.000 | −0.000 | −0.000 | −0.000 | −0.000 | −0.000 | 0.000*** | −0.000 | −0.000 |
| | (−0.655) | (−0.171) | (−1.101) | (−0.902) | (−0.509) | (−0.009) | (2.867) | (−0.039) | (−1.507) |
| policy | −0.028 | −0.006 | −0.004 | −0.096** | 0.002 | 0.023 | 0.026 | 0.006 | 0.003 |
| | (−0.818) | (−0.558) | (−0.101) | (−2.115) | (0.076) | (0.689) | (0.715) | (0.565) | (0.079) |
| value | 0.001 | 0.005 | 0.019 | −0.011 | −0.010 | −0.004 | −0.008 | −0.002 | 0.030 |
| | (0.064) | (0.691) | (0.917) | (−0.397) | (−0.569) | (−0.223) | (−0.378) | (−0.325) | (1.287) |
| labor | −0.021 | 0.004 | 0.003 | −0.042** | −0.010 | −0.017 | 0.019 | 0.000 | 0.004 |
| | (−1.497) | (0.901) | (0.239) | (−2.308) | (−0.850) | (−1.286) | (1.308) | (0.109) | (0.254) |
| income | 0.000 | −0.000 | 0.000 | 0.001 | 0.000 | 0.001* | −0.000 | −0.000 | −0.001 |
| | (0.073) | (−0.138) | (0.364) | (0.794) | (0.521) | (1.741) | (−0.483) | (−0.056) | (−0.791) |
| distance | 0.002 | −0.000 | −0.002 | 0.004* | −0.001 | 0.003* | −0.004* | −0.000 | −0.001 |
| | (0.945) | (−0.719) | (−0.979) | (1.830) | (−0.651) | (1.661) | (−1.956) | (−0.673) | (−0.427) |
| bus | 0.030 | 0.011 | 0.005 | −0.004 | 0.006 | 0.068* | −0.057 | −0.013 | −0.056 |
| | (0.706) | (0.749) | (0.117) | (−0.071) | (0.151) | (1.655) | (−1.247) | (−0.896) | (−1.166) |
| tech | 0.075 | −0.008 | 0.050 | 0.005 | −0.027 | −0.128*** | 0.111** | 0.008 | 0.063 |
| | (1.641) | (−0.555) | (1.071) | (0.074) | (−0.670) | (−2.877) | (2.236) | (0.544) | (1.215) |
| inform | 0.076* | 0.008 | 0.083* | 0.216*** | 0.040 | −0.137*** | −0.059 | −0.017 | 0.022 |
| | (1.756) | (0.595) | (1.893) | (3.735) | (1.051) | (−3.296) | (−1.262) | (−1.189) | (0.452) |
| çons | 0.058 | 0.081 | 0.157 | −0.385 | 0.126 | 0.079 | 0.208 | 0.039 | 0.225 |
| | (0.275) | (1.099) | (0.712) | (−1.162) | (0.673) | (0.390) | (0.914) | (0.570) | (0.952) |
| chi² | 42.255 | 11.318 | 41.363 | 111.022 | 18.435 | 245.854 | 39.523 | 11.457 | 62.424 |

　　交易风险在1%和5%统计水平上对棉农整地播种环节选择合作社和农业服务公司具有显著正向影响,这表明合作社和农业服务公司可以因地、因墒、因时制宜,加快整地播种进度,及时有效地为棉农提供整地播种服务。交易风险在1%和5%统计水平上对棉农棉花采收环节选择

合作社和村集体显著正向影响。可见，虽然合作社、村集体农业生产性服务经营主体的服务内容以单一事务性服务为主，且服务供给呈现出分散化和碎片化的特征但其有政府背书，棉农更容易接受和信任合作社、村集体。在实践中，为规避交易风险，棉农倾向于在熟人社会内部选择服务。

　　信息费用在 5%统计水平上对棉农整地播种环节选择农业服务公司具有显著正向影响，但对棉农水肥管理环节选择农业服务公司具有显著负向影响，这说明信息费用越低，棉农会偏好于农业服务公司提供的整地播种服务，农业服务公司利用现代科技进行土地整理并提供高效率的服务，从而促进棉农实现更好的农业生产效果。信息费用在 1%统计水平上显著正向影响棉农棉花采收环节选择村集体，但对棉农选择专业大户具有显著负向影响，表明信息费用越低，棉农棉花采收环节会从偏好于选择专业大户转变为选择村集体，主要原因是村集体会宣告和明确服务内容条款，其为人民服务的本质获得了棉农十足的信任。

　　谈判费用在 5%统计水平上对棉农整地播种环节选择农业服务公司具有显著正向影响，但显著负向影响棉农水肥管理环节选择农业服务公司，表明棉农整地播种环节更倾向于选择农业服务公司，其原因为农业生产环节属性影响棉农与生产性服务经营主体谈判费用的大小。谈判费用在 1%统计水平上显著正向影响棉农棉花采收环节选择村集体，但对棉农选择专业大户具有显著负向影响，说明谈判费用越低，棉农棉花采收环节从倾向于选择专业大户转变为选择村集体。原因可能是相较专业大户而言，村集体的机械设备更为丰富、棉农与村集体的交易付款方式更为便捷、村集体服务更有保障。

　　执行费用在 5%统计水平上对棉农整地播种环节选择农业服务公司具有显著正向影响，但显著负向影响棉农水肥管理环节选择农业服务公司，这表明执行费用越低，棉农整地播种环节越倾向于选择农业服务公司。执行费用在 1%统计水平上显著正向影响棉农棉花采收环节选择村集体，但对棉农选择专业大户具有显著负向影响，说明执行费用越低棉农棉花采收环节越偏好于选择村集体，其原因是棉农选择村集体的服务等时短、易寻找和易获得。

（2）服务集聚和控制变量对棉农选择生产性服务经营主体行为差异的影响。

此外，服务集聚在1%统计水平上对棉农整地播种环节选择农业服务公司具有显著正向影响，但在1%和5%统计水平上对棉农选择合作社和专业大户显著负向影响；服务集聚在1%统计水平上显著负向影响棉农水肥管理环节选择合作社；服务集聚在1%统计水平上显著正向影响棉农棉花采收环节选择农业服务公司，但在1%统计水平上显著负向影响棉农选择专业大户和合作社。整体而言，服务集聚显著影响棉农不同生产环节选择不同类型的生产性服务经营主体，表明服务集聚增加了信息获取的便捷性，同时也加剧了生产性服务经营主体之间的竞争。这意味着棉农在选择生产性服务经营主体时有更多的选择余地，他们可以更好地根据自身需求和生产性服务经营主体的优势进行取舍。而其他变量影响并不大。

### 6.3.1.2 棉农选择生产性服务经营主体行为差异程度的影响分析

（1）交易成本对棉农选择生产性服务经营主体类型差异程度的影响。

由表6-3可知，自然风险在5%和10%统计水平上显著负向影响棉农采购家庭农场、农业服务公司、专业大户的服务环节数。其中自然风险引发的自然灾害通常是不确定的、偶然的，给农业生产造成极大的负面影响。棉农采购服务环节数会大幅减少；交易风险在10%和5%统计水平上显著负向影响棉农采购合作社和专业大户的服务环节数，表明交易风险越高，棉农会减少购买合作社和专业大户的服务环节数。其原因可能是有的专业大户或合作社与棉农之间不熟悉，棉农担忧生产性服务经营主体可能出现机会主义倾向行为，如果他们未能遵守合约，棉农将面临重大的损失。整体而言，风险性可能导致棉农在选择生产性服务经营主体提供服务时更为谨慎。

表 6-3　交易成本对棉农选择行为差异程度影响的回归结果

| 变量名称 | 模型 1 专业大户 | 模型 2 家庭农场 | 模型 3 合作社 | 模型 4 农业服务公司 | 模型 5 龙头企业 | 模型 6 村集体 |
|---|---|---|---|---|---|---|
| zrisk | −0.096*** | −0.166** | 0.006 | −0.066** | 0.063 | −0.016 |
|  | (−4.204) | (−2.129) | (0.204) | (−2.438) | (0.672) | (−0.622) |
| jrisk | −0.416*** | −0.221 | −0.779*** | 0.222* | 0.441 | −0.066 |
|  | (−3.233) | (−0.716) | (−3.693) | (1.846) | (1.034) | (−0.447) |
| inft | 0.105* | −0.651** | −0.143 | −0.126 | −0.871* | −0.250** |
|  | (1.662) | (−2.108) | (−1.111) | (−1.565) | (−1.815) | (−2.538) |
| negot | 0.459*** | −0.028 | −0.901*** | −0.313*** | −1.279*** | −0.491*** |
|  | (6.898) | (−0.180) | (−7.966) | (−4.120) | (−2.903) | (−5.437) |
| exc | −0.020 | 1.273*** | 0.266* | −0.010 | 1.283* | 0.027 |
|  | (−0.369) | (3.070) | (1.861) | (−0.115) | (1.751) | (0.251) |
| gather | −0.314*** | 0.188 | −0.513*** | 0.293*** | −0.189 | −0.006 |
|  | (−5.130) | (1.383) | (−4.682) | (4.466) | (−0.667) | (−0.071) |
| edu | −0.008 | −0.095 | −0.100 | 0.055 | −0.124 | 0.156*** |
|  | (−0.174) | (−0.801) | (−1.421) | (1.050) | (−0.703) | (2.908) |
| farm | −0.001 | −0.013 | −0.004 | 0.001** | 0.001 | 0.000 |
|  | (−0.798) | (−0.985) | (−0.578) | (2.394) | (0.324) | (0.914) |
| policy | 0.019 | −0.574* | 0.108 | 0.250** | −2.574** | −0.302* |
|  | (0.197) | (−1.940) | (0.676) | (2.146) | (−2.230) | (−1.908) |
| value | 0.090 | 0.189 | −0.069 | 0.084 | 0.282 | −0.062 |
|  | (1.496) | (1.287) | (−0.756) | (1.124) | (1.073) | (−0.690) |
| labor | −0.045 | −0.046 | −0.032 | 0.027 | 0.184 | 0.042 |
|  | (−0.979) | (−0.371) | (−0.376) | (0.559) | (1.302) | (0.907) |
| income | −0.002 | −0.008 | 0.004 | −0.005 | −0.042* | −0.007* |
|  | (−1.047) | (−1.198) | (1.095) | (−1.516) | (−1.715) | (−1.762) |
| distance | 0.007*** | −0.005 | −0.013* | −0.003 | −0.035 | −0.005 |
|  | (3.050) | (−0.400) | (−1.900) | (−0.645) | (−1.000) | (−0.893) |
| bus | −0.488*** | 0.268 | 0.557*** | −0.012 | 0.596 | 0.685*** |
|  | (−4.364) | (0.893) | (3.081) | (−0.091) | (0.994) | (4.182) |

续表

| 变量名称 | 模型 1 | 模型 2 | 模型 3 | 模型 4 | 模型 5 | 模型 6 |
| --- | --- | --- | --- | --- | --- | --- |
| | 专业大户 | 家庭农场 | 合作社 | 农业服务公司 | 龙头企业 | 村集体 |
| tech | 0.132 | −0.657* | 0.128 | 0.526*** | −1.474* | 0.304 |
| | (1.075) | (−1.944) | (0.636) | (3.287) | (−1.794) | (1.614) |
| inform | 0.607*** | 0.300 | −1.217*** | −0.077 | 0.213 | 0.147 |
| | (5.051) | (0.974) | (−5.618) | (−0.557) | (0.379) | (0.908) |
| _cons | −0.465* | −0.786 | −1.489*** | −1.611*** | −0.790 | −1.902*** |
| | (−1.748) | (−0.940) | (−2.778) | (−4.905) | (−0.441) | (−4.900) |
| ll | −588.103 | −177.788 | −327.756 | −483.330 | −77.296 | −422.611 |
| chi2 | 191.389 | 48.249 | 337.821 | 113.230 | 77.958 | 118.763 |

信息费用在5%和10%统计水平上显著负向影响棉农采购家庭农场、龙头企业和村集体的服务环节数，在1%统计水平上显著正向影响棉农采购专业大户的服务环节数。具体而言，随着信息费用的增加，棉农会减少购买家庭农场、龙头企业和村集体的服务环节数，反而增加购买专业大户的服务环节数；这可能是因为专业大户能够提供更高质量、更专业化的服务，使得棉农愿意增加对其服务环节数的采购，即使信息费用增加。谈判费用在1%统计水平上显著负向影响棉农采购合作社、龙头企业、农业服务公司和村集体的服务环节数，在1%统计水平上显著正向影响棉农采购专业大户的服务环节数。说明随着谈判费用的增加，棉农会减少购买合作社、龙头企业、农业服务公司和村集体的服务环节数，而增加购买专业大户的服务环节数。主要原因可能是专业大户在谈判过程中能够提供更好的条件或更高的回报，使得棉农更倾向于与其进行合作。执行费用在1%和10%统计水平上显著正向影响棉农采购合作社、龙头企业、农业服务公司和村集体的服务环节数，表明随着执行费用的增加，棉农会增加购买合作社、龙头企业、农业服务公司和村集体的服务环节数。原因可能为较高的执行费用通常与更专业的服务、更严格的合作条件或更可靠的合作伙伴相

关联。棉农可能认为与这些生产性服务经营主体进行合作可以带来更稳定、更高质量的服务，因此愿意承担较高的执行费用。总体而言，交易费用对不同生产性服务经营主体类型合作关系的影响可能因合作对象的性质、合作条件等因素而异。

（2）服务集聚和控制变量对棉农选择不同生产性服务经营主体类型差异程度的影响。

服务集聚在10%统计水平上显著负向影响棉农采购专业大户、合作社的服务环节数，显著正向影响棉农采购农业服务公司的服务环节数，表明服务集聚有助于激励棉农增加购买农业服务公司的服务，其原因为服务集聚不仅促使农业服务公司提供更灵活、多样化的服务，而且可能会增加棉农获取农业服务公司提供服务的便利性和可得性。从控制变量结果来看，文化程度在10%统计水平上显著正向影响棉农采购村集体的服务环节数，表明随着棉农文化的程度提高，越会增加购买村集体服务的环节数量。是否了解政策在5%统计水平上显著负向影响棉农采购龙头企业、村集体的服务环节数，表明棉农即使不太了解国家政策，也会加购龙头企业、村集体的服务环节数。主要原因是棉农认为龙头企业在影响力、创新力、管理能力方面是行业标杆，以及村集体的管理高效和决策透明，这些因素都能够增强棉农对其的信任度。而其他变量影响并不大。

### 6.3.2 交易成本对不同规模棉农生产性服务经营主体选择行为差异及程度的影响分析

6.3.2.1 不同规模棉农选择生产性服务经营主体行为差异的影响分析

（1）交易成本对不同规模棉农选择生产性服务经营主体行为差异的影响。

从风险性估计结果可以看出（见表6-4），自然风险显著影响小规模棉农整地播种、水肥管理、棉花采收环节选择家庭农场、合作社、龙头企业，说明小规模棉农偏好于选择合作社、龙头企业、家庭农场。原因可能是经营性生产性服务经营主体的服务标准，有利于提升小规模棉农抵抗风险的能力；而自然风险显著影响中规模棉农整地播种环节选择专业大户、农业服务公司、村集体。这与吕杰等（2021）的研究结果一致。表明相较于小规模棉农，中规模棉农抵御风险能力较强，倾向于选择服务方便、快捷、及时的生产性服务经营主体。交易风险显著影响大规模棉农整地播种环节选择家庭农场、合作社、龙头企业；显著影响中规模棉农水肥管理环节选择家庭农场、合作社、龙头企业；显著影响小规模棉农和大规模棉农采收环节选择家庭农场、合作社、龙头企业。说明当棉农面临交易风险不确定性时，无论是大规模棉农还是小规模棉农，无论是整地播种环节还是棉花采收环节，棉农更偏好于选择家庭农场、合作社、龙头企业；其原因可能是家庭农场、龙头企业供给农业生产性服务时在乡村周边积累了良好的口碑、信用、声誉，棉农对其信任度高。同时，合作社有较强的管理效力。这种管理效力并非源自管理制度，可能源自社员紧密关系和自觉性的组织环境。因此，在管理效力和组织环境下，棉农的服务质量、服务标准、服务及时性能得到保证，棉农面临的交易风险减小。

信息费用显著影响大规模棉农整地播种环节选择家庭农场、合作社、龙头企业；说明大规模棉农更偏好于选择经营性生产性服务经营主体来满足其整地播种环节的需求。实地调研时发现一个有趣的现象，合作社、龙头企业、家庭农场努力维持与大规模棉农保持友好关系，为他们提供整地播种服务比其他棉农便宜2~5元/亩，以期建立长期合作关系。信息费用显著影响中规模棉农和大规模棉农对水肥管理环节选择专业大户、农业服务公司、村集体，而在棉花采收环节只显著影响中规模棉农选择专业大户、农业服务公司、村集体。表明由于信息费用的影响，中规模棉农可能会持续选择关系好、信任度高的同一生产性服务经营主体。但在棉花采收环节，中等规模的棉农可能更受信息费用的影响，而对大规模棉农的影响相对较小，因为大规模棉农可能有更多的资源和经验来应对采收环节的挑战，而信息费用对其选择的影响可能较小。调研时也发现，生产性服务经营主体供给偏好于大规模棉农，而中规模棉农为解决采棉机供不应求问题，提前与生产性服务经营主体约定采棉时间或者提前签订下一年的服务合同，避免因农忙时节错过棉花采收的最佳时间。整体而言，在传统的服务模式下，服务供需双方皆难以有效配置资源，以实现规模经济为目标则需投入大量时间和精力于搜寻对方信息，由此导致面临较高的信息费用。

谈判费用在10%统计水平上显著影响大规模棉农整地播种环节选择家庭农场、合作社、龙头企业，而对中规模棉农和小规模棉农没有影响。大规模棉农更加敏感于谈判费用的影响，越倾向于选择家庭农场、合作社、龙头企业。谈判费用显著影响中规模棉农和大规模棉农水肥管理环节选择农业专业大户、农业服务公司、村集体，而对小规模棉农没有影响。表明在谈判费用的考量下，中等规模和大规模棉农更倾向于选择农业专业大户、农业服务公司或村集体来进行水肥管理。谈判费用显著影响中规模棉农棉花采收环节选择专业大户、农业服务公司、村集体，表明在考虑谈判费用的影响下，中规模棉农越会选择专业大户、农业服务公司、村集体参与棉花采收环节。结合实地调研可知，相较大规模棉农而言，中规模棉农资金实力较弱，其通过持续选择同一生产性服务经营主体或者提前与生产性服务经营主体签订服务合同而降低谈判费用。

执行费用在10%统计水平上显著影响大规模棉农整地播种环节选择家庭农场、合作社、龙头企业，而对中规模和小规模棉农没有影响。这表明大规模棉农越倾向于选择家庭农场、合作社、龙头企业参与整地播种环节。执行费用显著影响中规模和大规模棉农水肥管理环节选择专业大户、农业服务公司、村集体。说明中规模和大规模棉农偏好于选择同一生产性服务经营主体为其提供水肥管理服务。执行费用显著影响中规模棉农棉花采收环节选择专业大户、农业服务公司、村集体。在调研时发现，政府的政策和支持往往会引导棉农选择特定的生产性服务经营主体，从而影响了农业生产服务市场的供需格局。整体而言，大规模棉农往往更倾向于规模化和产业化经营，他们更可能与规模较大的生产性服务经营主体合作，以获取更专业化、高效率的服务，从而提高生产效益。

（2）服务集聚和控制变量对不同规模棉农选择生产性服务经营主体行为差异的影响。

由表 6-4 服务集聚的估算结果可知，服务集聚在 10% 和 1% 统计水平上分别显著影响小规模棉农整地播种、水肥管理、棉花采收环节选择专业大户、农业服务公司、村集体。说明服务集聚效应提升了专业大户、农业服务公司、村集体资源整合能力、信息流动性以及竞争的多样性，有助于增加服务的可及性和可信度，有利于棉农选择更优质的生产性服务经营主体。而其他变量影响并不大。

表 6-4　不同规模棉农选择生产性服务经营主体行为差异影响回归结果

| 变量名称 | 整地播种 | | | 水肥管理 | | | 棉花采收 | | |
|---|---|---|---|---|---|---|---|---|---|
| | 小规模 | 中规模 | 大规模 | 小规模 | 中规模 | 大规模 | 小规模 | 中规模 | 大规模 |
| zrisk | -0.326*** | 0.283** | 0.048 | -0.357*** | -0.217*** | 0.146 | -0.298*** | -0.038 | 0.235 |
| | (-2.762) | (2.257) | (0.104) | (-3.046) | (-2.624) | (0.264) | (-3.042) | (-0.586) | (0.644) |
| jrisk | -0.983 | -0.593 | -6.972*** | -0.569 | -0.983** | -0.978 | -1.194** | -0.108 | -4.906** |
| | (-1.590) | (-0.816) | (-2.760) | (-0.926) | (-2.061) | (-0.325) | (-2.320) | (-0.285) | (-2.446) |
| inft | 30.266 | -26.427 | -152.819* | 25.988 | 87.360** | 186.827* | 43.573 | 96.170*** | -97.985 |
| | (0.802) | (-0.450) | (-1.910) | (0.694) | (2.275) | (1.958) | (1.362) | (3.143) | (-1.540) |
| negot | 28.635 | -31.813 | -142.788* | 23.879 | 78.254** | 190.247** | 42.545 | 84.141*** | -94.067 |
| | (0.787) | (-0.580) | (-1.836) | (0.661) | (2.181) | (2.052) | (1.379) | (2.943) | (-1.521) |
| exc | 53.702 | -65.390 | -296.766* | 41.880 | 153.242** | 399.631** | 84.000 | 168.873*** | -195.568 |
| | (0.714) | (-0.587) | (-1.831) | (0.560) | (2.103) | (2.068) | (1.316) | (2.907) | (-1.517) |
| gather | 1.033*** | 0.960 | 0.746 | 1.126*** | -0.781 | 1.246 | 0.546* | 0.300 | 0.735 |
| | (2.681) | (1.273) | (1.075) | (2.939) | (-1.590) | (1.507) | (1.698) | (0.763) | (1.343) |
| edu | 0.022 | -0.683 | 0.492 | 0.229 | -0.909*** | 1.310** | -0.243 | -0.373 | 0.152 |
| | (0.082) | (-1.274) | (1.026) | (0.860) | (-2.666) | (2.291) | (-1.065) | (-1.332) | (0.400) |
| farm | -0.031 | -0.117* | 0.005** | 0.007 | 0.073* | -0.002 | -0.031 | -0.013 | -0.001 |
| | (-0.952) | (-1.894) | (1.976) | (0.230) | (1.844) | (-0.673) | (-1.135) | (-0.408) | (-0.338) |
| policy | 0.242 | -2.245 | 0.010 | 0.230 | 1.088 | 0.519 | 0.639 | -0.979 | -0.464 |
| | (0.409) | (-1.518) | (0.012) | (0.393) | (1.132) | (0.498) | (1.274) | (-1.269) | (-0.665) |
| value | 0.166 | -2.030** | 0.173 | 0.096 | -0.674 | 0.719 | 0.071 | 0.247 | 0.749 |
| | (0.452) | (-2.228) | (0.285) | (0.263) | (-1.152) | (0.997) | (0.232) | (0.520) | (1.560) |
| labor | 0.406* | 0.788 | 0.010 | 0.546** | 1.290*** | 0.627 | 0.653*** | 0.123 | 0.181 |
| | (1.807) | (1.192) | (0.017) | (2.442) | (3.015) | (0.901) | (3.445) | (0.357) | (0.392) |

续表

| 变量名称 | 整地播种 | | | 水肥管理 | | | 棉花采收 | | |
|---|---|---|---|---|---|---|---|---|---|
| | 小规模 | 中规模 | 大规模 | 小规模 | 中规模 | 大规模 | 小规模 | 中规模 | 大规模 |
| income | −0.017 | −0.029 | 0.010 | −0.027 ** | 0.024 | 0.014 | −0.016 | −0.004 | −0.017 |
| | (−1.238) | (−1.211) | (0.557) | (−1.982) | (1.467) | (0.615) | (−1.380) | (−0.348) | (−1.167) |
| distance | 0.006 | −0.124 * | −0.034 | −0.042 | −0.081 * | −0.139 | −0.037 | −0.084 ** | −0.085 |
| | (0.217) | (−1.706) | (−0.161) | (−1.470) | (−1.705) | (−0.551) | (−1.521) | (−2.221) | (−0.511) |
| bus | −1.509 ** | −2.793 * | 2.436 | −0.074 | −0.188 | 0.880 | −0.174 | 0.967 | 1.133 |
| | (−2.062) | (−1.710) | (1.580) | (−0.102) | (−0.175) | (0.479) | (−0.280) | (1.136) | (0.928) |
| tech | 1.478 * | 0.668 | 1.782 | 0.975 | −0.218 | 1.920 | 1.049 | −1.955 ** | 3.184 ** |
| | (1.789) | (0.383) | (1.039) | (1.188) | (−0.192) | (0.939) | (1.511) | (−2.152) | (2.337) |
| inform | −0.330 | 1.001 | −4.024 *** | 0.078 | −0.281 | 1.254 | −0.305 | 0.490 | −2.070 * |
| | (−0.424) | (0.703) | (−2.947) | (0.101) | (−0.305) | (0.770) | (−0.461) | (0.659) | (−1.893) |
| _cons | 2.326 | 16.295 *** | 14.293 *** | 1.199 | 7.054 * | 5.899 | 5.500 | 14.006 *** | 14.311 *** |
| | (0.241) | (2.904) | (2.867) | (0.124) | (1.900) | (0.992) | (0.846) | (4.791) | (3.768) |
| chi$^2$ | 82.461 | 55.965 | 29.580 | 94.063 | 296.505 | 45.655 | 67.487 | 100.147 | 29.260 |

### 6.3.2.2 不同规模棉农选择生产性服务经营主体行为差异程度的影响分析

（1）交易成本对不同规模棉农采购服务环节数的影响。

风险性影响不同规模棉农采购服务环节数的回归分析。由表6-5可知，在1%统计水平上，自然风险对中规模棉农采购服务环节数产生了显著的负向影响。中规模棉农抵御自然风险能力较弱，当自然风险频发时，棉农就会投入更多的时间和精力开展农业生产活动，尽可能自我服务，从而减少采购服务的环节数。交易风险对中规模棉农采购服务环节数具有显著影响，而对大规模棉农和小规模棉农采购服务环节数没有显著影响；具体而言，中等规模棉农可能在面对交易风险时具有不同的风险承受能力和应对能力，相比之下，大规模棉农和小规模棉农可能具有更高的风险承受能力或更多的资源用于应对风险，因此对交易风险的影响不如中等规模棉农显著。

表6-5　不同规模棉农选择生产性服务经营主体行为差异程度影响回归结果

| 变量名称 | 模型1 | 模型2 | 模型3 |
| --- | --- | --- | --- |
| | 小规模 | 中规模 | 大规模 |
| zrisk | −0.009 | −0.071*** | 0.011 |
| | (−0.654) | (−2.745) | (0.468) |
| jrisk | −0.062 | −0.618** | −0.049 |
| | (−0.861) | (−2.538) | (−0.315) |
| inft | 0.039 | −0.005 | 0.068 |
| | (0.796) | (−0.047) | (0.950) |
| negot | −0.098** | −0.110 | −0.034 |
| | (−2.157) | (−1.025) | (−0.439) |
| exc | −0.029 | 0.049 | −0.059* |
| | (−0.632) | (0.439) | (−1.883) |
| gather | −0.005 | 0.065 | −0.031 |
| | (−0.129) | (0.786) | (−0.429) |
| edu | −0.003 | −0.044 | 0.039 |
| | (−0.077) | (−0.740) | (0.683) |
| farm | −0.000 | 0.000 | 0.000 |
| | (−0.106) | (1.277) | (0.328) |
| policy | −0.037 | 0.119 | 0.084 |
| | (−0.489) | (0.875) | (0.593) |
| value | 0.051 | 0.045 | 0.035 |
| | (1.156) | (0.494) | (0.478) |
| labor | −0.005 | −0.096 | 0.071 |
| | (−0.175) | (−0.925) | (0.927) |
| income | −0.003 | −0.001 | 0.001 |
| | (−1.385) | (−0.350) | (0.213) |
| distance | −0.007** | −0.002 | 0.001 |
| | (−2.074) | (−0.544) | (0.160) |
| bus | 0.109 | −0.211 | −0.013 |
| | (1.309) | (−1.220) | (−0.095) |
| tech | −0.095 | 0.159 | 0.026 |
| | (−1.029) | (0.797) | (0.167) |

续表

| 变量名称 | 模型 1 | 模型 2 | 模型 3 |
| --- | --- | --- | --- |
| | 小规模 | 中规模 | 大规模 |
| inform | 0.104 | −0.084 | 0.255* |
| | (1.210) | (−0.486) | (1.674) |
| _cons | 0.871*** | 1.112*** | 0.194 |
| | (3.807) | (2.915) | (0.516) |
| ll | −530.430 | −153.300 | −193.661 |
| chi² | 33.227 | 64.536 | 8.370 |

信息费用对不同规模棉农采购服务环节数的影响不明显，具体而言，无论是与农业生产性服务经营主体的关系好坏，还是对农业生产性服务经营主体的信任度高低，大规模、中规模、小规模棉农都会在农业生产的某一个或某几个环节选择生产性服务经营主体提供生产性服务。因此，信息费用对采购服务环节数差异程度的影响不大。谈判费用在10%水平上对小规模棉农采购服务环节数呈负向影响，说明小规模棉农可能相对缺乏谈判实力，无法有效地降低谈判费用。因此，高昂的谈判费用可能对棉农的采购行为产生负向影响，使他们更难以获取所需的服务。执行费用在10%水平上对大规模棉农采购服务环节数呈负向影响，说明执行费用越高，大规模棉农越会减少采购服务环节数。其原因可能为高昂的执行费用会促使大规模棉农增加对农业生产设备的投入，其认为这样可以提高生产效率、降低依赖程度，并带来长期的效益。整体而言，交易费用对不同规模棉农采购服务环节数的影响呈显著异质性特征，表明由于不同规模的棉农在资源禀赋和管理能力方面存在差异，从而导致它们对于交易费用的反应也不同。

（2）服务集聚和控制变量对不同规模棉农采购服务环节数的影响。

服务集聚对小规模、中规模、大规模棉农采购服务环节数的影响不大，从估计结果可以看出，服务集聚对大规模、小规模棉农的影响呈负向趋势，即服务集聚水平越高，小规模棉农和大规模棉农反而减少了采购服务环节数。其原因可能为：一方面，当服务集聚在某一地区时，可能会导致服务提供商之间的竞争增加。对于大规模棉农来说，竞争可能会降低服务的价格，但对于小规模棉农来说，可能会因为竞争而降低服务的质量；也可能导致资源在地区之间的不均匀分配，大规模棉农可能能够更好地获得优质服务，而小规模棉农则可能受到限制。这种不均匀分配可能会加剧规模效应，使大规模棉农更具竞争优势；还可能导致小规模棉农因为资源和管理能力有限，而难以适应服务集聚带来的变化，从而导致他们在竞争中处于不利地位。另一方面，农业生产活动具有较强的模仿性，小规模棉农家庭劳动力资源较为丰富，大规模棉农自有生产机械较为完备，他们会通过对周围生产性服务经营主体的比较、模仿，在不断的"试错"中基本可以完成棉花生产的多个环节。而其他变量影响并不大。

### 6.3.3 服务集聚对棉农生产性服务经营主体选择行为差异的调节分析

由表6-6估计结果可知，首先，服务集聚在信息费用对棉农水肥管理环节选择生产性服务经营主体行为差异的影响中具有调节作用，说明服务集聚促进了信息费用对棉农选择专业大户、农业服务公司、村集体的影响，其原因可能有两点：一是服务集聚减少了棉农与专业大户、农业服务公司、村集体之间的信息差、距离差、时间差，降低了信息费用；二是棉农"亲缘"和"地缘"的优势，棉农倾向于选择与自己更熟悉、信任度更高、关系更好的生产性服务经营主体进行水肥管理环节服务。因此，棉农可以更快地找到所需的服务，减少了寻找交易主体和获取信息的时间和成本。

其次，服务集聚在谈判费用对棉农整地播种环节选择生产性服务经营主体行为差异的影响中具有调节作用，即服务集聚在棉农选择生产性服务经营主体时起到调节作用，可能会改变棉农整地播种环节的行为方式或偏好。原因是服务集聚可能改变棉农与生产性服务经营主体之间的契约类型选择、服务组织保障产量以及交易付款方式，棉农根据市场交易情况选择自己更有利的交易方式，从而影响了棉农选择生产性服务经营主体的行为差异。因此，在服务集聚的环境中，棉农可能需要更注重谈判策略和技巧，以确保他们与生产性服务经营主体达成的交易对自己最有利。

最后，服务集聚在执行费用对棉农棉花采收环节选择生产性服务经营主体行为差异的影响中具有调节作用，表明服务集聚可能减少棉农选择家庭农场、合作社、龙头企业的服务等时，增强了棉农对家庭农场、合作社、龙头企业的可得性和便利性。其原因为棉农可以更好地利用市场资源，获得更多的选择和机会，从而增强了他们与家庭农场、合作社和龙头企业等生产性服务经营主体的合作关系。因此，棉农可能需要更加重视执行费用以提高生产效率。

表 6-6　服务集聚对棉农生产性服务经营主体选择行为

差异影响的调节作用估计结果

| 变量名称 | 模型 1 | 模型 2 | 模型 3 |
|---|---|---|---|
| | 整地播种 | 水肥管理 | 棉花采收 |
| zrisk | 0.029*** | −0.046 | 0.248** |
| | (5.909) | (−0.914) | (2.028) |
| jrisk | 0.059* | −0.271 | −0.213 |
| | (1.863) | (−1.028) | (−0.329) |
| area | −0.001** | −0.005 | −0.007 |
| | (−2.375) | (−0.196) | (−0.112) |
| gather | −0.171*** | 6.258*** | −0.287 |
| | (−3.114) | (3.913) | (−0.073) |
| inft | −0.051 | 9.087*** | 7.259 |
| | (−0.881) | (4.780) | (1.558) |
| negot | 0.004 | −0.587 | 0.688 |
| | (0.128) | (−0.716) | (0.342) |
| exc | 0.006 | −12.477*** | −9.258* |
| | (0.081) | (−5.784) | (−1.748) |
| gather_inft | −0.052 | 6.108*** | 3.394 |
| | (−1.270) | (4.826) | (1.094) |

续表

| 变量名称 | 模型 1 | 模型 2 | 模型 3 |
| --- | --- | --- | --- |
| | 整地播种 | 水肥管理 | 棉花采收 |
| gather_negot | 0.039* | 0.016 | 4.149 |
| | (1.775) | (0.013) | (1.376) |
| gather_exc | 0.017 | -8.426*** | -4.920* |
| | (0.354) | (-7.060) | (-1.677) |
| edu | 0.008 | -0.357 | -1.039 |
| | (0.576) | (-1.255) | (-1.487) |
| farm | 0.000 | -0.006 | -0.156*** |
| | (1.200) | (-0.266) | (-2.782) |
| policy | 0.028 | 0.253 | -2.499 |
| | (0.894) | (0.364) | (-1.466) |
| value | -0.009 | 0.243 | -1.882** |
| | (-0.453) | (0.658) | (-2.074) |
| labor | -0.021 | 0.605* | 0.339 |
| | (-1.643) | (1.855) | (0.423) |
| income | 0.002** | 0.047* | -0.046 |
| | (2.384) | (1.840) | (-0.732) |
| distance | 0.003* | -0.050* | -0.179*** |
| | (1.723) | (-1.853) | (-2.730) |
| bus | 0.083** | -0.961 | -2.502 |
| | (2.119) | (-1.215) | (-1.288) |
| tech | -0.137*** | 0.558 | 0.308 |
| | (-3.168) | (0.488) | (0.110) |
| inform | -0.126*** | -0.117 | 0.907 |
| | (-3.185) | (-0.174) | (0.549) |
| _cons | -0.186 | 13.986*** | 23.194*** |
| | (-0.882) | (4.882) | (3.300) |
| $chi^2$ | 301.356 | 230.864 | 72.194 |

综上所述，服务集聚对棉农选择不同生产性服务经营主体产生了重要影响，影响了他们在交易过程中的信息费用、谈判费用以及执行费用。因此，了解服务集聚对交易费用的影响可以帮助棉农更好地制定决策，降低交易成本，提高交易效率。

### 6.3.4　稳健性检验

在进行回归分析时，为确保估计结果的真实可靠性，通常需要进行稳健性检验。这一过程旨在验证模型对于不同数据集和假设条件的鲁棒性，从而提高研究的可信度。经过严格的稳健性检验，得出的结论将更具普遍性和实际应用价值。在此基础上，本章采用更换计量模型的方法，检验棉农生产性服务经营主体选择行为差异及程度的稳健性。

6.3.4.1　棉农选择生产性服务经营主体的行为差异及程度稳健性检验

由表 6-7 估计结果可知，棉农选择行为差异及程度的核心变量的相应结果高度相符，表明了样本回归结果具有较强的稳健性。

表 6-7　棉农选择行为差异及程度的稳健性回归结果

| 变量名称 | 选择行为差异 | | | | | |
| --- | --- | --- | --- | --- | --- | --- |
| | 专业大户 | 家庭农场 | 合作社 | 农服公司 | 龙头企业 | 村集体 |
| zrisk | -0.082*** | -0.083* | -0.014 | -0.021 | 0.008 | -0.049** |
| | (-4.050) | (-1.743) | (-0.544) | (-1.036) | (0.127) | (-2.140) |
| jrisk | -0.179 | 0.057 | -0.526*** | 0.157 | 0.235 | 0.199* |
| | (-1.596) | (0.324) | (-3.018) | (1.375) | (0.838) | (1.659) |
| gather | -0.267*** | 0.042 | -0.156* | 0.212*** | -0.202 | 0.016 |
| | (-4.187) | (0.439) | (-1.806) | (3.496) | (-1.051) | (0.228) |
| inft | -0.545 | -2.05 | 10.831* | 2.042 | -0.348 | 15.212*** |
| | (-0.138) | (-0.277) | (1.926) | (0.513) | (-0.022) | (3.394) |
| negot | -0.228 | -1.81 | 10.045* | 1.775 | -0.518 | 14.692*** |
| | (-0.060) | (-0.252) | (1.844) | (0.461) | (-0.034) | (3.385) |
| exc | -1.326 | -3.052 | 22.154** | 4.149 | 1.005 | 31.038*** |
| | (-0.168) | (-0.205) | (1.964) | (0.521) | (0.032) | (3.452) |

续表

| 变量名称 | 选择行为差异 | | | | | |
|---|---|---|---|---|---|---|
| | 专业大户 | 家庭农场 | 合作社 | 农服公司 | 龙头企业 | 村集体 |
| edu | −0.016 | 0.017 | −0.125* | 0.011 | −0.162 | 0.130** |
| | (−0.306) | (0.202) | (−1.752) | (0.214) | (−1.197) | (2.315) |
| farm | 0.000 | −0.004 | −0.006 | 0.002 | 0.000 | 0.000 |
| | (−0.557) | (−0.441) | (−0.629) | (0.818) | (0.111) | (0.312) |
| policy | −0.086 | −0.293 | −0.08 | 0.098 | −1.034** | −0.154 |
| | (−0.764) | (−1.555) | (−0.514) | (0.874) | (−1.962) | (−1.137) |
| value | 0.046 | 0.065 | 0.018 | 0.087 | 0.329* | 0.031 |
| | (0.710) | (0.635) | (0.188) | (1.269) | (1.814) | (0.394) |
| labor | −0.046 | 0.03 | −0.085 | 0.052 | 0.080 | 0.043 |
| | (−1.140) | (0.492) | (−0.935) | (1.282) | (0.710) | (0.974) |
| income | −0.003 | −0.002 | 0.004 | −0.005* | −0.012 | −0.005 |
| | (−1.046) | (−0.398) | (1.345) | (−1.714) | (−1.025) | (−1.501) |
| distance | 0.007* | −0.003 | −0.013** | −0.001 | −0.015 | −0.004 |
| | (1.783) | (−0.416) | (−2.001) | (−0.290) | (−0.827) | (−0.787) |
| bus | −0.439*** | 0.21 | 0.460*** | −0.135 | 0.133 | 0.430*** |
| | (−3.718) | (1.078) | (2.783) | (−1.115) | (0.374) | (3.102) |
| tech | 0.066 | −0.33 | 0.053 | 0.430*** | −0.583 | 0.255 |
| | (0.491) | (−1.483) | (0.272) | (3.096) | (−1.218) | (1.615) |
| inform | 0.469*** | 0.204 | −1.271*** | −0.03 | 0.186 | 0.009 |
| | (3.704) | (0.992) | (−5.988) | (−0.235) | (0.525) | (0.060) |
| ll | −701.283 | −510.458 | −556.586 | −692.459 | −444.494 | −640.944 |
| chi$^2$ | 124.612 | 26.603 | 123.25 | 94.964 | 36.261 | 73.156 |

| 变量名称 | 选择行为差异程度 | | | | | |
|---|---|---|---|---|---|---|
| | 专业大户 | 家庭农场 | 合作社 | 农服公司 | 龙头企业 | 村集体 |
| zrisk | −0.135*** | −0.175* | −0.011 | −0.058 | 0.044 | −0.050 |
| | (−3.838) | (−1.802) | (−0.236) | (−1.611) | (0.332) | (−1.309) |
| jrisk | −0.460** | 0.122 | −0.954*** | 0.320* | 0.650 | 0.230 |
| | (−2.396) | (0.350) | (−2.952) | (1.745) | (1.184) | (1.161) |
| gather | −0.467*** | 0.072 | −0.482*** | 0.408*** | −0.206 | −0.038 |
| | (−4.403) | (0.379) | (−2.942) | (4.017) | (−0.571) | (−0.317) |

续表

| 变量名称 | 选择行为差异程度 | | | | | |
|---|---|---|---|---|---|---|
| | 专业大户 | 家庭农场 | 合作社 | 农服公司 | 龙头企业 | 村集体 |
| inft | 0.187* | −0.651* | −0.215 | −0.142 | −1.023 | −0.388*** |
| | (1.713) | (−1.849) | (−1.051) | (−1.192) | (−1.386) | (−2.821) |
| negot | 0.670*** | −0.206 | −1.066*** | −0.415*** | −1.593*** | −0.535*** |
| | (5.848) | (−0.999) | (−6.269) | (−3.683) | (−2.588) | (−4.137) |
| exc | −0.028 | 1.039** | 0.339 | 0.020 | 1.508 | 0.008 |
| | (−0.279) | (2.236) | (1.592) | (0.167) | (1.420) | (0.052) |
| edu | 0.000 | −0.041 | −0.237** | 0.068 | −0.195 | 0.194** |
| | (−0.002) | (−0.258) | (−1.981) | (0.831) | (−0.849) | (2.190) |
| farm | −0.001 | −0.005 | −0.012 | 0.001** | 0.001 | 0.001 |
| | (−0.737) | (−0.262) | (−0.846) | (2.149) | (0.241) | (0.832) |
| policy | 0.029 | −0.712* | −0.134 | 0.328* | −2.524** | −0.276 |
| | (0.168) | (−1.726) | (−0.473) | (1.795) | (−1.967) | (−1.218) |
| value | 0.120 | 0.159 | 0.031 | 0.124 | 0.511 | 0.010 |
| | (1.146) | (0.790) | (0.192) | (1.097) | (1.440) | (0.077) |
| labor | −0.073 | 0.031 | −0.019 | 0.059 | 0.170 | 0.069 |
| | (−0.977) | (0.253) | (−0.125) | (0.894) | (0.835) | (1.011) |
| income | −0.005 | −0.005 | 0.008 | −0.007 | −0.045 | −0.012* |
| | (−1.256) | (−0.616) | (1.328) | (−1.423) | (−1.449) | (−1.923) |
| distance | 0.012** | −0.004 | −0.021* | −0.001 | −0.024 | −0.006 |
| | (2.083) | (−0.251) | (−1.700) | (−0.236) | (−0.620) | (−0.686) |
| bus | −0.773*** | 0.458 | 0.804*** | −0.116 | 0.585 | 0.851*** |
| | (−3.949) | (1.139) | (2.687) | (−0.571) | (0.784) | (3.538) |
| tech | 0.187 | −0.646 | 0.088 | 0.736*** | −1.649 | 0.490* |
| | (0.856) | (−1.452) | (0.264) | (3.087) | (−1.534) | (1.795) |
| inform | 0.879*** | 0.431 | −2.037*** | −0.098 | 0.120 | 0.058 |
| | (4.261) | (1.033) | (−5.437) | (−0.465) | (0.169) | (0.239) |
| ll | −514.012 | −153.106 | −258.787 | −458.67 | −67.581 | −375.397 |
| chi$^2$ | 127.703 | 26.873 | 176.442 | 87.028 | 59.288 | 78.845 |

6.3.4.2　不同规模棉农选择生产性服务经营主体的行为差异及程度
稳健性检验

为直观呈现交易成本对不同规模棉农生产性服务经营主体行为差异及
程度的影响，本章通过 MV-probit 模型进一步检验交易成本对不同规模棉
农选择行为差异的影响，同时，将棉农选择行为差异程度视为序数，采用
多元有序 Logit 进行估计，以考察结果稳健性，结果如表 6-8 所示。通过
与表 6-8 估计结果对比来看，回归系数的显著性和符号与前文是一致的。
这表明，研究结果是稳健的。

表 6-8　不同规模棉农选择行为差异及程度的稳健性回归结果

| 变量名称 | 选择行为差异 | | | 选择行为差异程度 | | |
|---|---|---|---|---|---|---|
| | 小规模 | 中规模 | 大规模 | 小规模 | 中规模 | 大规模 |
| zrisk | −0.008 | −0.017 | −0.098 | −0.021 | −0.191*** | 0.097 |
| | (−0.228) | (−0.326) | (−0.886) | (−0.623) | (−2.899) | (1.308) |
| jrisk | −0.062 | −0.946** | −0.353 | −0.308 | −1.794*** | −0.225 |
| | (−0.358) | (−1.981) | (−0.598) | (−1.637) | (−3.026) | (−0.453) |
| gather | −0.076 | −0.356 | −0.524* | −0.013 | 0.200 | −0.075 |
| | (−0.662) | (−1.366) | (−1.653) | (−0.121) | (0.837) | (−0.354) |
| inft | −16.890** | 13.582 | 4.090 | 0.087 | −0.104 | 0.341* |
| | (−2.283) | (0.955) | (0.198) | (0.713) | (−0.351) | (1.651) |
| negot | −16.571** | 13.347 | 3.303 | −0.519*** | −0.605** | −0.203 |
| | (−2.311) | (0.963) | (0.166) | (−4.188) | (−2.003) | (−0.874) |
| exc | −34.527** | 28.38 | 7.335 | −0.014 | 0.228 | −0.503** |
| | (2.325) | (0.991) | (0.177) | (−0.127) | (0.711) | (−2.420) |
| edu | 0.030 | −0.352 | 0.227 | −0.036 | −0.020 | 0.137 |
| | (0.274) | (−1.628) | (0.950) | (−0.379) | (−0.108) | (0.871) |
| farm | 0.005 | 0.053** | 0.000 | −0.005 | 0.020 | 0.009 |
| | (0.444) | (2.058) | (−0.045) | (−0.477) | (0.734) | (0.432) |
| policy | −0.058 | −0.496 | −0.484 | −0.137 | 1.182** | 0.426 |
| | (−0.295) | (−1.223) | (−0.914) | (−0.690) | (2.487) | (1.085) |

续表

| 变量名称 | 选择行为差异 | | | 选择行为差异程度 | | |
|---|---|---|---|---|---|---|
| | 小规模 | 中规模 | 大规模 | 小规模 | 中规模 | 大规模 |
| value | 0.162 | 0.062 | −0.212 | 0.231** | 0.243 | 0.238 |
| | (1.384) | (0.255) | (−0.754) | (1.990) | (0.895) | (1.163) |
| labor | 0.025 | −0.157 | 0.749* | 0.012 | −0.606** | 0.315 |
| | (0.429) | (−0.589) | (1.941) | (0.197) | (−2.088) | (1.372) |
| income | −0.007* | 0.002 | 0.011 | −0.008* | −0.003 | 0.002 |
| | (−1.816) | (0.156) | (0.810) | (−1.878) | (−0.287) | (0.295) |
| distance | −0.028*** | −0.044*** | −0.029 | −0.020*** | −0.001 | 0.017 |
| | (−4.454) | (−2.809) | (−0.700) | (−2.596) | (−0.108) | (0.786) |
| bus | −0.098 | −1.414** | −0.235 | 0.494** | −1.252*** | 0.008 |
| | (−0.430) | (−2.145) | (−0.417) | (2.225) | (−2.698) | (0.020) |
| tech | 0.072 | 1.170* | 2.039* | −0.389 | 0.964* | −0.117 |
| | (0.283) | (1.723) | (1.896) | (−1.598) | (1.812) | (−0.275) |
| inform | 0.477* | −0.211 | 1.108 | 0.434* | −0.123 | 1.185*** |
| | (1.794) | (−0.399) | (1.542) | (1.862) | (−0.254) | (2.594) |
| ll | −322.06 | −99.093 | −101.536 | −407.252 | −96.143 | −138.769 |
| chi$^2$ | 47.583 | 40.872 | 24.895 | 77.552 | 115.112 | 25.187 |

# 6.4　本章小结

　　本章利用新疆南北疆地区的1258份棉农数据，分别实证分析交易特性各指标、交易费用各指标对棉农生产性服务经营主体选择行为差异及程度的影响。主要得到结论如下：

　　第一，交易成本对棉农生产性服务经营主体选择行为差异及程度的影响分析。

分析交易成本对棉农主体选择行为差异的影响：自然风险显著正向影响棉农整地播种、水肥管理、棉花采收环节选择合作社；交易风险显著正向影响棉农整地播种、棉花采收环节选择合作社、村集体；信息费用、谈判费用和执行费用显著正向影响棉农整地播种环节选择农业服务公司，但显著负向影响棉农水肥管理环节选择农业服务公司；信息费用、谈判费用和执行费用显著正向影响棉农棉花采收环节选择村集体，但显著负向影响棉农棉花采收环节选择专业大户；表明交易成本对棉农不同生产环节主体选择的影响有显著差异。同时，服务集聚在交易成本对棉农选择行为差异的影响有调节作用。

交易成本对棉农主体选择行为差异程度的影响分析：自然风险显著负向影响棉农采购家庭农场、农业服务公司、专业大户的服务环节数；交易风险显著负向影响棉农采购合作社和专业大户的服务环节数；信息费用显著负向影响棉农采购家庭农场、龙头企业和村集体的服务环节数，显著正向影响棉农采购专业大户的服务环节数；谈判费用显著负向影响棉农采购合作社、龙头企业、农业服务公司和村集体的服务环节数，显著正向影响棉农选择专业大户；执行费用显著正向影响棉农采购合作社、龙头企业、农业服务公司和村集体的环节数。研究发现，交易成本对棉农采购主体的服务环节数均有显著影响。

第二，交易成本对不同规模棉农生产性服务经营主体选择行为差异及程度的影响分析。

分析交易成本对不同规模棉农选择生产性服务经营主体行为差异的影响：自然风险显著影响小规模棉农整地播种、水肥管理、棉花采收环节选择家庭农场、合作社、龙头企业，而显著影响中规模棉农整地播种环节选择专业大户、农业服务公司、村集体。交易风险显著影响大规模棉农整地播种环节选择家庭农场、合作社、龙头企业，显著影响中规模棉农水肥管理环节选择家庭农场、合作社、龙头企业，显著影响小规模和大规模棉农棉花采收环节选择家庭农场、合作社、龙头企业；说明当棉农面临交易风险不确定性时，棉农更偏好于选择服务标准、服务及时、服务效果好的经营性生产性服务经营主体。信息费用、谈判费用和执行费用显著影响大规模棉农整地播种环节选择家庭农场、合作社、龙头企业；信息费用、谈判费用和执行费用显著影响中规模和大规模棉农水肥管理环节选择专业大户、农业服务公司、村集体；信息费用显著影响中规模棉农棉花采收环节选择专业大户、农业服务公司、村集体。研究发现，交易成本对不同规模棉农的不同生产环节选择不同主体的行为影响呈显著差异特征。

分析交易成本对不同规模棉农选择生产性服务经营主体行为差异程度的影响：风险性显著影响中规模棉农采购家庭农场、合作社、龙头企业的服务环节数。谈判费用显著影响小规模棉农采购家庭农场、合作社、龙头企业的服务环节数；执行费用显著影响大规模棉农采购家庭农场、合作社、龙头企业的服务环节数。研究表明，交易成本对不同规模棉农采购服务环节数的影响存在差异。

第三，服务集聚对棉农生产性服务经营主体选择行为差异的调节分析。

首先，服务集聚在信息费用对棉农水肥管理环节选择生产性服务经营主体行为差异的影响中具有调节作用，说明服务集聚促进了信息费用对棉农选择专业大户、农业服务公司、村集体的影响。其次，服务集聚在谈判费用对棉农整地播种环节选择生产性服务经营主体行为差异的影响中具有调节作用。最后，服务集聚在执行费用对棉农棉花采收环节选择生产性服务经营主体行为差异的影响中具有调节作用，表明服务集聚可能减少棉农选择家庭农场、合作社、龙头企业的服务等时，增强了棉农对家庭农场、合作社、龙头企业的可得性和便利性。综上所述，服务集聚对棉农选择不同生产性服务经营主体产生了重要影响，影响了他们在交易过程中的信息费用、谈判费用以及执行费用。因此，了解服务集聚对交易费用的影响可以帮助棉农更好地制定决策，降低交易成本，提高交易效率。

# 第7章 棉农生产性服务经营主体选择行为的福利效应分析

生产性服务经营主体是否能够促进棉农增收，提升劳动舒适度，解决棉农福利等问题，学术界仍持有不同看法。本章在理论分析的基础上，重点厘清棉农生产性服务经营主体选择行为的福利效应。首先，采用 PSM 模型，从理论和实证两个方面探析棉农生产性服务经营主体选择行为的福利效应。其次，深入考察棉农选择不同生产性服务经营主体行为的福利效应。最后，探索不同要素禀赋棉农选择生产性服务经营主体行为的福利应。

## 7.1 分析框架与研究假设

目前，学术界在探讨如何提升农户福祉层面，普遍聚焦于提高农产品产量（于露和姜启军，2023；朱继东，2017；佟光霁和李伟峰，2022；龙云等，2023）和技术应用效率（Picazo-Tadeo 和 Peig-Martinez，2006；欧春梅和邵砾群，2019；张照新和赵海，2013）两大方面。然而，现有研究从成本与收益的比较角度出发，分析生产性服务经营主体是否能显著提升农业生产的经济效益，学术界尚未达成共识。例如，桂石见和钱朝琼

（2023）认为，虽然服务外包能增加单位面积的产量，但对整体成本效益的影响仍有待深入探讨。

此外，已有研究未充分考虑农户劳动舒适度。在农户生活方式、农业管理模式改变的背景下，农户劳动舒适度能否得到提高已成为人们关注的焦点，在我国农业生产领域，以小农户为主体的农业生产仍然处于主体地位，虽然自动化技术不断进步，但某些环节仍依赖于人工技艺。小农户是农业产业链的最底层，很难从农产品加工中得到附加值，夏季还要在炎热的天气下进行必要的生产，在他们的面庞刻画出明显的岁月痕迹，使得他们在同龄人之中显得格外成熟。基于此，杨志海（2019）认为，在保证农户福利不受损害的前提下，农户更愿意信赖和依靠农业生产性服务经营主体，进而提高对其服务的需求。

在理性小农理论的基础上，棉农选择生产性服务经营主体的服务时，其最终目标并不在于追求农业产量的最大化，而在于对其进行最优的使用，以达到最大收益，并提高劳动舒适度。在这种情况下，棉农将通过专业的劳动分工来实现资源的再分配，从而提高其收益和福利。

在本章中，深入探讨棉农在垂直分工体系下的行为决策过程，特别是在分配劳动力时如何平衡农业生产与日常生活的时间安排，这一决策对拓展经济效益、提升生活品质以及增加家庭福祉至关重要。由此，本章从棉农的家庭收入和劳动舒适度两个方面，探讨生产性服务经营主体如何影响棉农的福利效应。如图 7-1 所示。

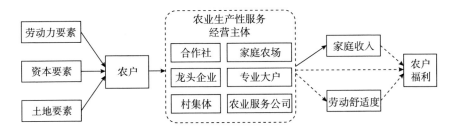

**图 7-1 本章的分析框架**

在农业生产领域，棉农依赖于专业生产性服务经营主体以提升效率，然而，受棉花市场价格波动的影响，棉农的经济收益面临显著的不稳定性。这种不可预测的市场波动对农业经营主体提出严峻的考验（张晖等，2020）。此外，一些学者研究表明，生产性服务经营主体既有助于提高家庭收入，又能在一定程度上提高棉农生产的舒适度。小农在进行权衡取舍、趋利避害后，多倾向于选择生产性服务经营主体，提供生产性服务。一方面，能够缓解购机的资金压力，提高农业生产率。棉农常常采取减少生产成本投入的策略，能够在某种程度上缓解购机的资金压力。另一方面，棉农选择生产性服务经营主体提供的整地播种、水肥管理、棉花采收服务后，不仅能提高农业生产产量和质量，而且一些棉农可能把节约下来的闲暇用于兼业，从而轻松赚取 150 元/天的工资；或者一些棉农选择自驾旅游，增加与家人团聚时间。尤其是针对那些家庭收入较高的棉农，迫切希望提升种植棉花的劳动舒适度，提高生活质量。基于此，提出以下假设：

H1：选择生产性服务经营主体比未选择生产性服务经营主体的棉农福利效应影响更大。

不同生产性服务经营主体类型对棉农福利效应存在差异。根据主体属性，将生产性服务经营主体分成公益性服务主体和经营性服务主体两种类型（芦千文，2018）。公益性服务主体强调公益性质，通过政府资金和项目支持来提供服务；而经营性服务主体则更注重商业化运作，通过市场机制来推动服务的提供。棉农根据自身需求和目标选择合适的生产性服务经营主体合作，并综合评估不同类型服务主体的优势和限制，以达到最佳的合作效果。夏显力等（2018）的研究表明，我国现有的农业生产性服务组织形成政府主导多方市场参与的竞争格局。发展中国家政府主导的公共组织机构始终供给公益性、基础性的农业生产性服务（孔祥智和穆娜娜，2018）。但是，政府公共组织机构的服务半径有限，而本土根植性的农资销售点和农业合作社对偏远山区农户的影响力更为显著（张琛等，2020）。一些学者持不同看法，如 Umali-Deininger（1997）指出，农业经营的商业化导致了对私人企业服务的需求，对于进行大规模商业化生产的农民来说，完全商业化和私人化的服务主体提供的服务是有效的（Kidd 等，2000），在某种程度上促进了农户福利水平的提升。事实上，在我国农业技术服务领域，公益性与经营性并非水火不容，它们在供给技术支持方面各有所长。政府肩负的公益性服务，不仅是国家农业管理的关键使命，更在广大的乡村社会中赢得普遍的信赖和尊重。农民往往把政府提供的服务看作独立、公正且具有权威性的技术典范。经营性服务组织供给的技术服务虽然已经建立广泛且深入乡村（孙明扬，2021），但其受到行业利益的裹挟。因此，政府更值得棉农信赖。基于此，提出以下假设：

H2：选择公益性服务主体比选择经营性服务主体对棉农福利效应的影响更大。

生产性服务经营主体对不同要素禀赋棉农的福利效应存在差异。棉农福利的获得需要综合考虑劳动力、资本和土地等要素的投入。黄祖辉和高钰玲（2012）指出，"理性小农"的目标是充分合理利用家庭资源，而其对农业生产性服务组织的选择来弥补自身要素禀赋的不足。不同要素禀赋棉农的家庭劳动力资源、资本资源、土地资源条件不一样，其福利效应也不尽相同。在农业生产中，劳动力充足、所需投入较少并且老年人口比例较低的农户，在挑选生产性服务经营主体时，较少受到劳动力限制的影响。这样的优势使得他们能更加自如地调配家庭劳动力资源，确保农业生产的高效与灵活性（Picazo-Tadeo 和 Reig-Martínez，2006），降低棉农生产劳作的辛苦程度，提高家庭总收入（张笑寒等，2020），提升农户家庭福利水平（段培等，2017）。资本要素投入的多少会直接影响棉农福利效应。黄季焜等（2010）指出，单个农户对施药时间点和次数把握不准确，将它们部分或全部交由服务组织完成，而服务外包之后的统防统治不仅可以较为准确地把握施药时间和施药频率，而且农户不再需要对各个生产环节的关键技能熟练掌握，从而有利于节约生产成本、提高农业资本要素的利用效率（王志刚等，2011）。此外，随着农地经营面积的增加（李克乐和杨宏力，2022），农户会通过专业化分工将要素重新配置，缓解劳动、资本和土地等禀赋约束（姜松等，2016；杨万江和李琪，2017）、提升规模报酬（Takeshima，2017）、提升农户福利水平。基于此，提出以下假设：

H3：生产性服务经营主体对不同要素禀赋棉农的福利效应存在差异。

H3a：劳动力要素越丰富对棉农福利的影响越大。

H3b：资本要素投入越少对棉农福利的影响越大。

H3c：土地要素越有利对棉农福利的影响越大。

# 7.2 变量选择与模型设定

## 7.2.1 变量选择

### 7.2.1.1 因变量

在考量棉农福利水平指标时，根据可行能力理论、个人能力以及未来发展前景对农户福利水平具有显著影响。然而，本章旨在探究棉农在选择生产性服务经营主体前后的福利效应。因此，借鉴陈飞和翟伟娟（2015）、杨志海（2019）、李忠旭和庄健（2021）的研究成果，衡量棉农福利效应的指标是棉农家庭收入和劳动舒适度（关江华和张安录，2020），可以深入地了解棉农福利的多样性和复杂性。

### 7.2.1.2 解释变量

借鉴孙小燕与刘雍（2019）的分类方式，本章将棉农要素禀赋从劳动力要素、资本要素、土地要素进行划分，这些关键要素构成棉农生产和经济活动的基础。各变量的定义与描述性统计结果如表7-1所示。

表 7-1 变量定义与描述性统计分析

| 变量 | 变量描述及赋值 | 均值 | 标准差 |
|---|---|---|---|
| 被解释变量 | | | |
| 农户福利水平 | 家庭收入（万元） | 15.87 | 16.09 |
| | 劳动舒适度：1＝轻松；2＝较轻松；3＝一般；4＝较累；5＝累 | 3.248 | 0.76 |
| 农业服务主体选择行为 | 农户选择服务主体提供两个及以上的服务环节时，取值为 1，否则为 0 | 0.72 | 0.44 |
| 劳动力要素 | | | |
| 劳动力数量 | 18~60 岁劳动力人数实际值 | 2.51 | 4.37 |
| 劳动力投入 | 棉花生产劳动投工量（工日） | 167.86 | 685.25 |
| 老龄化程度 | 60 岁以上老年人数与家庭总人数的比值 | 0.57 | 1.85 |
| 资本要素 | | | |
| 生产成本费用 | 生产性服务费、农资费、人工费等（元/亩） | 1679.87 | 1611.21 |
| 生产性资产投资 | 1＝短缺；2＝一般；3＝丰富 | 1.58 | 0.76 |
| 土地要素 | | | |
| 种植规模 | 种植面积实际值（亩） | 92.23 | 92.62 |
| 地形特征 | 1＝坡地洼地；2＝平地；3＝旱地 | 1.94 | 0.27 |

### 7.2.2 模型设定

倾向得分匹配法。已有研究显示，由于农户行为会存在"自选择"现象，因此会存在某些不可观测的因素影响选择行为，进而导致有偏的估计结果。对此，本书采用倾向得分匹配法（PSM）克服调研对象"自选择"问题。为了更加准确地测算选择农业服务主体后农户（处理组）所获得福利效用，因此选用未选择农业服务主体后的农户（对照组）进行匹配分析，鉴于两组农户样本的划分是非随机的，很难确保两组样本的概率分布保持一致。为解决这一问题，Rosenbaum 和 Rubin（1983）构建了一个反事实分析框架，可以更加有效地测度选择农业服务主体后的农户福利效应，从而有效消除样本非随机分布的有偏估计。

将关键因变量设为二元变量，利用 Logit 模型构建回归模型，以估计控制变量的倾向值，具体倾向值得分（$PS_i$）情况如下：

$$PS_i = Logit(S_i = 1 \mid D_i) = E(S_i = 0 \mid D_i) \tag{7-1}$$

其中，i 代表不同棉农，$S_i = 1$ 表示关键变量的处理组，$S_i = 0$ 表示关键变量的控制组；$D_i$ 为控制变量，代表匹配变量。在获取倾向值评分后，本章采用近邻匹配法对棉农进行匹配。这是因为在本章进行了多种不同分类之后，再引入其他匹配方法会导致匹配过程变得复杂。由于无法获取已选择生产性服务经营主体的棉农在未做出选择前的福利效应，可能导致样本选择性偏误。因此，需要寻找与之尽可能相似的对照组，并通过建立反事实情境的假设框架来减少这种偏误。在这个背景下，采用处理组的生产性服务经营主体选择行为的平均处理效应（ATT）进行估算，其具体表达式如下：

$$ATT = E(Y_{1i} \mid S_i = 1) - E(Y_{0i} \mid S_i = 1) = E(Y_{1i} - Y_{0i} \mid S_i = 1) \tag{7-2}$$

其中，$Y_{1i}$ 表示棉农选择生产性服务经营主体的福利水平，$Y_{0i}$ 表示棉农未选择生产性服务经营主体的福利水平。ATT 研究的前提假设为当棉农选择生产性服务经营主体时（$S_i = 1$），测算出该棉农在不选择生产性服务经营主体时福利差（$Y_{1i} - Y_{0i}$），即可得到选择生产性服务经营主体对棉农福利的影响。然而，在式（7-2）中，$E(Y_{1i} \mid S_i = 1)$ 的结果是可以观测到的，而 $E(Y_{0i} \mid S_i = 1)$ 观测不到，称为反事实结果。因此，可以用倾向得分匹配法构造 $E(Y_{0i} \mid S_i = 1)$ 的替代指标。即：在给定一组协变量的背景下，利用倾向得分匹配（PSM）方法建立一个严谨的反事实框架，以确定与选择生产性服务经营主体的棉农（处理组）相匹配的对照组。通过确保两组样本户的协变量尽可能相似或相同，对每个样本户进入处理组的倾向得分进行计算。这种方法不仅能够准确评估棉农选择主体后的福利效应，还能够比较两组匹配样本福利效应的来源和差异特征。

# 7.3 实证结果与分析

### 7.3.1 生产性服务经营主体与棉农福利的描述性分析

棉农福利效应描述性统计分析。由表7-2可知，选择生产性服务经营主体的棉农与未选择生产性服务经营主体的棉农，在家庭收入和生活舒适度方面存在一定程度的差异。选择生产性服务经营主体的棉农家庭收入略高于未选择该生产性服务经营主体的棉农，然而，劳动舒适度的差异显著。选择生产性服务经营主体棉农的舒适度由之前的"较累"程度转变为"一般"。在调研时也发现，棉农表示现在种地比之前更轻松，在农闲时会约上三五亲朋好友自驾游。

表7-2 福利方程因变量描述性统计分析

| 分组 | 家庭收入 | | 劳动舒适度 | |
|---|---|---|---|---|
| | 均值 | 标准差 | 均值 | 标准差 |
| 选择生产性服务经营主体的棉农 | 16.41 | 16.59 | 3.53 | 0.67 |
| 未选择生产性服务经营主体的棉农 | 14.50 | 14.69 | 3.99 | 0.65 |

### 7.3.2 棉农生产性服务经营主体选择行为的福利

根据方程计算生产性服务经营主体对棉农福利效应影响的平均处理效应，结果如表7-3所示，棉农在选择生产性服务经营主体和未选择生产性服务经营主体情况下，棉农家庭收入与舒适度的显著差异。选择生产性服务经营主体的棉农家庭收入和舒适度的平均处理效应分别为3.76和-0.24，且平均处理效应均通过不同程度的显著性检验。

表 7-3　棉农生产性服务经营主体选择行为的福利效应分析

| 变量 | 选择农业服务主体 | 未选择农业服务主体 | ATT | T 统计量 |
|---|---|---|---|---|
| 家庭收入 | 15.47 | 11.71 | 3.76 | 2.12** |
| 劳动舒适度 | 3.65 | 3.89 | −0.24 | −2.55** |

根据棉农福利效应的平均处理效应结果显示，选择生产性服务经营主体的棉农家庭纯收入从原来的 11.71 万元增加至 15.47 万元，增长了 24.30%，劳动舒适度由原来的"较累"转变为"一般"程度，上升了 6.57%。表明生产性服务经营主体对棉农家庭收入和劳动舒适度有正向的处理效应，可以同时增加棉农家庭收入和提高劳动舒适度，但其中增加家庭收入的效果更为显著。这可能暗示着在政策制定中，应更多地关注提高家庭收入的措施。

### 7.3.3　棉农选择不同生产性服务经营主体行为的福利

本章将生产性服务经营主体家庭农场、合作社、龙头企业、专业大户、农业服务公司、村集体等主体划分为经营性服务主体和公益性服务主体，不同生产性服务经营主体类型对棉农福利的影响可能存在差异，如表 7-4 所示。

表 7-4　不同生产性服务经营主体棉农福利处理效应差异性分析

| 服务主体类型 | 变量 | 选择农业服务主体 | 未选择农业服务主体 | ATT | T 统计量 |
|---|---|---|---|---|---|
| 经营性服务主体 | 家庭收入 | 16.55 | 13.03 | 3.52 | 1.86* |
| | 舒适度 | 3.65 | 3.93 | −0.27 | −2.89*** |
| 公益性服务主体 | 家庭收入 | 16.55 | 12.14 | 4.41 | 2.62*** |
| | 舒适度 | 3.66 | 3.92 | −0.26 | −3.23*** |

由表 7-4 可知，经营性服务主体和公益性服务主体在影响棉农家庭收入及居住舒适度方面，其平均影响效果通过 1% 和 10% 的统计显著性检

验，显示出这两种生产性服务经营主体在提升棉农经济状况和生活质量上的重要作用。ATT 的估计结果表明，选择经营性服务主体的棉农家庭收入和舒适度的平均处理效应分别为 3.52 和 -0.27，选择公益性服务主体的棉农家庭收入和舒适度的平均处理效应分别为 4.41 和 -0.26，表明无论棉农选择经营性服务主体还是公益性服务主体，他们的家庭收入分别上升至 21.27% 和 26.61%；棉农舒适度分别上升至 7.62% 和 7.35%。由此发现，经营性服务主体和公益性服务主体对棉农福利效应有促进作用，但选择公益性服务主体的棉农对家庭收入的处理效应更高。其原因为公益性服务主体不同于商业机构，不以谋利为目的，而是致力于宣传和推广新技术、新品种、新型设施等方面的推广服务，提供的服务对棉农的经济负担更小，从而使棉农在获得同等服务的情况下能够节省更多成本，增加家庭收入。同时，公益性生产性服务经营主体能提供各种技能培训和学习机会，帮助棉农获得新的技能或知识，从而增加他们的就业机会或创业能力，有助于提高棉农的生产力和竞争力，进而提高家庭收入。

### 7.3.4 不同要素禀赋棉农选择生产性服务经营主体行为的福利

在本章中，为深入探讨不同要素禀赋棉农选择生产性服务经营主体行为所产生的福利影响的具体情况，借鉴程永生等（2024）提出的研究方法。对各类分组变量进行均值计算，基于此，将棉农样本划分为"高于均值"与"低于均值"两大类别，进而展开对比分析。具体的分组情况如表 7-5 所示。

表 7-5　不同要素禀赋棉农福利处理效应差异性分析

| 要素禀赋 | 分类 | 选择农业服务主体 | 未选择农业服务主体 | ATT |
|---|---|---|---|---|
| 劳动力数量 | 大于均值 | 3.43 | 3.57 | -0.14 |
| | 小于均值 | 1.80 | 1.78 | 0.02 |
| 劳动力投入工日 | 大于均值 | 816.03 | 765.16 | 50.87 |
| | 小于均值 | 71.75 | 75.60 | -3.86 |

续表

| 要素禀赋 | 分类 | 选择农业服务主体 | 未选择农业服务主体 | ATT |
|---|---|---|---|---|
| 老龄化程度 | 大于均值 | 1.06 | 0.99 | 0.07 |
| | 小于均值 | 0.05 | 0.05 | -0.01 |
| 生产成本费用 | 大于均值 | 2683.06 | 2689.45 | -6.39 |
| | 小于均值 | 471.54 | 363.77 | 107.77 |
| 种植规模 | 大于均值 | 221.72 | 254.95 | -33.23 |
| | 小于均值 | 28.55 | 25.45 | 3.10 |

表7-5 中的劳动力要素投入估计结果表明，劳动力资源较少的棉农选择农业服务主体的福利增加效应显著优于劳动力数量较多的棉农。这一结果与杨志海（2019）的研究结果存在显著分歧，其原因为：棉农更需要农业服务主体来弥补资源限制和专业知识的不足，从而提高农业生产效率和收益水平。经过对老龄化程度和劳动力投入工日变量的进行相关结果分析，表明棉农在劳动力要素上的投入对提升其福利效益具有至关重要的作用。具有高劳动力投入工日和高老龄化程度的棉农，其选择农业服务主体后的福利效应显著高于未选择农业服务主体的棉农。同时，这些棉农的福利效应也超过劳动力投入工日较少和老龄化程度较低的棉农。表明劳动力投入工日高的棉农可能更加重视提高劳动效率和提升植棉舒适度。农业服务主体通常提供的服务可以帮助他们减少人力投入，提高生产效率，从而提升劳动舒适度。而老龄化程度高的棉农可能面临劳动力短缺和体力下降等问题，导致他们难以应对农业生产中的各种挑战。农业服务主体提供的服务往往包括机械化操作、技术指导等，可以帮助他们更轻松地应对这些挑战，提高生产效率，提高家庭收入和提升植棉舒适度。

根据生产成本费用的估算结果，可以观察到两个不同层次的情况：在农业生产活动中，生产成本费用较低的棉农，在选择农业服务主体后，能够显著提升他们的福利水平，这一效应远超过那些没有选择农业服务主体的棉农。相反，对于生产成本费用较高的棉农，他们享受到的福利增加却不明显。换言之，尽管生产成本费用高的棉农选择农业服务主体后的估计福利效应为2683.06，远高于生产成本费用较低的棉农的471.54，但两者之间的福利增长效应差异却相对较小。说明生产成本较高的棉农本身所面临的生产成本已相对较低，通过选择农业服务主体提供的服务，可以相对较少地增加成本，但所带来的福利效应却可能更显著。相反地，对于生产成本较高的棉农而言，即使他们选择了农业服务主体，成本的增加可能相对更为显著，但效益的提升未必足以抵消这些成本增加所带来的损失。

根据土地要素投入的情况可以观察到如下趋势：种植面积较小的棉农，在选择农业服务主体后，其获得的福利效应远超过没有选择农业服务主体的同行。更有趣的是，这一增益甚至超过种植面积较大的棉农选择农业服务主体服务后的效果。这表明，在小规模棉农中，充分利用农业服务主体无疑是提升福利的有效途径。从边际处理效应（ATT）的结果来看，种植面积较小的棉农选择农业服务主体后的福利增长效应为3.10，远高于较大种植面积棉农选择农业服务主体后的-33.23。其原因可能在于较大种植面积的棉农通常拥有更广阔的土地资源，可能具备更强的自给自足能力。他们更注重成本效益，更谨慎地选择生产性服务经营主体。若发现某一服务主体未能达到预期效益，反而增加成本或降低产出，则选择相同的生产性服务经营主体可能导致较大种植面积的棉农福利减少的结果。这充分说明不同规模的棉农因其各自独特的资源配置和需求特征而异，故其在选择生产性服务经营主体时可能会导致截然不同的结果。

## 7.4　本章小结

本章通过模型分析农业生产性服务经营主体对各自细分福利维度的选择行为效益，并得出以下结论：

第一，生产性服务经营主体显著提升棉农的福利效应。具体而言，可提高棉农家庭收入和生活舒适度，但其中提高家庭收入的效果更为显著。

第二，棉农选择不同生产性服务经营主体行为的福利效应呈现差异，但他们皆具有促进棉农福利水平提升的潜力。其中，棉农选择公益性生产性服务经营主体能更有效地提高家庭收入。

第三，不同要素禀赋棉农选择生产性服务经营主体行为的福利效应具有差异，具体而言，棉农的劳动力、资本和土地要素对其选择生产性服务经营主体行为的福利效应均有影响。

# 第8章 棉农何以选择生产性服务经营主体：基于多案例的实践逻辑研究

鉴于棉农生产情景的复杂多变和微观调查数据的追踪效力有限，本章进一步运用案例分析方法深层次解构生产性服务经营主体的服务效果。一是以典型案例为观察对象，不仅可以弥补前文对 1258 份样本户计量经济学分析的缺憾，而且能以多样本形式来剖析生产性服务经营主体的具体实践形态，深度刻画出一个适用于现实背景下棉农与生产性服务经营主体紧密合作的服务模式。二是试图从长期经验观察的视角来验证生产性服务经营主体的服务效果，以期为满足棉农多元化需求、促进农业生产性服务、实现现代化农业提供参考依据。

## 8.1 分析框架与案例选择

### 8.1.1 案例选择

根据典型性和启示性等案例选取原则，选择新疆生产性服务经营主体（包括村集体、专业大户、合作社以及农业服务公司）作为研究对象。首先，新疆是全国优质商品棉生产基地，棉花产业发展具有独特优势，作为全疆经济社会发展的主导产业之一，棉花也是农民收入的主要来源。其次，在政策属性方面，自治区实施了重大科技专项项目，旨在推动棉花高质量发展，形成可适用于南北疆地区的可复制推广经验。最后，在城市选择方面，在统一的顶层制度设计和相似的市场环境下，选择呼图壁县、沙湾市、阿克苏市作为案例，具有典型特征，有助于保障研究的内部效度，加深与地方政府、行业部门及企业之间的合作交流。本章主要基于2023年5~10月的实地调研和多种渠道收集的经验材料，包括面对面深度访谈、棉农对不同生产性服务经营主体类型的评价以及广泛收集和整理的其他相关资料。具体如表8-1所示。

表8-1　生产性服务经营主体基本情况

| 农业服务主体 | 呼图壁县××村集体 | 呼图壁县专业大户 | 沙湾NKJY合作社 | 阿克苏HN农业服务公司 |
|---|---|---|---|---|
| 成立时间 | — | — | 2016年 | 2019年 |
| 资产总额 | 耕地面积4.2万亩 | 承包地面积7223亩 | 注册资本18000万元 | 注册资本5918万元 |
| 组织评级/成员规模 | 农牧民866户 | 雇工16人 | — | 自治区级 龙头企业 |
| 示范级别 | 县级示范 | | 自治区级示范社 | |
| 农业生产性服务 | 棉花、蔬菜、花卉、林木育苗的种植与销售；农副产品的购销、农业机械服务 | 棉花种植、销售、运输；农业机械服务；农业生产托管服务 | 农业机械服务；组织采购成员的农资；组织开展成员的技术服务；棉花种植、运输、销售 | 技术服务、技术咨询、技术推广；农副产品销售、初级农产品收购；农副产品销售 |
| 二次返利 | 有 | 无 | 有 | 无 |

资料来源：根据课题组调研数据整理所得。

### 8.1.2　分析框架

本章主要采用一种新的分析框架——行动逻辑分析框架（SAGP模型）①（见图8-1）。该模型涵盖性状（Situation）、行动者（Actor）、治理

①　还应该指出的是，为了逻辑表达清晰，图8-1选择使用单向箭头表示该行动逻辑分析框架的主要向路。实际上，在性状、行动者、治理和绩效之间是存在回路的，并且呈现互构演进态势。具体来看，行动者的策略性行动会对局部性状产生重构性影响；治理机制的实施也会对局部性状和行动者产生互动性影响；同样地，绩效也会对局部性状、行动者和治理产生反馈性影响。

（Governance）、绩效（Performance）四个要素。所谓性状，是指影响组织和个体行为的技术特性和结构状态，可分为客观性状和局部性状，前者表现为能够不断再生产规则和资源的制度、状态和趋势，后者反映多元因素共同交织影响具体行动者并呈现反复或相似行动结构的具体场景和状态。所谓行动者①，是指在组织结构或集体行动中，多元利益相关者受合作红利的激励，分别承担创新者、推动者、模仿者及传递者等角色。治理的艺术在于运用实践智慧，通过内外部治理机制降低交易成本和获取核心资源。内部治理关注交易关系与机制适配，旨在遏制投机行为，降低交易成本；而外部治理着眼于关键资源汲取与组织合法性的维护。合法性不仅是组织持续成长的必备要素，也深刻影响其对环境的适应。绩效则是在组织与环境互动中呈现的可观测成果，体现在规模经济、风险共担和交易成本降低等方面。将组织视为一种制度设计，绩效还包括组织获取外部认可的能力（徐旭初，2005），深刻揭示了组织行为的内在逻辑和外部动因。

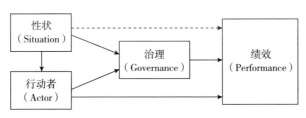

**图 8-1　行动逻辑分析框架（SAGP）**

# 8.2　村集体农业生产性服务经营主体

### 8.2.1　呼图壁县××村集体的形成和发展：基于 SAGP 分析框架的考察

新疆呼图壁县是中国西北地区典型的农业县，总面积 9518 平方千米，

---

① 需要指出的是，创新者、驱动者、追随者及中继者仅仅指不同行动者角色的划分，同一行动主体可能承担一个甚至多个行动者角色，即一个行动主体可能呈现混合性角色状态。

属于温带大陆性干旱半干旱气候。截至 2020 年上半年，呼图壁县完成地区生产总值（GDP）57.86 亿元，同比增长 4.6%，其中第一产业增长 3.1%，第二产业下降 0.7%，第三产业增长 7.6%，三次产业结构比为 21.4：19.8：58.8。截至 2021 年 5 月，呼图壁县种植业综合机械化率达 90%，农作物播种面积为 129.34 万亩。本章针对当前乡村振兴工作要求，选取呼图壁县××村集体为案例，分析其如何形成并发展成为棉农谋福利的生产性服务经营主体。呼图壁县××村集体管辖 8 个村民小组，共有农牧民 866 户 2745 人，拥有耕地面积 4.2 万亩，其中第二轮土地承包面积 3 万亩，机动地 1.2 万亩。该村主要种植棉花、玉米、番茄、苗木等作物。全村党员 112 名，工作队驻村人员 6 名，村警 1 名，预备党员 8 名，村"两委"干部 5 名，非村"两委"干部 5 名，双联户联户长 70 名。下文将采用行动逻辑分析框架（SAGP 模型），详细分析呼图壁县××村集体的发展历程。

### 8.2.1.1　性状

（1）客观性状。

党的二十大报告进一步提出，发展新型农村集体经济，赋予棉农更加充分的财产权益。通过实施集体资产股份合作制改革，是激活村级集体经营性资产的关键举措。村集体资产将焕发新的活力，实现资产价值最大化，为村庄经济发展注入强大动力。根据杨慧莲等（2017）研究，这一举措被视为推动棉农持续增收，最终实现共同富裕的重要途径。

（2）局部性状。

在客观性状的影响和规定下，村集体作为基层政府的代理机构，享有天然的政治权威和组织优势。相对于其他服务主体，村集体在同一村庄范围内组织农民工作时更具自治组织优势和政府信誉支持，可以充分发挥村干部的自治治理作用并展现"领头羊"效应。此外，村集体一直以来都具有明显的熟人社会特征（陈耀辉，2009）。在这样的文化环境和地方知识中，由于存在高频次的熟人交易以及其他相关治理方式，导致村集体的治理成本降低。

8.2.1.2　*行动者*

在乡村发展的背景下，环境的客观现状与局部的特色状态，以及这些要素随时间发生的变迁，共同孕育着有待挖掘的制度性利益。在推进村集体向前发展的道路上，离不开那些持有积极态度、瞄准明确目标的实践者，他们包括勇于尝试的创新者、推动变革的驱动者、效仿前行的追随者以及传承经验的中继者。

（1）创新者。

村集体代表基层政权组织，担任农民的领导人和组织者。村集体以村主任等为核心成员，他们正积极引领一场变革，致力于推动集体经济的发展，以此提高棉农的组织化程度，向着集体化发展的目标迈进（李祖佩，2022）。村集体领办的股份合作社规范集体资产管理、收益分配、福利事务，确保棉农合法利益（高海，2023），体现在共有集体产权下公平正义的理念。

（2）驱动者。

在村集体发展过程中，除村集体内部核心成员的驱动，地方政府部门也扮演着重要角色。乡镇政府作为主要组织单位，扩大股权范围至乡镇集体经济，壮大村集体经济规模，协调社会资本，实现村集体资产的统一经营和服务（夏柱智，2021）。在政策的引导和支持下，地方政府正积极促进基础设施建设及特色产业发展，通过这种方式，将农村的丰富资源与现代生产要素有效融合，以提高农产品的市场价值，助力棉农增收，推动农村经济的全面发展（王轶和刘蕾，2022）。

（3）追随者。

在村集体发展中的追随者分为两类：以业务为主的追随者和以投资为主的追随者。前者包括从事农业经营生产的棉农和非棉农，他们促进农村集体资产的整合与活力激发，扩大农村集体经济规模和市场容量，推动农村集体经济的发展壮大。后者则通过降低农业生产经营风险，郝文强等（2022）指出，集聚社会工商资本，实现农村资源与现代产业链的对接，激发村级企业自主创新的动力。这一模式可以使要素在不同的行业之间流动、分配和组合，为棉农带来更多的非农工作岗位，为他们提供技术转让和培训，达到增加农民收入的目的（周娟，2020）。

（4）中继者。

村集体的中继者主要由村主任、相关政府官员及其他常务理事组成。村主任作为关键人员，在发挥市场和政策中继者作用方面起着重要作用。首先，依据科学发展观，主持讨论重要经济社会问题，并制定符合本村实际的新农村建设规划，推动村庄的科学发展。其次，贯彻落实上级支农政策，引导党员和群众致力于农业生产，促进农业产业结构调整，帮助农民增加收入。最后，积极参与政府工程项目和基础设施建设，亲力亲为地促进农田改造、机耕路修建、水利设施配套等工作，为农业高质量发展和提高村集体经营收入打下基础。

8.2.1.3　治理

从总体来讲，"三重交易"结构构成了村集体经济组织的交易关系。第一，与棉农进行的"服务性业务交易"，具体包括为棉农提供技术服务、技术培训以及资金互助等。第二，与村民之间的"投资业务交易"，是指将土地转让给种植业的村民，将资金投向非种植业的村民（社会资本者），从而延伸产业链。第三，在与政府的"合法交易"中，村集体在政府的管制下，在产业治理中发挥作用，促使其从事适宜的生产行为。

根据"服务性业务交易"和"投资业务交易"两类，村集体根据"投机性""资产专用性""交易频度"等特征，选择不同的治理结构。"服务性业务交易"是指通过对村民生产投入与生产工艺的协调，达到降低生产成本，保证产品质量的目的。近年来，村集体通过开展宣传讲座、技术培训等活动，引导棉农进行绿色、安全生产，推动农业实现高质量发展。在这种情况下，村集体采用"内部化治理"方式，例如争取农田建设项目和建立水肥一体化服务体系。相对而言，"投资性业务交易"更加关注于村集体的市场扩展、产业链延伸以及盈利方面。例如通过核心成员民主决策来降低交易成本。此外，在投资决策后，村集体优先考虑满足外围成员的参与需求。当村集体需求资本时，允许社会资本参与，但社会资本通常不涉及技术决策，从而减少投资风险。

从"合法交易"的视角出发，村集体经济的发展是由政府来规范的。一方面，为了实现可持续的经济发展，村集体必须获得关键性的资源，提高其合法性；另一方面，政府也要发挥村集体的作用，加强对棉农的管理。政府绩效诉求与村集体发展目标紧密结合，呈现出明显的"政府主导"关系，村集体是经济发展的主体，而政府则是村集体发展的关键要素。在我国当前的乡村发展格局中，地方政府正逐步从单纯的"建设者"转变为"维持者"，这一角色的转换在村集体的发展进程中发挥着至关重要的作用。地方政府与村集体的紧密耦合关系，已成为衡量行业绩效的关键指标。同时，村集体在地方政府的产业治理中，承担起"代理人"的重要角色，成为地方产业治理的重要平台。在此基础上，村集体还通过"经济合作"等多元化功能，为地方产业发展注入新的活力。

### 8.2.1.4　绩效

自创建之初，村庄的集体经济便展现出卓越的成就，不仅在经济效益上表现出色，同时社会效益也成绩斐然。首先，呼图壁县村集体在高标准农田建设方面采用智能施肥系统、气象站、水源土壤检测设备和传感器等先进技术，借助手机 App 进行实时监测和精准管理，提供数据支持实现精准农田管护。随着农业基础设施和农田质量的提升，呼图壁县积极推进数字农业，建立智慧农业平台，利用遥感和无人机技术进行全过程数字化信息分析，使农田管理更加智能化、信息化，提高粮食生产安全保障能力。根据估算，在高标准示范农田种植的棉花单产有望提升 5%。目前，智能水肥系统能够精确感知作物的灌溉需水量，实现精准灌溉，提高水资源利用效率，降低化肥施用量，平均每亩可节省约 20 元的化肥成本，提高生产效率，实现节约成本、增加效益，提升棉农福利水平。

其次，村集体推动水肥一体化项目的实施对棉农的水肥管理效率、用水节约和施肥效果产生积极影响。在化肥厂商的指导下，棉农根据土壤养分含量、棉花的需肥规律和特点，将可溶性固体或液体肥料配制成肥液，通过农药自动搅拌机定时定量地将水和肥料混合，然后通过滴灌带将肥水均匀引导至棉花植株的根部，显著提升肥料的利用率，降低50%的肥料用量，降低30%~40%的用水量。因此，水肥一体化使棉农从传统的灌溉和施肥过程中解放出劳动力，只需进行简单的操作，从而提高棉农的舒适度。此外，棉花作物常受土传病害影响，如枯萎病，采用滴灌可以有效控制土传病害的发生，减轻病害损失，降低棉农对农业生产资料的投入，增加棉农的收入。

最后，在农村建设视野中，村集体发展的研究更多地关注其社会效果，并将其视为具有社会安全与重构乡土社会的双重功能。村集体是乡村社会的一部分，它的发展离不开乡村社会的支持，因此，它必须在本土化过程中担负起自己的集体责任与义务。从公共服务角度来看，集体收益主要用于农业、水利、公路等建设，提高棉农的生产、生活水平。在基本的民生服务上，通过集体收入为低收入家庭提供就业、养老等生活保障，构建由村民自治、政府财务保障相结合的社会保障制度。

### 8.2.2　呼图壁县××村集体的实践逻辑：功能逻辑

#### 8.2.2.1　生产规模化

在分散的农业生产模式下，尤其是在家庭承包责任制中，我们观察到农民交易行为的变化，即交易对象趋向资本化与专业化。农产品市场的独特现象是，数量较少但购买力强大的中间商与众多小棉农形成对立的交易模式。农村集体经济发展的核心动力是为了追求规模效益，以提升农民在市场交易中的地位，同时兼顾满足中间商的需求。从实际情况来看，村集体的出现恰恰是在某些行业中，这些行业的平均成本曲线呈现下滑的趋势，也就是行业的市场失灵导致村集体的发展。村集体通过集中购买、集体协商等方式，可以有效地减少生产、交易费用，提高村集体经济在市场上的弱势地位。村集体规模化的优势不仅仅在于资源的集中和规模的扩张，更重要的是，它能实现个体难以企及的资源整合和技术革新。具体分析，这种模式至少包含三大核心要素：第一，它促进大型农业生产资料的共享，提高产品创新和附加值，进而让棉农增加收入。第二，借助村集体拓展其市场范围，拓展其影响力，使其部分乃至所有的外部市场交易得以内部化，通过与村集体内部的交易，实现与外界市场的资源和商品的交流，极大地节省了流通费用。第三，村民可以利用村集体极大地减少交易成本，包括为自己的成员收集市场信息、参与市场谈判、解决市场争端等，避免原先分散经营中的"天然"劣势，如缺乏市场信息和议价能力。

呼图壁县××村集体在国家推动高标准农田建设的背景下，积极争取高标准农田建设项目，促进棉农生产规模化，推动农业高质量发展。项目总投资来源于中央、自治区农田建设补贴资金和棉农自筹资金，改建 16 个清灌系统，灌溉面积达 17520 亩，新建沉砂池 8 座、节制分水闸 8 座、管理房 8 座等设施，配备相应的机电设备。高标准农田建设着重于田间基础设施、地力建设和科技支撑工程，包括田网、渠网、路网、电网建设、土地平整、土壤改良、智能化灌溉施肥等内容。智慧灌溉运用新一代信息技术，通过传感器采集数据、大数据分析和人工智能算法，实现精准灌溉控制，提高农田水肥利用效率。村集体鼓励棉农参与土地整治，推动农业生产方式向稳产高产、生态良好、抗灾能力强的方向发展，实现节水、高效、高产、优质协同生产。

### 8.2.2.2　业务产业链化

集体"共建"可以利用农村现有的农业资源，延伸产业链条，实现农业多样化。良好的产业链管理可以让村集体更好地融入以纵向合作为主的农产品供应链环境中，提高村民的盈利能力，降低管理和交易成本，提高市场信誉度和顾客满意度，展现出对市场变化的良好适应。然而，受限于个体经营能力，棉农往往难以与产业链中的强大主体平等竞争，导致收益分配不均。为解决这一问题，村集体创新的"互助—协作"模式，有效减轻棉农的市场交易负担，提高棉农参与市场交易的发言权与决策权，让棉农共享农产品流通领域的红利（何劲和祁春节，2012）。

在呼图壁县××村的改革实践中，村民的主体地位得到充分尊重和强化。首先，通过将外部的推动力与村集体经营性资产深度融合，不仅带动物业租赁、配套服务和观光旅游等新兴业态的发展，还实现乡村生产要素的有序流动与优化配置。其次，由于村集体资产归集体所有，盘活农村闲置资源，盘活村庄闲房闲地等"沉睡资产"，引入社会资本激发村集体经济活力，扩充村集体经济体量和市场容量，进而发展壮大农村集体经济。最后，村集体借力数字技术对农业纵向产业链的生产、经营、管理等全流程的大数据进行开发，推进直播带货等新零售健康发展，积极发展智慧农业、定制农业等"互联网+农业"新业态。

### 8.2.2.3 发展创新化

熊彼特（2019）认为，创新是将以前从未组合过的生产要素和条件引入生产过程中，从而创造出新的生产能力。在村集体体系中，通过签署合作协议或者购买合同，使各个环节都进行专业化的分工，从而达到"专业的事情交给专业的人去做"。与此同时，生产要素如农业生产性服务的内生化，保证农产品在生产流程中的需求时间点之间的联系，从而使大宗商品的购买成本得以控制，避免各主体独立外部交易带来的不确定性。这种方式有助于提高生产效率、降低成本、优化资源配置，从而促进村集体经济的发展和提升创新能力。

呼图壁县××村集体通过举办讲座、技术培训等方式宣传生态价值观和可持续发展理念。一方面，水肥一体化技术能够减少人力和农资的投入，能提升农业生产率，提高作物产量和品质，有利于现代农业的绿色可持续健康发展。另一方面，在开展农资采购活动时，需锁定合适的供应商进行询价。为此，专门的询价团队根据具体的采购需求，在众多合格的供应商中进行筛选，最终挑选出至少三家供应商。该团队将向这些选定的供应商发出询价函，邀请他们提交各自的投标方案，以供比较和选择。这一过程旨在确保采购的公平性和效率，同时也为农资供应链的优化奠定基础。最终由村集体组织农民，按照满足采购需要、同等质量、同等服务、最低报价的方式，对最终成交的化肥企业进行表决，并向接受询问但尚未成交的化肥企业发出通知。在水肥管理环节，化肥厂商提供施肥服务，将配比好的肥料直接堆进泵房，棉农只需要按照自己棉花面积的滴水时长，把混合肥直接倒入农药罐中系统自动进行搅拌，通过滴灌带流出，完成水肥一体化管理。

### 8.2.3　呼图壁县××村集体的实践逻辑：运行逻辑

#### 8.2.3.1　基于"熟人社会"形成的人际关系纽带

中国乡村和村集体是一种"熟人社会"，村民之间通过血缘、友情等方式互相熟悉，这一社会形态对村集体的经济行为产生深远的影响。呼图壁县××村集体在农村生产经营活动中，主要是以本村村民为主；同时，农民还享有村集体提供的服务优先权。基于"亲情"和"熟人"等软约束，村民可以通过"信任""互助"等方式建立起"信任""互利共赢"的合作模式，有效地规避了因"信息不对称"和"不完全契约"带来的问题，为村民提供更多的"监督""品质"等服务。比如，以村为单位进行农业机械作业等，存在赊欠、年终结清的现象；许多乡村的农业机械服务收费多年不变，一直维持在低位。为了能在年末顺利拿到资金，村集体将努力为村民提供高质量的服务，并与村民建立一种稳定的合作关系。

#### 8.2.3.2　基于"风险共担"形成的利益保障机制

要使合作关系稳定，关键是要建立起一套有效的约束与激励机制，使成员之间的利益共享与风险分担。村集体应按照村民的义务及出资比例，制订村集体的章程及收益分配方案，合理地确定村集体的收益分配机制。呼图壁县××村集体经济的改革与创新正以前所未有的速度推进。通过对集体经济与股份合作经营模式的巧妙融合，实现资源的优化配置和产权的明晰量化。这一改革不仅仅是制度和模式的突破，更是对共同富裕理念的深化实践。农村资产的保值与增值，特别是自然资源和基础设施的深入利用与再开发，成为推动农村集体经济转型的重要动力。这种创新的改革策略显著提高所谓的"三变"改革的成效，即通过转变资产运用方式，提升农村经济的活力和增长潜力（张应良等，2019）。同时，将确权后的集体资源资产价值，通过多渠道实现价值化和财富化（贾晋和刘嘉琪，2022），这一切都确保了全体成员能够共享发展成果，助力村集体经济壮大，促进农民农村的共同富裕。此外，针对村集体经济发展中的难题，呼图壁县依托自身资源优势，聚焦产业高端要素的集聚，联动村民共同参与村集体经济发展，激发村民村集体的荣誉感、归属感和责任感，加强村集体成员之间的利益联结。

# 8.3　专业大户农业生产性服务经营主体

呼图壁县 L 专业大户通过与村集体签订合同承包村里 7223 亩土地（整村转包），然后以原价分包给棉农 6000 多亩地，自己种植 1000 多亩地。L 专业大户主营业务包括棉花种植、销售、运输；农业机械服务；农业生产托管服务。L 专业大户拥有大型机械 8 台，L 专业大户年纯收入达百万元，带动周边棉农向采用先进科技和生产手段的方向转变，形成了区域层面上的"羊群效应"。

### 8.3.1　呼图壁县 L 专业大户的形成和发展：基于 SAGP 分析框架的考察

#### 8.3.1.1　性状

（1）客观性状。

要从家庭经营模式的内部分工来解释专业大户的形成。自改革开放以来，农村劳动力逐步流向城镇，为专业大户的规模化经营创造有利条件。这些专业大户拥有与农业乡村高度匹配的各种天然优势，他们可以对乡村的熟人社会进行有效的利用，他们对政策、农业和市场非常了解（经过市场的探索、攀登和奋斗），也拥有相当的资金。可见，浓厚的本土情结、一定的组织管理能力，有利于农业现代化的实现。

（2）局部性状。

在客观性状的影响下，专业大户的局部性状主要表现在某个特定领域实施专业化、商品化生产。其特点具体表现在以下几个方面：首先，专业大户的产品种类少，专业化程度高。其次，具有一定规模的专业大户。以家庭为核心，多户棉农进行联合生产。生产规模比一般的棉农大。最后，专业大户在农村既从事农产品生产又进行经营活动。他们不仅承包农村留守老人的人口地，而且利用丰富的机械设备为其他棉农提供整地播种、植保、收割服务，帮助小规模棉农提高生产效益、实现可持续发展、推动农业现代化。

### 8.3.1.2 行动者

（1）创新者。

专业大户多由当地棉农成长而来，具有乡土社会的内生优势，在规模化、专业化、生产效率等方面相对较高。随着现代社会分工的发展和专业化程度的提高，市场竞争日趋激烈，曹铁毅等（2021）指出，专业大户往往会选择自购农机，并在外部服务中形成资源优势。而"熟人"服务则表现为专业大户可获得周边棉农的信任与支持（胡凌啸等，2019）；与此同时，专业大户还将发挥本地社会的优势，将小农的服务需求进行集成，从而实现规模化经营，并获得一定的服务收益（李洪波等，2022）。

（2）驱动者。

在专业大户发展过程中，除了专业大户本身，外部当地政府部门的支持也是一个重要驱动因素。国家积极扶持专业大户，实施耕地地力补贴、良种补贴、秸秆还田补贴、残膜回收补贴、农机具购置补贴以及经济作物生产相关的产业支持等项目补贴，以促进专业大户在现代农业建设中的核心地位，实现发展与致富同步，将致富融入发展进程，大大激发专业大户的积极性和创造力。此外，政府还提供技术改良支持，改善农业生产条件，提升农业生产效率。

（3）追随者。

专业大户的追随者包括从事农业经营生产的棉农和持有上岗证的农机手。小规模棉农数量众多，资金基础薄弱，风险偏好低，依赖专业大户提供系列生产性服务，以缓解资金短缺、技术不足和劳动力短缺问题，从而提高农业生产效率。农机手是专业大户农业服务的重要组成部分，他们是农机操作的专业人员，负责根据专业大户的安排进行耕种、播种、施肥、喷药等各项农田作业。农机手需要掌握农机操作技能和知识，熟悉各类农机设备的使用和维护方法，确保农机的正常运转和安全性。此外，他们还负责采购新设备、更新和升级旧设备，以提高农机服务的质量和效率。

（4）中继者。

专业大户在农业生产中类似于引领周围棉农进行专业化生产的"领头羊"，利用其影响力和资源为棉农提供专业化服务。作为新兴的生产性服务经营主体，专业大户既是服务需求者，又是服务供应者，其服务内容主要包括农机服务等（杜志雄和刘文霞，2017）。

#### 8.3.1.3 治理

Williamson（2008）认为，实现有效治理的关键在于将交易视为最基本的分析单位，通过将交易还原为（不完全）契约，并对应不同的治理机制。专业大户的交易关系是与棉农的"服务性业务交易"，表现为向从事农业生产经营的农户提供农业生产性服务。与棉农的"服务性业务交易"主要遵循交易成本最低逻辑和效率机制。专业大户根据不同的交易过程中的投资行为，选择不同的治理结构来实现这一目标。这种交易类型主要涉及棉农的生产投入和技术过程，旨在降低生产成本并控制产品质量。比如采购播种机、采棉机等大型农业机械，促进棉农使用机械化的行为。

#### 8.3.1.4 绩效

专业大户取得显著的经济效应和社会效应。首先，专业大户以农户需求为导向，实现与农户"双赢"的服务模式（罗小娟等，2019）。总体来说，专业大户以棉农需求为导向的服务模式需要注重理论与实践相结合，通过不断地创新和改进，实现服务的可持续发展，最终达到棉农与专业大户共同发展、共同繁荣的目标。在生产实践中，专业大户在构建全过程服务时，充分地利用家庭拥有的农业机械和其他资源优势，满足棉农获取农机服务的需要，帮助降低农民找到农机服务目标的成本，提升作为服务提供者的服务供应效率。另外，解决专业大户与棉农之间服务供需主体间信息不对称和不完全性问题的现象，同时，专业大户一般是本村或者本组的服务主体，进一步缩短双方对接距离，降低交易成本，增加棉农收入，提升棉农福利。

其次，专业大户的特别之处在于其有着当地丰富的社会资源积累，熟人服务中的人际交往和信任机制促进了社会关系和经济关系的互补性。小棉农长期处于彼此熟悉的乡土社会中，专业大棉农培育长期、稳定、友好的社会关系，有助于获得亲友邻里的支持与帮助，更好地实现经济互惠的利益诉求。在传统乡村社会，互惠和均衡既是经济交换过程中的基本准则，也是社会关系持续互动的核心动力。互惠意味着双方都能从交换关系中获益，而无论这种获益是过去或现在的，还是长期或短期的。均衡则意味着在付出一定成本后，双方都能够从交换关系中获得彼此认可的相同的回报。小棉农优先选择熟人服务是互惠均衡原则的体现。调查发现，棉农购买熟人服务时通常都是先服务，后结账，大部分专业大户会先给棉农提供服务，到棉花采收、销售以后再统一结算费用，赊账的周期一般是 1年，个别棉农甚至可以拖上两三年才全部结清。而购买外来主体的服务时，则必须现款现结。这是由于不掺杂任何熟人关系的经济交易，交易双方都无法获得互惠收益的未来预期，更不可能诉诸道德伦理以及情感等方面的"制裁"来中断社会交换关系。而在乡土社会中，人们对彼此都是熟悉的，信用、声誉以及重复博弈机制有效约束了双方的行为，从而大大降低了服务合约中事前、事中和事后的交易费用，保证了互惠关系的稳定性，促进了双方福利水平的提升。

最后，专业大户带动周边棉农共同发展、促进当地经济发展、保障农村社会稳定等方面的社会贡献。第一，积极参与到当地的农业产业化发展中，推动优势产业的形成和发展，为促进当地经济发展做出贡献。专业大户在推动现代化农业发展方面扮演着重要角色，其规模化和产业化水平相当高。第二，专业大户大多是中年人。专业大户通过规模经营带来的收入增加，成为农村中的中上等收入人群，他们积极参与村里的公共事务，热心协调村民关系，努力维持着社会的稳定。第三，专业大户在农村社区中扮演着熟人社会中邻里关系的重要角色。专业大户在这样的社会结构中常常扮演着领袖或者是关键支持者的角色，他们不仅为社区提供经济上的帮助，比如提供工作机会、贷款或者是技术支持，同时也在社会和文化活动中发挥着重要作用，比如组织节日庆典、解决邻里纠纷等。

### 8.3.2 呼图壁县 L 专业大户的实践逻辑：功能逻辑

#### 8.3.2.1 生产专业化

专业大户通过专业化的农业生产，充分利用各类生产性资源，获得规模经济效益，实现市场交易地位的改善。具体而言，专业大户的专业化生产提高农产品的市场营销规模和商品率。在呼图壁县 L 专业大户的发展过程中，专业大户最明显的特征是专用性资产投资大，需要一定规模的耕地要素来匹配其服务能力，即吸收棉农以承包地入股实现农机作业服务的"内化"与规模化。专业大户与村集体签订合同承包村里所有土地（整村转包），然后以原价分包给棉农，专业大户要求分包棉农使用自己的农机为他们提供服务，实现农机捆绑服务。专业大户在为其他农民提供农机服务的同时，还能为他们带来额外的收益，缩短农机的投资回收期，解决农机利用率低的问题，而且有利于小规模棉农对于农机服务的可得性、及时性、便利性，交易双方的福利效应显著提升。

#### 8.3.2.2 示范引导

示范引导是推动生产性服务经营主体规模化发展，并在区域尺度上产生"羊群效应"的主要因素。生产性服务经营主体对小规模棉农具有示范作用，能够引导小规模棉农接受先进技术和生产方法，提升农业生产的集约化程度。呼图壁县 L 专业大户实践过程中的示范引领表现在以下三方面：①技术示范：专业大户向小规模棉农展示先进的农业技术和科学的农业管理方法。通过实地指导、现场示范和示范田的建设，棉农能够亲身了解并学习农业最佳实践。这不仅提高了棉农的技术水平，也提升农业生产效益。②经济效益示范：专业大户通过示范效应将先进的农业经营模式和管理方法传递给小规模棉农。棉农从中了解到实施高效农业生产的潜力和经济效益。这能激发棉农的积极性，促使他们采用更合理的经营方式，提高农业收入和生计保障。③环境友好示范：专业大户还可以在环境保护方面对小规模棉农起到示范效果。通过推广和示范采用环境友好的农业技术和生产方式，如有机农业、水资源管理和土壤保护等，棉农可以了解到如何在农业生产中保护环境、降低农业对生态系统的影响。这有助于实现可持续农业发展，保护农村生态环境。总而言之，专业大户的示范效应对小规模棉农具有积极作用。通过技术示范、经济效益示范和环境友好示范，专业大户可以帮助小规模棉农提高生产效益、实现可持续发展，并在农村地区推动农业现代化和农民收入增长。

### 8.3.3　呼图壁县 L 专业大户的实践逻辑：运行逻辑

#### 8.3.3.1　基于"熟人社会"形成的人际关系纽带

熟人圈子形成的"信任"关系成为农户与专业大户结成合作的基础。专业大户相比其他生产性服务经营主体的经营形式相对灵活，在乡土社会中具有更强的熟人优势。熟人社会是小农户经济行动的边界，小农户购买服务的活动是一种经济交换关系，更是一种社会交换关系。小农户优先购买本村、本组的熟人服务，其目的在于维护社会交换关系的均衡，是小农户基于长远考虑所做出的理性决策。从合作的广度来看，农户通过购买熟人的服务，使纯粹的经济交换关系向社会交换关系扩展，包括农业生产、生活等诸多方面的合作与互助行为，掺杂了社会性、道德性以及个人感情等成分。正如被访农户所说，"在农村干农活缺不了青壮年男劳动力，但是现在农村外出打工的多，家里大多是老人、孩子、妇女留守，所以拜托邻里帮忙是常有的事，比如说照顾老人、接送小孩、农忙时候互帮互助，盖房子"。与其他服务相比，熟人服务具有特殊性。其特殊之处在于经济活动在熟人社会中发生，农户除了要完成农业生产性服务的经济交易还要处理难以剥离的、复杂的社会关系。因此，购买服务往往就被赋予了关系、人情、面子等一些符号性意义。选择"外面的"服务或无故更换熟人的服务，常常被街坊邻里隐含地解读为拒绝维持良好的人际关系从而导致社会交往关系的失衡。正如一位被访农户所说，"让谁给你耕田，可不是那么简单的事。如果你用了外人的耕整机，就是驳了熟人的面子，脸上过不去，哪怕以往经常用这个人，突然今年换了另一个人，你都需要有一个说得过去的理由"。综上所述，与"外面的"服务相比，本土的熟人服务有占先优势，农户购买熟人服务（专业大户）的本质是社会交换。

### 8.3.3.2　基于"收益捆绑"形成的利益联结机制

在构建利益联结机制的过程中，要充分发挥其服务职能。专业大户最明显的特征是专用性资产投资大，需要一定规模的耕地要素来匹配其服务能力，即吸收棉农以承包地入股实现农机作业服务的"内化"与规模化。呼图壁县 L 专业大户在农业生产环节中，通过与村集体签订合同承包村里的所有土地（整村转包），然后以原价分包给周边棉农，专业大户要求分包棉农使用自己的农机进行农业生产，实现农机捆绑服务。在整地播种环节，专业大户优先给分包户提供农机服务，保障其获取农机服务的可得性和及时性。在棉花采收环节，方案一是专业大户组织分包户联合销售棉花，先是由几个代表棉农去和轧花厂谈判棉花售价，若是价格不满意，再由专业大户亲自出面和轧花厂进行谈判，专业大户在谈判过程中，棉农代表会伴随左右。其原因为联合销售棉花相比于自己单独销售可以获得更高的价格，比平均市场售价高出 0.2~0.3 元/千克；而且，专业大户让分包户参与销售谈判原因是让棉农知道自己销售棉花没有从中吃差价，把获得的福利完全返还棉农，让棉农更信任他，维持长久的合作共赢关系。方案二是棉花快采收时，专业大户同时向多个轧花厂询价，询价时专业大户会带部分样品给轧花厂检验，确定棉花售价后，专业大户会和轧花厂签订销售合同，规定棉花品质和具体售价。然后，专业大户去其他棉农家里验收棉花质量，符合采收标准的棉花由专业大户统一采摘，统一销售棉花。实际调研中也发现，专业大户为追求自身利益并不会故意降低服务质量，棉农对其作业质量、收费情况、服务态度的满意程度较高。

# 8.4　合作社农业生产性服务经营主体

沙湾市位于天山北麓经济走廊的中心地带，是新疆最大的特色产业，也是新疆最大的棉花主产区，更是自治区棉花供给侧结构性改革试点县。沙湾市的主要经济作物是棉花，常年保持着 150 万亩的规模。2021 年，沙湾全县棉花播种面积达 176.03 万亩，占全区播种面积的 69%，机采率为 97%，平均籽棉产量为 365 千克，总产量为 26.89 万吨。农牧民的人均纯收入主要来源于棉花种植，其中棉花的收入约占总收入的 51%。

### 8.4.1　沙湾 NKJY 合作社的形成和发展：基于 SAGP 分析框架的考察

#### 8.4.1.1　性状

（1）客观性状。

以沙湾 NKJY 合作社为例，其客观特征主要包含棉花产业特征、农业产业转型情况、生态环境保护情况等，并基本规定了行动者在局部性状中的行动选择集合。

各类研究都表明，棉花行业是高度风险的行业，具体体现在市场风险、资本风险和经营风险等方面（傅琳琳等，2016）。因此，如何增强棉农的风险抵御能力、提升棉花品质以及提高整个供应链的效率，成为迫切需要解决的关键问题。棉花产业的高风险特性决定棉农主要关注降低风险，而农业产业结构的转变和生态环境的变化又决定合作社的服务模式、发展趋势以及可能的发展方向。

（2）局部性状。

受客体特征的影响与制约，NKJY 合作社的局部性状主要涵盖规模经济、服务功能拓展以及熟人社会等。NKJY 合作社实行"六统一"的种植模式，实行统一的生产、经营和管理，是一种新型的农业生产方式。

NKJY 合作社历来具有鲜明的熟人社会特征（陈耀辉，2009）。通过有效的交流、价值观的认同、合作社的规章制度等方式，建立起相互间的信任和承诺，并用法定的、公认的行为准则对其进行诠释和约束。在这种文化场与"地方知识"的共同作用下，熟人频繁的交易以及其他间接的治理方式，可以减少合作组织的治理费用。

### 8.4.1.2 行动者

（1）创新者。

理事长领衔的 NKJY 合作社创新团队，由最初的十几位精英（主要为理事会和监事会成员）逐步壮大至目前超过 60 人的规模。其核心成员群体不仅包括理事会和监事会的成员，还融入了众多积极参与合作社产业投资项目的社员。目前，在合作社理事长的领导下，该合作社每年在沙湾市经营范围 120 万亩，占全县耕地总面积的 52.2%，无论是在农业机械设备的数量上还是在服务规模上，都走在全疆乃至全国的前列。

（2）驱动者。

在合作社的发展过程中，除了前面提到的合作社的主要成员团体，还包括地方政府机构。自 2022 年 8 月以来，沙湾市委、市政府统筹协调相关部门，帮助合作社调配、协调机车作业、物资保供等工作，保障合作社农机正常采收作业。2022 年 12 月，当地政府通过项目扶持，为合作社落实在用地、税收、贷款等方面的优惠政策，合作社获得国家 25 万元的建机库补贴，同时，银行又发放一部分贷款资金，助推合作社快速发展。2023 年，针对合作社的发展需求，政府职能部门主动沟通对接，解读产业政策，为合作社提供贴息贷款，进行中长期贷款 800 万元，且落实农机购置补贴。

（3）追随者。

在合作社成长过程中，有两种追随者：一种是商业型追随者，另一种是投资型追随者。以商业为基础的成员，主要是小规模生产的成员，以及部分农业相关的农业产品提供商和技术服务人员。而以投资型为主的跟随者虽然能在经营决策中发挥作用，却无法涉足技术决策的核心领域，此机制既保护技术独立性，又有效降低项目运营的风险，为农业投资的稳定性和持续性提供了坚实保障。

（4）中继者。

合作社的中继者包括理事长、相关政府代表以及执行理事等关键成员。其中，理事长担纲着双重身份，既是市场环节的桥梁，又是政策环节的纽带，发挥着至关重要的作用。在这个角色中，理事长不仅促进市场信息的流通，也确保政策的有效传达和实施，成为合作社顺畅运作的不可或缺的力量。多年来，理事长一直致力于农业的发展，对市场机遇的敏锐捕捉和精深的种植管理技巧。同时，由于合作社的管理人员和政府的密切联系，获得一定的税收减免和优惠。在建立合作社之后，理事长扮演着重要的决策中枢，为合作社的发展提供重要的资源，减少政策风险。而有关的政府官员则起到合法性接力的作用。在地方政府的接触与推动下，该合作社被自治区委托，开展残膜回收设备改造与作业补贴试点工程。

### 8.4.1.3　治理

"三重交易"结构是我国合作社发展中的一种重要的经济组织形式。第一，与社员的"服务性业务交易"，主要是对合作社成员进行品种选择、技术指导和收获等方面的服务；第二，与社员的"投资性业务交易"，具体是指将土地入股给棉花生产的成员，将其作为分红给不参加农业生产的成员（社会资本者），只进行投资经营相关项目；第三，与政府的"合法性交易"，具体是指合作社在政府的监管下，以及在行业治理的协作中，能促进合作社有序生产。

根据"服务性业务交易"和"投资业务交易"两类，村集体根据不同的交易特征，从而选择匹配不同的治理结构。"服务性业务交易"旨在使合作社成员之间的生产投入与技术流程相结合的"服务性业务交易"，从而减少生产费用，改善产品的品质。比如把以前的网箱采棉机今年全部准备淘汰，用CP600打包采棉机，共购置50台残膜回收机等专用性技术培训投入等。与之不同"投资性业务交易"则以市场拓展，产业链延伸，资金追逐利润为目的，满足合作社的需求。此外，为避免在投资中出现集体行动的困境，提出"核心成员民主决策机制"。合作社在资金需求仍存在不足时，引入社会资本进行共同投资，其对应的共同投资机制仅对其进行出资、分红权，而不能直接参与技术层面的决策。

从"合法性交易"的角度出发，以农业棉业的特点为依据，合作社的发展必然要接受政府的管制。一方面，要通过获得核心资源、提高其合法性来推动合作社的可持续发展；另一方面，国家也有必要借助合作社的力量，实现地方棉产业的协作治理。将政府绩效要求与合作社经济诉求相结合，从而产生明显的"政府主导"关系，其中，合作社扮演着主体角色，而政府则为其提供重要的跨界资源及其他合法性资源。

### 8.4.1.4 绩效

合作社服务收入的双重属性，即"服务成本运作"与"惠顾返还"两种制度安排，促进社员节约成本、提高收入，从而健全利益链接机制。交易成本理论认为，把一定的"剩余索取权"交给社员，让社员的利益总是和组织的利益紧紧地联系在一起，合作社总是通过技术无偿、农资让利、合约奖励和溢价收购等手段，来实现和维护社员之间的利益联系。一是降低农业生产资料购买成本，或向会员无偿或低价提供农业生产资料，以节省成本，使组织获得一定的利益。合作社将残膜收回来加工成颗粒，返还到滴灌带厂或者薄膜厂，给棉农旧膜抵部分新膜或者来年的滴灌带费用由107.82元/亩降低到100元/亩。二是为社员提供资金支持、履约激励和参加会议补助，并给予运营和劳动收入。合作社对相关会员按每0.5元/千克的标准给予补助，年终按收购数量再给予补助。

就沙湾NKJY合作社而言，一是合作社可以利用各种形式的培训、实地考察，向成员提供技术资料、销售价格等方面的信息，并及时解决各种冲突，帮助成员提升自身能力，增加其农业收入。合作社还经常邀请其他省份的农业大学的专家学者来给社员做科普，极大地提升社员的科技服务水平。另外，为支持和扶持社员，将滞销的棉花按市场价收购，解决销售难题，改善社员的生活质量，增加他们的收入。

二是合作社以每个合作社的法人为经理，实行"公司化"的管理体制，严格依照章程进行制度和监督。合作社通过单车核算①，在强化农机操作人员的规范化管理及有效制约下，确保农业机械作业的高品质服务得到维护，合理调控作业成本的支出。合作社对农机作业服务价格进行统一规定，通过合作社按照一定的转换方式将自然亩转化为标准亩。在不同的操作过程中，标准亩的转换系数也是不同的。同时，检查工作单（农业机械操作次数的凭证，操作成本的计算依据）具有直接的监管功能，能够保障农业机械操作服务的质量，并控制操作成本。每次农机手完成工作后，都需向农民或村民出示检验报告。如果农民对工作的质量等不满意，可以不签字，农机手需要进行"重复作业"，从而激发农民的积极性，确保农业机械的"一次性"完成。

### 8.4.2  沙湾 NKJY 合作社的实践逻辑：功能逻辑

#### 8.4.2.1  生产规模化

合作组织发展的一个根本动因是获得规模经济，提高农民在市场上的交易地位。这些组织通过联合采购和集体谈判等策略，有效地降低了生产和交易的成本，从而在市场竞争中提升了自身的地位。此外，合作社所实现的规模经济，不仅是棉农联合扩大生产和经营规模的结果，还包括获取外部规模经济的可能性。具体来说，合作社的外部规模经济至少包含三个核心特点：一是共享大型农业资源和引进前沿生产要素，这是单个棉农难以实现的。二是借助合作社拓展其市场范围，拓展其影响力，使其部分乃至所有的外部市场交易内部化，也就是成员在与合作社进行内部交易的过程中，能够与外界市场进行资源、产品的交流，从而极大地节省流通费用。三是成员可以利用合作社极大地减少交易成本，包括为会员提供市场情报、参与市场谈判、解决市场争端等，避免原有的分散运作模式下的

---

①  单车核算是指仁发合作社对农机手的常年作业面积、用油量、农机维修费用都做了具体的规定，在规定范围外，合作社会对农机手进行相应的奖（惩）。例如，根据国产和进口车的不同，合作社确定了农机修理费，国产车年维修费用机费＝25 元×年作业面积×3%，进口车年维修费用＝机耕费 25 元×年作业面积 2%。

"天然"弱势,如市场信息不足、议价能力低下等。

沙湾 NKJY 合作社采取的策略是集中和扩大其生产规模,实现规模化效益。这种模式有效地整合了生产资料、技术服务、产品销售和保险服务,显著降低了运营成本,同时提升了整体盈利能力。以棉花产业为例,由于高风险和技术需求的特殊性,当地技术服务市场原本是一片空白。然而,合作社通过规模化运作,成功打造专业技术服务团队,极大地减少技术服务费用。同时,在棉花销售环节,合作社利用规模效应,不仅增强了议价能力,也有效减少交易过程中的成本开支。这种创新的做法为当地棉花产业的发展开辟了新的路径,也为合作社赢得了市场竞争优势。

### 8.4.2.2 生产标准化

制定严格的生产规程,强化产品标准化、规模化、高质量的优势。在组织内部,由各成员共同制定出一套"生产规则",并由各成员共同承担,对成员进行监管,违反者将受到处罚。以沙湾 NKJY 合作社为例,按照"生产规则"种植棉花,采用 CP600 打包采棉机进行高效棉花收获,这一先进设备以其卓越的防火特性与安全运输功能赢得广泛的认可。更重要的是,它能够确保收获的棉花纯净度极高,几乎不存在任何杂质和三丝问题,因而成为轧花厂争相采购的优质选择。这种设备的运用,不仅提升作业效率,也极大地提高棉花的质量,为整个产业链带来了显著的经济效益。

### 8.4.2.3 发展创新化

在市场经济中,由于农业部门的内部分工越来越深,各部门之间的联系与配合也越来越密切。在韩××的积极倡导下,他与4户热心的本地农民携手合作,共同集资 850 万元,得益于国家和省级政府逾 1200 万元的农机具购买补贴,成功成立沙湾 NKJY 合作社。作为大家一致推选的理事长,他引领合作社从规模较小的初创阶段稳步发展至强大主体。在他的智慧领导下,沙湾合作社不仅自主创办企业,还与其他单位联合创办,踏上以合作社为核心的产业化联合发展之路。借助集体合作的力量,实现成员企业收入增加与合作社效益提升的双重目标。沙湾 NKJY 合作社根据市场需求，为棉农提供春播到秋收"一条龙"服务。沙湾 NKJY 合作社也将以"良种""农肥""农药""植物保护"四大基地为长期发展的保证，主动进行自主的科技研发，与有实力的大种子企业进行合作，完成品种的研发、试验、扩繁，保证优秀品种的推广和应用；与国际知名化肥企业进行合作，对化肥进行全程追踪，实施土壤测量，精确施药。

### 8.4.3　沙湾 NKJY 合作社的实践逻辑：运行逻辑

#### 8.4.3.1　基于"组织创新"形成的组织联结机制

基于合作社角度，组织创新是指组织为减少交易费用，稳定市场，提高市场地位，保证长期利益而做出的一种行为选择。农业中介机构是农产品生产过程中的核心主体，它将农产品生产过程中的供需双方有机地联结起来，有助于强化监管主体履约行为，减少交易费用，缓解市场失效。在实际操作中，沙湾 NKJY 合作社通过中介机构将其服务对象扩大致包括合作社、经纪人和村民委员会三方。例如，参加跨区机收的农机户、农产品运销企业等，农机操作者和农产品销售商往往率先在乡村地带寻找中介人。他们依据作业量或购买量，向这些中介支付约定佣金。

#### 8.4.3.2　基于"服务叠加"形成的服务联结方式

在农业服务领域，倡导以服务为核心的理念，即通过优质服务的互动与联结，构建起生产性服务经营主体与棉农之间稳定而持久的交易关系。一种是通过与被服务主体之间的紧密联系，通过核心服务叠加支持服务来实现。其典型的表现形式为：以公益性或特惠式的辅助服务为主要经营手段进行推广。如沙湾 NKJY 合作社为棉农提供生产技术推广、培训技术等公益性服务，自建实践基地供棉农参观学习，与涉农服务部门对接，为棉农提供免费测土配方施肥服务，通过以上措施，可以促进农业生产性服务的发展，并吸引更多的服务客户。具体而言，将各环节的服务集成起来，形成系列化、全程化和配套化的服务，以"个性化"的方式减少棉农的选择与监管成本。例如，沙湾 NKJY 合作社通过创建农业生产托管服务与农业服务超市等模式，构建综合性和区域性的农业服务网络。通过这些平台，农民能够便捷地获取所需服务，农业生产者也能精准地对接市场需求，真正实现农业服务的无缝对接。

# 8.5 农业服务公司农业生产性服务经营主体

## 8.5.1 阿克苏 HN 农业服务公司形成和发展：基于 SAGP 分析框架的考察

### 8.5.1.1 性状

（1）客观性状。

阿克苏 HN 农业服务公司的客观性状是其拥有较强的市场能力。目前，大部分农业公司不仅要承担基地的生产管理和市场开拓，还要承担种植、加工、运输、仓储、销售等职能，提高其核心业务的竞争力。因此，农业服务公司是当前重要的生产性服务经营主体之一，也是提供农业生产性服务不可或缺的力量，从而基本规定了行动者在局部性状中的行动选择集合。

（2）局部性状。

在客观性状的影响和规定下，阿克苏 HN 农业服务公司拥有多种优势的服务资源。阿克苏 HN 农业服务公司为切实地为棉农供给一体化服务，根据农业产业链的复杂性总结出农业产业链经营的"点""线""面"模式，将重点放在加工、农机作业、销售、农业金融和农资提供等服务上，构建了一个全方位、多层次的服务体系。这种集成化服务模式有助于提高生产效率，为合作社成员提供"一站式"的解决方案，提升棉农的福利和收益。

### 8.5.1.2 行动者

（1）创新者。

阿克苏 HN 农业服务公司的创新者是以王理事长为代表的 5 位公司核

心成员群体，他们以其具有的资源禀赋引领农业服务公司发展壮大。2019年 11 月 12 日，由王理事长及核心成员发起并成立阿克苏 HN 农业服务公司，经营范围涵盖农业产前、产中、产后环节的全产业链服务。2020 年，致力于挖掘和发挥整个产业链的协同效应，通过融合各种资源，利用社会网络和资本力量，与广大棉农建立紧密的利益联结。共同迈向互惠互利、创新发展的道路，为棉农提供量身定制、覆盖全面、技术专业的农业生产服务，携手助力农业生产效率与效益的双重提升。

（2）驱动者。

在阿克苏 HN 农业服务公司发展中，驱动者除以上所述的核心会员团体外，还包括地方政府机构。在农村改革中，政府起着主导作用。自2019 年以来，政府支持农业公司开展科研攻关与科技服务。自 2020 年以来，国家不断加大对农业企业金融支持力度，覆盖范围非常全面。一是畅通农业企业融资渠道，既包括银行贷款、发行债券等债务性融资，也包括企业 IPO、产业投资基金等权益性融资。二是针对农业企业存在多元化风险的特征，拓宽农业保险服务领域。三是针对品种权、基因专利以及农业设施、设备的特点，鼓励金融机构开发创新信贷产品对于推动农业服务型企业的发展具有重要意义。

（3）追随者。

阿克苏 HN 农业服务公司发展中的追随者，主要是以业务为主的追随者，既有小规模棉农，也有规模户，还有部分与农业相关的农资提供商和技术服务者。其中，规模户数量较多，规模户资金压力大、劳动力短缺，主要依靠农业服务公司提供的生产技术服务完成自身的农业生产。

（4）中继者。

阿克苏 HN 农业服务公司的理事长、政府要员以及执行理事共同构成与外界交流的"桥梁"。在这个架构中，理事长担纲着举足轻重的角色，他们不仅是市场的联络员，也是政策传达的关键人物。在此基础上，他们携手推动公司发展，确保农业服务在市场和政策层面得到有效衔接与支持。同时，农业服务公司理事长与政府密切合作，取得部分免税及贴息项目权。在设立公司之后，理事长扮演重要的决策中枢，为企业的发展争取到关键性的资源，减少政策风险。而有关的政府官员则起到合法性接力的作用。

### 8.5.1.3 治理

整体来看，在农业服务领域，农业服务公司的交易关系包括"两重交易"结构。第一，与棉农的"服务性业务交易"，具体是指向从事农业生产的棉农提供农业生产资料、技术指导、植保等生产性服务；第二，与政府的"合法性交易"，具体是指农业服务公司在确保农业生产高效的同时，也致力于与政府携手，共同维护产业的健康发展。

从"服务性业务交易"来看，在农业服务领域，阿克苏 HN 公司采取创新的策略，针对资产专用性和交易频次的变化，巧妙地设计多种适配的治理架构。这种方式确保了商业活动的有效性和灵活性，满足了不同交易背景下的具体需求。"服务性业务交易"农业服务公司正聚焦于改进生产要素配置和深化技术革新，以实现棉农生产成本的实质性下降。近年来，农业服务公司逐渐积累忠实顾客棉农，进行大量专用性资产的投入，比如大型农机和农用无人机的投入等，促进农业服务质量的提升，进一步满足了棉农多元化需求。

从"合法性交易"的角度出发，以农业棉业的特点为依据阿克苏 HN 农业服务公司的发展必然要接受政府的管制。一方面，要通过获得核心资源、提高其合法性来推动合作社的可持续发展；另一方面，国家也有必要借助阿克苏 HN 农业服务公司的力量，实现地方棉产业的协作治理。将政府绩效要求与阿克苏 HN 农业服务公司经济诉求相结合，从而产生明显的"政府主导"关系，其中，阿克苏 HN 农业服务公司扮演着主体角色，而政府则为其提供重要的跨界资源及其他合法性资源。

### 8.5.1.4 绩效

阿克苏 HN 农业服务公司的成长为农业现代化发展迈出了新的一步。第一，建立高产示范田，辐射带动周边棉农。在县内各区各选出几千亩地，作为代表托管田。第二，规范流程。保证农业标准化生产的顺利开展，促进农业生产技术水平的提升，提高生产效率、产品质量和经济收益，进而提高棉农总体福利水平。第三，要保证宣传推广工作的开展，充分展现出农业生产性服务的成效。保障投入稳定的情况下大大增加产量，使棉农充分感受到农业生产性服务对农产品提质增效的益处，增加棉农主观福利效应。

阿克苏 HN 农业服务公司供给的农业生产性服务对提升棉农的福利水平具有积极影响。它不仅可以节本增效、降低风险，还能增加农产品的附加值和提供农业生产性化服务。根据实际一对一访谈数据整理，2021 年年底，农业服务领域迎来了革命性的变革。专业的公司仅需两小时便能实施田地的全面深耕、施肥和播种等多项作业，而在传统农业操作中，棉农往往需要投入 3~4 天的时间。同样地，无人机技术的应用也显著提高了效率，两小时内即可为超过 13.333 公顷的棉花田喷洒除草剂，这一工作量若依靠人工，按传统方式打药则至少需要 2~3 天。这些技术的应用大幅缩短了农业生产周期，提升了作业效率，为农业现代化发展开启了新篇章。可见，农业服务公司提高棉农劳动舒适度，规范农业生产标准。截至 2022 年底，托管服务使得棉花出苗率提高 10% 以上，每亩还能节约人工、水肥等费用约 100 元，每亩增产 40~80 千克，增收 500 元左右。实地调研中也发现，棉农对服务公司主体的服务效果总体评价较好，10 分满意率均达 80% 以上，表明高质量的服务主体对棉农福利水平的提升起着积极作用。

### 8.5.2 阿克苏 HN 农业服务公司的实践逻辑：功能逻辑

#### 8.5.2.1 服务规模化

在我国，农业服务企业面临的主要困境之一是棉农的经营规模过于细小，这使得企业组成的运营成本大幅提升，而相应的收益却并不理想。与此同时，有韩国学者提出，基于小农经济的东亚农业模式，并不适合模仿美国的大规模农场经营方式来发展农业服务企业。因此，韩国选择发展综合农协的道路，以此降低组织成本，提升农业效率。在阿克苏市，HN 农业服务公司借助当地平原广阔、基础设施完善以及棉农地块集中的优势，成功打造了规模化的服务模式。这种模式不仅极大提升了公司的服务效率和降低了生产成本，更在市场竞争中赋予了公司显著的优势。通过与农资供应商的直接合作，公司有效减少中间环节，进一步降低生产成本。在此背景下，农机的高效利用成为关键，因为在阿克苏，农机手的高昂日薪和有限的作业时间使得提高单日作业面积变得尤为重要。公司正是通过确保充足的作业面积，使得农机在整个作业期内得到最大化利用，从而显著降低运营成本。这种创新的规模化服务方式，无疑为阿克苏市的农业发展开辟了新的路径。此外，HN 农业服务公司还组织棉农集体采购化肥和农药，并从中收取一定的服务费。令人欣慰的是，即便如此，棉农依然能以低于市场价的价格获得所需农资。这家公司基于规模化经营的服务模式显著提高了作业效率，实现了成本削减，并显著增强了其在激烈市场竞争中的价格谈判实力。这种模式带来的"合作效益"日益显现，为公司、棉农及整个行业创造了共赢的局面。在过去的时间里，阿克苏 HN 农业服务公司已成为农业服务领域的一股新兴力量，为推动我国农业现代化贡献一份力量。

### 8.5.2.2　服务一体化

农业服务公司的服务一体化是指该公司提供多种服务，将不同领域的农业生产性服务整合在一起，形成一个综合的服务体系。具体而言，农业服务公司的服务一体化可以将种植技术和管理、农机具和设备租赁、农产品营销、农机服务等多种服务整合在一起。这种服务模式可以帮助棉农在农业生产过程中获得更全面的支持，提高生产效率和经济收益，进一步提升棉农的福利水平。

阿克苏 HN 农业服务公司采取的策略是服务一体化。在当前的农业市场竞争中，尽管在农机服务领域，农业服务公司并未展现出明显的竞争力，然而，精准高效的专业农机服务对棉农的生产经营具有不可忽视的重要性。为克服这个困难，该公司采取创新的战略：以极具竞争力的低价提供农机服务，以此吸引棉农签订服务合同，从而扩大服务规模。这一策略的核心在于，利用规模经济后续开展农业一体化服务，通过在农资采购和农产品销售等其他环节中获取利润，以弥补农机服务环节的成本。在这种模式下，农业服务公司的最大武器便是其规模效益。公司以低价承诺为先锋，与棉农建立稳固的服务关系，确保了服务规模的稳定增长，进而带动整体效益的提升。尽管农机服务报价常常低于市场平均水平，有时甚至面临亏损，但经过巧妙战略布局，该公司在农业物资和产品销售方面取得了显著的盈利优势。农业机械服务的无缝衔接，对吸引众多棉农、打造规模经济效益至关重要，它是支撑整个业务链条利润增长的关键所在。没有这一低成本的农机服务，公司将失去庞大的棉农网络，公司也难以持续为棉农提供价格优惠的农机服务，从而实现服务的全面与深入。

### 8.5.2.3 服务锁定

在现代农业发展的大背景下，农机服务的规模化提供已经促使众多农业服务公司迈向一体化的服务模式。然而，这种服务虽然有效吸引棉农的注意，即所谓的"引流"，却未能有效锁定他们的长期合作。农业服务公司显然不能仅仅依赖合约来绑定所有服务，尤其是在农业合作领域，合约的履行常常充满挑战。棉农并不受强制与公司签订各类服务合约，他们在选择合作方时拥有自主权。农机服务之所以能够吸引棉农，主要是因为其供应稳定性不足，而农业服务公司恰好能以优惠的价格填补这一空缺。若农业服务公司在这些关键环节无法保持相应的规模，不仅会失去竞争优势，还可能丧失盈利能力，从而影响公司的持续经营。

阿克苏 HN 农业服务公司采取了"一站式"的服务锁定策略，有效应对棉农在农业生产中面临的双重压力。由于棉农耕作规模庞大，他们对农机支持及资金流转的需求尤为迫切。以种植棉花为例，每亩地租金及生产成本高达数千元，涵盖土地、保险、物资和人工等多方面开支。据统计，种植 300 亩棉花一年至少需要 70 万元的投入。面对如此庞大的资金压力，棉农通常难以一次性筹集到购买必需农资的资金。此时，阿克苏 HN 农业服务公司的赊账及信用担保服务就显得尤为关键，极大地缓解了棉农的流动资金压力和信用难题。通过这种服务模式，棉农可以在无须立即支付的情况下获得所需农资，确保农业生产的连续性。等到棉花收获并完成销售后，棉农再偿还所欠款项，实现生产与资金流的良性循环。

### 8.5.3 阿克苏 HN 农业服务公司的实践逻辑：运行逻辑

#### 8.5.3.1 基于"利益共享"形成的利益联结机制

建立稳定合理的利益联结机制是充分发挥不同主体比较优势，保证组织稳定并可持续运行的关键。在我国农业发展的新阶段，棉农对农业生产性服务的需求日益多元化和专业化，他们追求的不仅是服务的规模，而是服务的品质。因此，棉农往往倾向于与专业服务户、农民合作社以及专业服务公司等高效生产性服务经营主体合作，以经济理性的眼光挑选合作伙伴。在这一过程中，以往基于熟悉关系的约束力量逐渐退居次要位置。此时，市场经济的激励机制显得尤为重要，它在很大程度上决定生产性服务经营主体的行为模式，显著改善服务合同的完整性，助力棉农与各类服务主体之间借助市场化的方式，形成更为紧密且有效的合作模式。以阿克苏 HN 农业服务公司为例，其与新型农业经营主体的成功联结，不仅巩固双方的服务关系，提升效率，还共同打造利益共享的联盟，从而进一步促进双方长期稳定的合作关系。如在生产服务环节，棉农按照合同协议要求进行规范化生产，阿克苏 HN 农业服务公司坚守合同精神，致力于为棉农提供精细化的农业服务。该公司采取多元化策略，包括以高于市场平均水平的收购价格、提供优惠的农资和服务价格，以及实施利润回馈政策，旨在减轻棉农的生产负担，有效提升棉农的经济效益。

#### 8.5.3.2 基于"产业融合"形成的产业联结方式

随着农业产业链的不断完善与扩张，农业生产性服务也在逐步深化与拓展，涵盖一系列传统服务如农机操作、农资分发、农产品储存运输、农业技术推广，同时也涉及金融支持、品牌建设、科研创新等高端领域。这种服务模式有效地将服务主体融入企业与棉农的合作之中，不仅加强了双方的联系，也使得农业产业链的各个环节紧密相连，成为促进产业链和价值链整合提升的关键驱动力。以阿克苏 HN 农业服务公司为例，首先，农业服务公司向棉农提供前沿的农业技术和科学管理的咨询服务，帮助棉农改进农业生产技术、提高产量和质量。这有利于提升第一产业发展水平，增加农产品附加值，为二三产业的融合提供坚实基础。其次，农产品深加工是农业产业链延伸的重要环节，可以增加农产品的附加值。农业服务公司帮助棉农进行农产品深加工，提高农产品的市场竞争力。最后，农业观光和农村旅游是农业与三次产业结合的重要方式之一。农业服务公司协助棉农通过规划、设计和运营农业观光项目，将农业资源转化为旅游资源，拓展农产品的附加值。这不仅为棉农提供了多样化的收入来源，也为农村一二三产业融合提供新的发展机遇。此外，农业服务公司还可以促成棉农与供应链企业的合作，构建起稳定的供应链体系，促进农产品的流通和市场开拓。通过以上方式，农业服务公司加快农村一二三产业的深度融合，促进产业链的延伸和质量升级，推动农业生产性服务业发展，进而促使农村经济的提升和可持续发展。

# 8.6　案例启示

在本章中，深入探讨 SAGP 分析框架下生产性服务经营主体的行为模式与成长历程。研究着重于村集体、专业大户、合作社和农业服务公司等不同类型的服务主体，揭示它们的形成与发展深受产区特性和宏观因素的共同制约。在这一过程中，各主体通过创新者、驱动者等多重角色的策略性行为，成功地将潜在的制度利益转化为实际的收益。此外，行动者、治理机制与治理绩效之间的动态互动，为生产性服务经营主体构建内外均衡发展的复杂结构网络，包括制度、利益、权力和合法性等多个层面。本章进一步阐释了不同生产性服务经营主体实践逻辑的两大核心：功能性与运行性，展现它们如何在不断变化的农业服务领域持续演进和适应。经过深入分析，本章成果在同行间服务主体中具有广泛的适用性。然而，针对不同行业服务主体的形成与发展过程，我们仍需依托具体实例进行深入的案例探讨与分析。据此，在可预见的未来，结合各类实际案例，将有助于丰富我们对异业服务主体发展机制的理解，进一步推动理论与实践的深度融合。

# 第9章　研究结论与政策建议

本书已在前文深入探讨了棉农在农业服务选择上的行为模式，并从交易成本的角度进行系统的理论与实证分析。基于上述分析成果，本章重点概括研究的关键发现，据此提出一系列具有针对性的政策指导建议，为未来深化该领域研究提供坚实的理论基础，同时也为农业服务领域的政策制定者和从业者指明方向，推动农业服务体系的优化升级，以期在未来的实践中，能够更好地服务于棉农，降低交易成本，促进农业的持续健康发展。

## 9.1　研究结论

本书以交易成本理论、棉农行为理论、福利经济学等理论为基础，基于1258份新疆维吾尔自治区棉农的调研数据，采用量化与质化相结合的研究方法，深入探讨交易成本如何作用于棉农在生产性服务经营主体选择上的行为过程，揭示交易成本在棉农行为中的关键作用及其影响机制，得到以下结论：

第一，交易特性对棉农生产性服务经营主体选择行为具有显著影响。具体而言，资产专用性、风险性、规模性显著影响棉农整地播种、水肥管理、棉花采收环节选择生产性服务经营主体，但在不同生产环节影响棉农选择生产性服务经营主体的行为呈现异质性特征；表明农业生产环节属性决定了交易成本对棉农主体选择的行为。同时，棉农生产性服务经营主体选择的行为受到服务柔性调节。

第二，交易特性中的风险性以及交易过程中涉及的信息费用、谈判费用、执行费用显著影响棉农选择生产性服务经营主体的行为差异及程度。一是棉农选择主体行为差异受交易特性各指标、交易过程中产生的交易费用各指标的影响不一：自然风险显著正向影响棉农整地播种、水肥管理、棉花采收环节选择合作社；交易风险显著正向影响棉农整地播种、棉花采收环节选择合作社、村集体；信息费用、谈判费用和执行费用显著正向影响棉农整地播种环节选择农业服务公司，但显著负向影响棉农水肥管理环节选择农业服务公司；信息费用、谈判费用和执行费用显著正向影响棉农棉花采收环节选择村集体，但显著负向影响棉农棉花采收环节选择专业大户，表明交易成本对棉农不同生产环节主体选择的影响有显著差异。二是棉农选择主体行为差异程度受交易特性各指标、交易过程中产生的交易费用各指标的影响不一：自然风险显著负向影响棉农采购家庭农场、农业服务公司、专业大户的服务环节数；交易风险显著负向影响棉农采购合作社和专业大户的服务环节数；信息费用显著负向影响棉农采购家庭农场、龙头企业和村集体的服务环节数，显著正向影响棉农采购专业大户的服务环节数；谈判费用显著负向影响棉农采购合作社、龙头企业、农业服务公司和村集体的服务环节数，显著正向影响棉农选择专业大户的服务环节数；执行费用显著正向影响棉农采购合作社、龙头企业、农业服务公司和村集体的服务环节数，研究发现，交易成本对棉农采购服务环节数均有显著影响。三是不同规模棉农选择主体行为差异受交易特性各指标、交易过程中产生的交易费用各指标的影响不一：自然风险显著影响小规模棉农整地播种、水肥管理、棉花采收环节选择家庭农场、合作社、龙头企业，而显著影响中规模棉农整地播种环节选择专业大户、农业服务公司、村集体；交易风险显著影响大规模棉农整地播种环节选择家庭农场、合作社、龙头企业，显著影响中规模棉农水肥管理环节选择家庭农场、合作社、龙头企业，显著影响小规模和大规模棉农在棉花采收环节选择家庭农场、合作社、龙头企业，说明当棉农面临交易风险不确定性时，棉农更偏好于选择服务标准、服务及时、服务效果好的经营性服务主体。信息费用、谈判费用和执行费用显著影响大规模棉农整地播种环节选择家庭农场、合作社、龙头企业；信息费用、谈判费用和执行费用显著影响中规模和大规模棉农水肥管理环节选择专业大户、农业服务公司、村集体；信息费用显著影响中规模棉农棉花采收环节选择专业大户、农业服务公司、村集体，研究发现，在农业经济活动中，交易成本的变动对不同规模的棉农在决定生产环节合作伙伴时，扮演至关重要的角色。这表明在农业产业发展过程中，应当重视对交易成本的控制与优化，以便更好地促进棉农生产环节的协同发展，实现农业生产的现代化和规模化。四是不同规模棉农选择主体行为差异程度受交易特性各指标、交易过程中产生交易费用各指标的影响不一：风险性显著影响中规模棉农采购服务环节数。谈判费用显著影响小规模棉农采购服务环节数；执行费用显著影响大规模棉农采购服务环节数。研究发现，交易成本对棉农主体选择行为的影响中，服务集聚扮演着重要的调节角色。

第三，生产性服务经营主体显著提升棉农的福利效应。首先，生产性服务经营主体能够改善棉农福利，对棉农家庭收入和舒适度有正向处理效应。其次，农业生产性服务经营主体在提升棉农选择行为的福利方面扮演关键角色，但其福利效应因主体类型而异，选择公益性服务主体的棉农对家庭纯收入的处理效应更高。最后，棉农的劳动力、资本和土地要素显著影响其选择生产性服务经营主体行为的福利。

第四，农业生产性服务经营主体的福利效应呈异质性特征。村集体、专业大户、合作社和农业服务公司在推动棉农福利效应路径分析中扮演着关键角色，引导棉农由被动接受逐渐转变为主动接受服务，实现多元主体共同受益。通过 SAGP 模型，详细揭示了不同农业生产性服务经营主体发展的功能逻辑和运行逻辑，进而在不同程度上推动棉农增产和增收，促进农业生产性服务体系的建设和发展。

# 9.2　政策建议

本书围绕农业生产性服务经营主体发展机理的规范分析与实证分析进行结合，并将定量实证分析与定性比较分析有机结合。不仅重视理论架构分析，还注重对福利效应实现路径进行因素组合探讨，逐步明晰交易成本对棉农服务主体选择行为及差异的影响，探析棉农生产性服务经营主体选择行为的福利效应，最后运用定性比较分析法弥补计量经济学分析的缺憾，验证生产性服务经营主体对提高棉农福利效应的具体路径。基于本书的总体研究思路，主要研究结论如下：

第一，规范农业生产环节服务市场，促进农业生产性服务发展。

研究发现，尽管农户在选择农业服务方面已很普遍，但服务市场发展缺乏规范，价格参差不齐，且大多数从业人员缺乏较为专业的技术培训。因此，政府应采取行动，从两个关键角度入手，以促进农业生产性服务的健康发展。一方面，必须加强农业生产性服务经营主体从业人员的技术培训，为新入行或技术较弱的人员提供基础知识培训，推动服务行业提升专业水平和服务质量，促进农业生产性服务业的发展和提升。制定各服务主体的环节服务价格定价标准并进行监督，防止欺行霸市和恶性竞争。规范农业生产环节的服务标准，确保农产品质量、安全和环保符合市场需求，提升农产品质量和安全性，增强农民和消费者信心，促进农业可持续发展。

另一方面，虽然我国农业生产性服务经营主体的服务范围不断扩大，但与小农户的联系仍不够紧密，供给越位、错位现象严重，难以满足农户需求。建立服务机构网络。建立覆盖各个农业生产环节的服务机构网络，包括农业技术推广机构、农业合作社、农民专业合作社、农业科技示范园等，这些服务机构透过培训与技术指导，协助农户了解与采用现代农业技术。加强农业生产性服务供给。生产性服务经营主体通过提供生产性、技术性、市场性和金融性服务，帮助小农户提高棉花种植能力，包括精细经营管理、技术指导、市场对接和金融支持等方面的服务。

第二，优化风险保障体系，有助于降低农户在农业生产过程中面临的风险。

依据最新研究，农户在挑选生产性服务经营主体时，自然风险和交易风险成为关键因素。为防范农业风险，需阻断风险的扩散，有效减少损失，防止风险蔓延。在此基础上，着力优化风险保障体系，有助于降低农户在农业生产过程中面临的风险。一是建立完备的农业保险制度，为农户提供自然灾害、疫病、病虫害等风险保障。针对自然风险的不可控因素，农业生产性服务经营主体可与保险机构合作，在第三方平台上建立健全的农业保险监督机制，有效管控和分散风险，加强风险监督与约束。政府也可提供补贴及风险补偿机制，降低农户购买农业保险的成本并及时支付赔款，以确保农户及时恢复生产。二是在农业生产领域，构建以人际关系网络为纽带的农业服务中介显得尤为重要。通过农业服务中介专业的指导，帮助农户订立公平规范的服务合同，增强农户与生产性服务经营主体之间的信任度，帮助小农户更好地融入现代化的农业生产，促进其提升对生产性服务经营主体的认识和选择。三是政府在整体规划协调中起着关键作用，提供天气预警、病虫害防控、市场价格等信息，促进农业生产性服务经营主体之间信息共享、技术合作和全产业循环链的构建，增强其解决农业自然风险和社会经济风险的能力，有效引导棉农生产中的考量，协助制订合理的生产计划和经营策略。

第三，降低交易费用，促进农户与生产性服务经营主体关系的稳定。

首先，针对信息费用，建立农业生产性服务交易平台，扩展农业服务信息覆盖范围，丰富服务获取渠道。我国服务主体存在信息不对称现象，过度依赖"血缘""人缘""地缘"关系寻找服务，导致农业机械过多、无序跨域流动。服务交易平台可在农忙时期发布各服务环节的供求信息，及时提供服务环节、价格、主体等信息，实现服务供求精准匹配。同时，追溯服务主体供求信息和作业质量，减少农户信息不对称，降低信息费用。积极协助农户体验交易平台的便捷高效，为其发展创造良好市场环境，减少农业生产环节交易频率和服务成本。政府在这一过程中扮演"裁判员"角色，特别注重建立服务交易平台协调机制，整合分散的服务主体和渠道，规范主体生产经营行为。

其次，针对谈判费用，政府积极推广正式契约制度，引导农户通过支付定金签订长期契约，鼓励生产性服务经营主体采用分期付款方式。由于跨域作业服务受地理、交通等因素影响，导致交易关系不够牢固，政府有必要针对不同地区特点制定合同内容、服务价格和保障范围，实行正式契约以为双方主体提供法律保障；同时，生产性服务经营主体可考虑采用分期付款方式，从而促进农户与服务主体关系的稳定。

最后，针对执行费用，在我国农业服务领域，随着生产性服务经营主体的日益壮大，通过精确的人员分配和优化服务时间，不断统筹资源，有效降低执行费用的同时，极大提升农业服务的效率。这样的改革不仅提高农业生产力，还有助于构建更加和谐有序的农业发展环境，真正实现在数字化时代下，农户与农业服务之间的无缝对接。由于农作物生产季节性和集中性的特征，高效的服务是影响其与农户建立长期合作关系的关键。因此，要与农户建立紧密的关系，降低农户的执行费用，促进长久的合作关系。

总体而言，引导服务组织合理确定服务价格。为确保农业生产性服务价格合理化，必须深化服务主体的支持力度，确保服务价格的透明与公正，同时加大对农业生产性服务的监管力度，实现生产成本的节约，交易成本的降低，农户效益的提高，最终促进农户与生产性服务经营主体建立长期稳定的合作关系。

第四，提升生产性服务经营主体的服务质量，满足农户多元化需求。

鼓励生产性服务经营主体专注于为小农户和农业生产关键薄弱环节提供服务，探索创新的服务模式、组织形式和利益联结机制，以有效满足农户多样化的服务需求。在我国农业发展的进程中，积极倡导生产性服务经营主体将焦点转向小农户及农业生产的关键薄弱环节。为此，我们应积极探索创新的服务模式、组织形式和利益联结机制，全力提升服务效能，确保能够有效应对农户多元化的服务需求。这也论证了国家将服务功能提高到与生产功能一样地位的实践合理性。

在服务目标上，应将重点从促进服务数量增加转向提高服务质量，并加强农户与服务者之间情感纽带的联系，以提升农户对农业服务主体的认知和忠诚度，从而有效提升双方主体的效益。

在服务理念上，将高品质的品种、前沿技术和精良装备等现代化元素融合进农业生产环节，促进农作物品种的革新和品质的提高，强化品牌影响力及标准化生产的实施，确保农业生产过程的现代化水平得以全面提升。实施"引导式服务"，逐步将行政干预转变为以经营性服务为主，促使服务方式由被动向主动地转变，并持续改进工作方式方法，采取多种有效技术手段，帮助农业服务人员掌握关键技术服务要领，提升风险意识、竞争意识和效益观念。

在服务形式上，鼓励服务组织创新服务模式，着力升级"服务组织+农村集体经济组织+小农户""服务组织+新型经营主体+小农户"等联合模式，逐步拓展从单环节服务到多环节服务，考虑农业生产的生命周期和作业信息的时效性，使经营具有连续性。充分利用农业服务市场中的时空互动潜力，有助于推动农业服务市场交易由单环节向多环节转变。

在服务内容上，引导服务组织积极拓宽服务领域，探索在经济作物产前、产后等领域和环节拓展服务的模式和方法。面对当前农业发展趋势，鼓励相关服务组织在服务内容上进行创新和拓展。他们应着眼于拓宽服务范畴，特别是以产前服务为主，向产中和产后服务延伸。农户可根据农业生产的自身情况"按需点菜"。同时，鼓励发展公益性服务、增值性服务，实现与多元化需求的无缝对接。支持服务主体服务规模经营与土地规模经营的协同联动，提高技术含量，普及规范化、集约化、绿色化的生产方式。

在服务技术上,探索加快推广应用新技术,实现农业生产性服务业的专业化、标准化。根据作业地域的特点,制定统一的服务价格与流程标准,增强公平性与普惠性,减少服务质量差异而引发的纠纷,促进服务市场的公平竞争,保障多方权益。

总体而言,面对农业服务主体市场存在的功能性短板,政府部门需深刻洞察并采取行动。务必以提升市场功能为核心,精心策划并实施有效的规划服务措施,让所有农户都可以简便快捷地成为"按需索取"服务主体,满足农户多元化需求。

第五,加快培育各类农业生产性服务经营主体,充分发挥不同服务主体的作用。

政府应当扮演"服务者"而非"控制者"的角色,注重上下互动,发挥政府与社会主体的各自功能优势,构建多元供给格局,实现"单治"向"共治"的转变。

首先,政府要主导农业服务工作的统筹安排,并设置农业服务专项经费,提高政策支持力度。支持各类服务主体购置农机装备,提高服务的规范化程度和服务效率,让更多小农户受益于农业生产性服务。鼓励公益性农业服务主体发挥中介作用,促进涉农企业、农资经销商和合作社等不同类型农业服务主体的协同发展。例如,政府引导农资经销商向现代综合农资服务商转型,发挥大型企业集团的服务网络优势,提供综合性服务,以满足农户需求,促进服务质量和效率提升。

其次,鼓励不同类型的农业服务主体提供差异化服务。研究显示,农户更倾向于选择政府服务主体提供的服务,而较少选择农业企业和合作组织等市场服务主体的服务,反映出社会公益性与市场驱动的服务主体尚未完全释放其潜力,这也意味着各服务主体的服务供给呈现同质化趋势,无法满足不同农户的个性化需求。因此,需要构建农业服务主体与农户之间的合作"桥梁",激发服务主体提供差异化服务的积极性,促使其转向服务主导逻辑,并提升其在服务业务中的地位。

最后,平衡多元服务主体之间的利益关系至关重要。需要认识到多元组织间并非仅存在竞争关系，而是存在互补关系。不同的服务主体决定组织化过程中不同的联结方式。当前阶段，村集体、农业企业、合作社等服务主体在服务过程中保持独立的生产经营决策权，但又在整个产业链中展开合作，形成利益平衡机制，以确保各方能够获得比独立运营更高的资本收益。

　　总体而言，在我国农业发展的大背景下，必须秉持多样化形式、多元化主体、充分竞争和服务专业化的核心理念，快速催生并壮大各式各样的服务组织，让它们在为不同农户提供精准服务的过程中发挥积极作用。同时，政府应全力支持农村集体经济组织，通过推动农业生产性服务的进步，充分激活其集中统一经营的潜力。此外，我们鼓励农民合作社向其成员提供全方位的生产经营服务，扮演好连接农民与市场的桥梁角色。我们引导龙头企业通过建设生产基地和采用订单方式，为农户提供全方位服务，激发其引领服务的潜能。此外，支持专业服务公司的发展同样重要，利用它们成熟的服务模式、高度的专业化和灵活的运营机制。最终目标是促使各服务主体携手合作，实现服务链条在广度和深度上的全面拓展。

# 参考文献

［1］ Abbott A, Banerji K. Strategic Flexibility and firm Performance: The Case of US Based Transnational Corporations ［J］. Global Journal of Flexible Systems Management, 2003, 4 (1/2): 1-7.

［2］ Alchian A A, Demsetz H. Production, Information Costs, and Economic Organization ［J］. American Economic Review, 1972 (62): 123-150.

［3］ Arrow K J. The Organization of Economic Activity: Issues ［J］. The Analysis and Evaluation of Public Expenditures: The PPB System: Pt, 1969, 1.

［4］ Banga R. Trade in Services: A Review ［J］. Global Economy Journal, 2009, 5 (02): 524-545.

［5］ Barzel Y. Economic Analysis of Property Rights: The Property Rights Model ［J］. Recapitulation, 1997 (02): 117-124.

［6］ Benin, Samuel. Impact of Ghana's Agricultural Mechanization Services Center Program ［J］. Agricultural Economics, 2016, 46 (S1): 103-117.

［7］ Berkhout E D, Schipper R A, Van Keulen H, et al. Heterogeneity in Farmers' Production Decisions and Its Impact on Soil Nutrient Use: Results and Implications from Northern Nigeria ［J］. Agricultural Systems, 2011 (104): 63-74.

［8］ Bowen D E, Schneider B. Services Marketing and Management: Implications for Organizational Behavior [J]. Organizational Behavior, 1988 (02): 133-161.

[9] Brezuleanu S, Brezuleanu C O, Brad I, et al. Performance Assessment in Business of Agricultural Companies using Balanced Scorecard Model [J]. Cercetari Agronomice in Moldova, 2015, 48 (02): 213-230.

[10] Brouthers K D, Brouthers L E. Why Service and Manufacturing Entry Mode Choices Differ: The Influence of Transaction Cost Factors, Risk and Trust [J]. Journal of Management Studies, 2003, 40 (05): 1179-1204.

[11] Brülhart, Marius, Mathys N A. Sectoral Agglomeration Economies in a Panel of European Regions [J]. Social Science Electronic Publishing, 2024 (04): 19.

[12] Buvik A, Andersen O, Gronhaug K. Buyer Control in Domestic and International Supplier-buyer Relationships [J]. European Journal of Marketing, 2014, 48 (3/4): 722-741.

[13] Buvik A, Reve T. Asymmetrical Deployment of Specific Assets and Contractual Safeguarding in Industrial Purchasing Relationships [J]. Journal of Business Research, 2001, 51 (02): 101-113.

[14] Cam C, Sakalli M, Ay P, et al. Validation of the Short Forms of the Incontinence Impact Questionnaire (IIQ-7) and the Urogenital Distress Inventory (UDI-6) in a Turkish Population [J]. Neurourology and Urodynamics: Official Journal of the International Continence Society, 2007, 26 (01): 129-133.

[15] Commons J R. Institutional Economics [J]. Revista de Economia Institucional, 1934 (21): 167-180.

[16] Correa H, Gianesi I G N. Administracao Estrategica de Servicos [J]. Manufacturing Engineering, 1994 (02): 179-204.

[17] Demsetz H. The Cost of Transacting [J]. The Quarterly Journal of Economics, 1968, 82 (01): 33-53.

[18] Duranton G, Puga D, Nursery Cities: Urban Diversity, Process

Innovation, and the Life Cycle of Products [J]. American Economic Review, 2001 (05): 1454-1477.

[19] Feder G, Slade R H, Sundaram A K. Training and Visit Extension System: An Analysis of Operations and Effects [J]. Extension System, 1985 (02): 151-165.

[20] Fishbein M A, Ajzen I. Belief, Attitude, Intention and Behaviour: An Introduction to Theory and Research [J]. Philosophy & Rhetoric, 1975 (02): 145-160.

[21] Gasson R. Goals and Attitudes of Farmers [J]. Journal of Agricultural Economics, 1973 (24): 541-542.

[22] Gedajlovic, Eric, Carney, et al. Markets, Hierarchies, and Families: Toward a Transaction Cost Theory of the Family Firm [J]. Academy of Management Annual Meeting Proceedings, 2010 (02): 1-6.

[23] Ghadiyali T R, Kayasth M M. Contribution of Green Technology in Sustainable Development of Agriculture Sector [J]. Journal of Environmental Research and Development, 2012, 7 (1A): 590-596.

[24] Gillespie B M, Chaboyer W, Longbottom P, et al. The Impact of Organisational and Individual Factors on Team Communication in Surgery: A Qualitative Study [J]. International Journal of Nursing Studies, 2010, 47 (06): 732-741.

[25] Hendrikse G W J, Bijman J. Ownership Structure in Agrifood Chains: The Marketing Cooperative [J]. American Journal of Agricultural Economics, 2002, 84 (01): 104-119.

[26] Hobbs, J. E. Measuring the Importance of Transaction Costs in Cattle Marketing [J]. American Journal of Agricultural Economics, 1997, 79 (04): 1083-1095.

[27] Hrubovcak J, Vasavada U, Aldy J. Green Technologies for a More Sustainable Agriculture [M]. Washington: Agricultural Information Bulletins, 1999.

［28］Jun H E. Can Service Cluster Accelerate the Inflow of Service FDI in China? Based on the Analysis of Eastern Major Cities Panel－Data in China ［J］. Economic Management Journal, 2013（02）: 125-140.

［29］Kahneman D, Tversky A. Kahneman & Tversky（1979）－Prospect Theory－an Analysis of Decision Under Risk ［J］. Econometrica, 1979, 47（02）: 263-292.

［30］Kaliba A R, Featherstone A M, Norman D. A Stall－Feeding Management for Improved Cattle in Semiarid Central Tanzania: Factors Influencing Adoption ［J］. Agricultural Economics, 1997（17）: 133-146.

［31］Kaser M, Vacic A, Osteuropa－Institut München, et al. Reforms in Foreign Economic Relations of Eastern Europe and the Soviet Union: Proceedings of a Symposium Conducted in Association with Osteuropa－Institut, Munich and Südost－Institut, Munich ［J］. United Nations Economic Commission for Europe, 1991（02）: 193-202.

［32］Keeble D, Nachum L. Why Do Business Services Cluster? Small Consultancies, Clustering and Decentralization in London and Southern England ［J］. Transactions of the Institute of British Geographers, 2002, 27（01）: 67-90.

［33］Kidd A D, Lamers J P A, Ficarelli P P, et al. Privatising Agricultural Extension: Caveat Emptor ［J］. Journal of rural Studies, 2000, 16（01）: 95-102.

［34］Kumar A, Dash K M. Using Fuzzy Delphi and Generalized Fuzzy Topsis to Evaluate Technological Service Flexibility Dimensions of Internet Malls ［J］. Global Journal of Flexible Systems Management, 2017, 18（02）: 141-150.

［35］Marshall J N, Damesick P, Wood P. Understanding the Location and Role of Producer Services in the United Kingdom ［J］. Environment and Planning A, 1987, 19（05）: 575-595.

[36] Mega F. Social Solidarity and the Welfare State: The Need for Realignment of Personal Solidarity [J]. Japanese Journal of Social Welfare, 2010, 50 (04): 3-15.

[37] Ménard Claude, Egizio V. New Institutions for Governing the Agri-food Industry [J]. European Review of Agricultural Economics, 2005 (03): 421-440.

[38] Moran P, Ghoshal S. Value Creation by Firms [C] //Academy of Management Proceedings. Briarcliff Manor, NY 10510: Academy of Management, 1996, 1996 (01): 41-45.

[39] Nadkarni S, Narayanan V K. Strategic Schemas, Strategic Flexibility, and Firm Performance: The Moderating Role of Industry Clockspeed [J]. Strategic Management Journal, 2007, 28 (03): 243-270.

[40] Nalukenge, Kibirige I. Impact of Lending Relationships on Transaction Costs Incurred by Financial Intermediaries: Case Study in Central Ohio [J]. Transaction Costs, 2003 (02): 83-95.

[41] Paik Y. The Impact of Strategic Flexibility on Business Performance in the International Business Environment [D]. Washington: University of Washington, 1991.

[42] Pandit N. L. Office, G. A. S & Swann, G. M. P. The Dynamics of Industrial Clustering in British Financial Services [J]. The Service Industries Journal, 2011, 21 (04): 33-61.

[43] Phillips F, Tuladhar S D. Measuring Organizational Flexibility: An Exploration and General Model [J]. Technological Forecasting and Social Change, 2000, 64 (01): 23-38.

[44] Picazo-Tadeo A J, Reig-Martínez E. Outsourcing and Efficiency: The Case of Spanish Citrus Farming [J]. Agricultural Economics, 2006, 35 (02): 213-222.

[45] RAS, E G, M R. Production Cost Efficiency Analysis of Regional

Water Companies in Eastern Indonesia [J]. IOP Conference Series: Earth and Environmental Science, 2021, 724 (01): 173-185.

[46] Rosenbaum, Paul R., and Donald B. Rubin. The central role of the Propensity Score in Observational Studies for Causal Effects [J]. Biometrika, 1983, 70 (1): 41-55.

[47] Scott J H, Jr. A Theory of Optimal Capital Structure [J]. Bell Journal of Economics, 1976, 7 (01): 33-54.

[48] Setiawan A R, Gravitiani E, Rahardjo M. Production Cost Efficiency Analysis of Regional Water Companies in Eastern Indonesia [J]. IOP Conference Series Earth and Environmental Science, 2021, 724 (1): 012012.

[49] Shnyakina Y R. Organizational-economic Mechanism for Management of Regional Service Cluster [J]. Service Cluster, 2015 (02): 123-131.

[50] Takeshima H. Custom-hired Tractor Services and Returns to Scale in Smallholder Agriculture: A Production Function Approach [J]. Agricultural Economics, 2017, 48 (03): 454-477.

[51] Taylor S E, Pham L B, Rivkin I D, et al. Harnessing the Imagination: Mental Simulation, Self-regulation, and Coping [J]. American Psychologist, 1998, 53 (04): 429.

[52] Teller C, Wood S, Floh A. Adaptive Resilience and the Competition between Retail and Service Agglomeration Formats: An International Perspective [J]. Journal of Marketing Management, 2016, 32 (17/18).

[53] Tilman Brück. The Welfare Effects of Farm Household Activity Choices in Post-War Mozambique [J]. Discussion Papers of DIW Berlin, 2004 (02): 133-154.

[54] Udry C. Credit markets in Northern Nigeria: Credit as Insurance in a Ruraleconomy [J]. The World Bank Economic Review, 1990, 4 (03): 251-269.

[55] Umali-Deininger Dina. Public and Private Agricultural Extension:

Partners or Rivals? [J]. World Bank Research Observer, 1997 (02): 2.

[56] Vafadarnikjoo A, Mishra N, Govindan K, et al. Assessment of Consumers' Motivations to Purchase a Remanufactured Product by Applying Fuzzy Delphi Method and Single Valued Neutrosophic Sets [J]. Journal of Cleaner Production, 2018, 196 (pt. 1-862): 230-244.

[57] Vries M D, Bokkers E A M, Schaik G V, et al. Evaluating Results of the Welfare Quality Multi-criteria Evaluation Model for Classification of Dairy Cattle Welfare at the Herd Level [J]. Journal of Dairy Science, 2013, 96 (10): 6264-6273.

[58] Wakaisuka – Isingoma J. Corporate Governance and Performance of Financial Institution [J]. Corporate Ownership and Control, 2018, 16 (1-1): 203-216.

[59] Wang P. Agglomeration in a Linear City with Heterogeneous Households [J]. Regional Science & Uan Economics, 1993, 23 (02): 291-306.

[60] Wang X, Yamauchi F, Huang J. Rising Wages, Mechanization, and the Substitution between Capital and Labor: Evidence from Small Scale Farm System in China [J]. Agricultural Economics, 2016, 47 (03): 309-317.

[61] Williamson O E. Markets and Hierarchies: Analysis and Antitrust Implications: A Study in the Economics of Internal Organization [J]. University of Illinois at Urbana-Champaign's Academy for Entrepreneurial Leadership Historical Research Reference in Entrepreneurship, 1975 (02): 143-170.

[62] Williamson O E. Outsourcing: Transaction Cost Economics and Supply Chain Management [J]. Journal of Supply Chain Management, 2008, 44 (02): 48-60.

[63] Williamson O E. The Economic Institution of Capitalism [J]. China Social Sciences Pu, 1985 (02): 234-240.

[64] Williamson O E. Transaction Cost Economics and Organization Theo-

ry［J］. Industrial and Corporate Change，1993，2（01）：17-67.

［65］Winter-Nelson A，Temu A. Institutional Adjustment and Transaction Costs：Product and Inputs Markets in the Tanzanian Coffee System［J］. 2002，30（04）：561-574.

［66］Wu Y，Duan K，Zhang W. The Impact of Internet Use on Farmers'Land Transfer under the Framework of Transaction Costs［J］. Land，2023，12（10）：146-160.

［67］Xie X，Guo K. How Does Productive Service Agglomeration Promote Manufacturing Servitisation from an Innovation Perspective？［J］. International Review of Financial Analysis，2024（92）：180-190.

［68］Yadav R，Pathak G S. Young Consumers'Intention towards Buying Green Products in a Developing Nation：Extending the Theory of Planned Behavior［J］. Journal of Cleaner Production，2016，135（01）：732-739.

［69］Younghwa K. Development and Characteristics of Social Work and Social Welfare in Korea［J］. Sociology and Anthropology，2013，1（01）：9-25.

［70］Zeithaml V A. Consumer Perceptions of Price，Quality，and Value：A Means-end Model and Synthesis of Evidence［J］. Journal of Marketing，1988（03）：2-22.

［71］埃里克·弗鲁博顿，鲁道夫·芮切特，等. 新制度经济学：一个交易费用分析范式［M］. 上海：上海人民出版社，2006.

［72］蔡荣，马旺林. 治理结构及合约选择：农业企业的货源策略——基于鲁陕两省86家果品企业调查的实证分析［J］. 中国农村经济，2014（01）：25-37.

［73］曹铁毅，周佳宁，邹伟. 规模化经营与农户农机服务选择——基于服务需求与供给的二维视角［J］. 西北农林科技大学学报（社会科学版），2021，21（04）：141-149.

［74］曹峥林，姜松，王钊. 行为能力、交易成本与农户生产环节外包——基于 Logit 回归与 csQCA 的双重验证［J］. 农业技术经济，2017

（03）：64-74.

[75] 陈超，翟乾乾，王莹. 交易成本、生产行为与果农销售渠道模式选择 [J]. 农业现代化研究，2019，40（06）：954-963.

[76] 陈超，黄宏伟. 基于角色分化视角的稻农生产环节外包行为研究——来自江苏省三县（市）的调查 [J]. 经济问题，2012（09）：87-92.

[77] 陈德旭. 新时代我国体育产业高质量发展内涵、困境及策略 [J]. 体育文化导刊，2022（09）：67-73+96.

[78] 陈飞，翟伟娟. 农户行为视角下农地流转诱因及其福利效应研究 [J]. 经济研究，2015，50（10）：163-177.

[79] 陈荣平. "服务柔性致胜方略"之二 服务柔性：顾客视角的服务之道 [J]. 当代经理人，2006（07）：110-111.

[80] 陈思，聂凤英，罗尔呷，曾亿武. 正规借贷、非正规借贷对农户收入的影响——来自中国西部贫困地区的经验证据 [J]. 农业技术经济，2021（05）：35-47.

[81] 陈松，李研，赵李捷. 交易成本对果品产销对接交易模式的影响——基于河北省625户农户数据的实证研究 [J]. 工业技术与职业教育，2022，20（04）：113-118.

[82] 陈耀辉. 从"熟人社会"到"陌生人"社会——访温大法政学院教授、市第九届政协常委张小燕 [J]. 温州瞭望，2009（03）：30-31.

[83] 陈义媛. 农业社会化服务与小农户的组织化：不同服务模式的比较 [J]. 中国农业大学学报（社会科学版），2024，41（01）：48-64.

[84] 陈义媛. 土地托管的实践与组织困境：对农业社会化服务体系构建的思考 [J]. 南京农业大学学报（社会科学版），2017，17（06）：120-130+165-166.

[85] 程丹，翁贞林. 农业分工、农户分化与水稻生产机械化服务——基于江西的实证 [J]. 农学学报，2020，10（10）：91-97.

[86] 程鹏飞，于志伟，李婕，程广华. 农户认知、外部环境与绿色

生产行为研究——基于新疆的调查数据［J］. 干旱区资源与环境，2021，35（01）：29-35.

［87］程永生，张德元，汪侠. 农业社会化服务何以推动绿色发展？——基于农户要素禀赋的调节作用［J/OL］. 中国农业资源与区划：1-14［2024-04-18］.

［88］仇童伟，罗必良. 市场容量、交易密度与农业服务规模决定［J］. 南方经济，2018（05）：32-47.

［89］崔宝玉，程春燕. 农民专业合作社的关系治理与契约治理［J］. 西北农林科技大学学报（社会科学版），2017，17（06）：40-47.

［90］邓宏图，王巍. 农业合约选择：一个比较制度分析［J］. 经济学动态，2015（07）：25-34.

［91］丁存振，肖海峰. 交易特性、农户产业组织模式选择与增收效应：基于多元 Logit 模型和 MTE 模型分析［J］. 南京农业大学学报（社会科学版），2019，19（05）：130-142.

［92］董欢，郭晓鸣. 生产性服务与传统农业：改造抑或延续——基于四川省 501 份农户家庭问卷的实证分析［J］. 经济学家，2014（06）：84-90.

［93］杜志雄，刘文霞. 家庭农场的经营和服务双重主体地位研究：农机服务视角［J］. 理论探讨，2017（02）：78-83.

［94］段培，王礼力，罗剑朝. 种植业技术密集环节外包的个体响应及影响因素研究——以河南和山西 631 户小麦种植户为例［J］. 中国农村经济，2017（08）：29-44.

［95］范慧荣，张晓慧. 交易成本与资本禀赋对农户优质农产品销售渠道选择的影响——基于眉县猕猴桃种植户的调查［J］. 河北农业大学学报（社会科学版），2021，23（02）：52-60.

［96］冯晓龙，刘明月，张崇尚等. 深度贫困地区经济发展与生态环境治理如何协调——来自社区生态服务型经济的实践证据［J］. 农业经济问题，2019（12）：4-14.

［97］傅琳琳，黄祖辉，徐旭初．生猪产业组织体系、交易关系与治理机制——以合作社为考察对象的案例分析与比较［J］．中国畜牧杂志，2016，52（16）：1-9.

［98］高海．农村集体经济组织终止制度的特别性及立法建议［J］．南京农业大学学报（社会科学版），2023，23（06）：102-113.

［99］高洪波．城乡融合视域中的城乡基本公共服务供给与创新——基于新技术变革逻辑［J］．人民论坛·学术前沿，2021（02）：74-83.

［100］高鸣，江帆．回答"谁来种地"之问：系统推进现代农业经营体系建设［J］．中州学刊，2023（12）：45-53.

［101］龚道广．农业社会化服务的一般理论及其对农户选择的应用分析［J］．中国农村观察，2000（06）：25-34+78.

［102］巩慧臻，姜长云．农业生产托管服务：政策支持重点、短板和盲区［J］．农村经济，2023（08）：106-112.

［103］苟茜，邓小翔．交易特性、社员身份与农业合作社合约选择［J］．华南农业大学学报（社会科学版），2019，18（01）：86-98.

［104］关江华，张安录．农地确权背景下土地流转对农户福利的影响［J］．华中农业大学学报（社会科学版），2020（05）：143-150+175.

［105］关艳．我国农村土地流转市场现状调查及对策研究［J］．经济纵横，2011（03）：80-82.

［106］桂石见，钱朝琼．新型农业经营主体与小农户协同发展的现实价值及实践路径［J］．农业经济，2023（08）：67-69.

［107］郭如良，刘子玉，陈江华．农户兼业化、土地细碎化与农机社会化服务——以江西省为例［J］．农业现代化研究，2020，41（01）：135-143.

［108］郭翔宇，姚江南，李桃．农民专业合作社效率测度及其影响因素的组态分析——基于东北三省120家粮食种植合作社的调查数据［J］．农村经济，2023（01）：137-144.

［109］郭晓鸣，温国强．农业社会化服务的发展逻辑、现实阻滞与

优化路径 [J]. 中国农村经济, 2023 (07): 21-35.

[110] 韩峰, 孙沛哲. 生产性服务业集聚与企业创新 [J]. 长沙理工大学学报 (社会科学版), 2023, 38 (04): 42-56.

[111] 郝华勇, 杨梅. 农村产业融合发展带动农民增收: 分析框架与路径对策 [J]. 湖北社会科学, 2023 (08): 78-85.

[112] 郝文强, 王佳璐, 张道林. 抱团发展: 共同富裕视阈下农村集体经济的模式创新——来自浙北桐乡市的经验 [J]. 农业经济问题, 2022 (08): 54-66.

[113] 何劲, 祁春节. 农业投入品价格、人民币汇率波动对我国园艺产品比较优势的影响 [J]. 经济纵横, 2012 (04): 37-40.

[114] 何一鸣, 罗必良. 产业特性、交易费用与经济绩效——来自中国农业的经验证据 (1958～2008 年) [J]. 山西财经大学学报, 2011, 33 (03): 57-62.

[115] 何一鸣, 张苇锟, 罗必良. 农业分工的制度逻辑——来自广东田野调查的验证 [J]. 农村经济, 2020 (07): 1-13.

[116] 何一鸣, 张苇锟, 罗必良. 农业交易特性、组织行为能力与契约形式的匹配——来自 2759 个家庭农户的证据 [J]. 产经评论, 2019, 10 (06): 31-45.

[117] 洪静, 张勇. 服务交锋与银行的柔性服务 [J]. 消费经济, 2005 (03): 34-36.

[118] 侯建昀, 霍学喜. 信息化能促进农户的市场参与吗? ——来自中国苹果主产区的微观证据 [J]. 财经研究, 2017, 43 (01): 134-144.

[119] 胡凌啸, 周应恒, 武舜臣. 农资零售商转型驱动的土地托管模式实现机制研究——基于产业链纵向整合理论的解释 [J]. 中国农村观察, 2019 (02): 49-60.

[120] 胡雯, 严静娴, 陈昭玖. 农户生产环节外包行为及其影响因素分析——基于要素供给视角和 1134 份农户调查数据 [J]. 湖南农业大

学学报（社会科学版），2016，17（04）：8-14.

[121] 胡新艳，许金海，陈文晖．农地确权方式与农户农业服务外包行为——来自 PSM-DID 准实验的证据 [J]．南京农业大学学报（社会科学版），2022，22（01）：128-138.

[122] 胡新艳，张雄，罗必良．服务外包、农业投资及其替代效应——兼论农户是否必然是农业的投资主体 [J]．南方经济，2020（09）：1-12.

[123] 胡新艳，朱文珏，罗必良．产权细分、分工深化与农业服务规模经营 [J]．天津社会科学，2016（04）：93-98.

[124] 胡新艳，朱文珏，罗锦涛．农业规模经营方式创新：从土地逻辑到分工逻辑 [J]．江海学刊，2015（02）：75-82.

[125] 胡轶歆，霍学喜，孔荣．新型农业经营主体培育：政策演变与实践响应 [J]．经济与管理研究，2022，43（08）：94-107.

[126] 胡拥军，朱满德．农村劳动力流转、粮食商品化程度对全国粮食主产区种植户农机使用行为的影响——基于全国 587 户粮农数据的实证分析 [J]．中国经贸导刊，2014（08）：18-22.

[127] 胡友，陈昕，祁春节．互联网使用、农地转入对农户市场参与的影响研究——基于交易成本分类视角 [J]．林业经济，2022，44（01）：76-96.

[128] 胡友，陈昕，祁春节．交易成本框架下互联网使用、土地转入与山区农户市场参与 [J]．经济与管理研究，2023，44（06）：57-76.

[129] 黄季焜，邓衡山，徐志刚．中国农民专业合作经济组织的服务功能及其影响因素 [J]．管理世界，2010（05）：75-81.

[130] 黄少安．"交易费用"范畴研究 [J]．学术月刊，1995（11）：38-44.

[131] 黄炎忠，罗小锋，李容容，张俊飚．农户认知、外部环境与绿色农业生产意愿——基于湖北省 632 个农户调研数据 [J]．长江流域资源与环境，2018，27（03）：680-687.

［132］黄有光．谈效用、福利与快乐——关于"三人对谈录"的一点感想［J］．浙江社会科学，2003（02）：37-39．

［133］黄智君，何海燕，王秀英等．市场风险、合作社社会化服务与农户农产品销售渠道选择的实证分析［J］．林业经济，2022，44（01）：65-75．

［134］黄宗智．略论华北近数百年的小农经济与社会变迁——兼及社会经济史研究方法［J］．中国社会经济史研究，1986（02）：9-15．

［135］黄宗智．明清以来的乡村社会经济变迁：历史、理论与现实（卷二）［M］．北京：法律出版社，2014．

［136］黄祖辉，高钰玲．农民专业合作社服务功能的实现程度及其影响因素［J］．中国农村经济，2012（07）：4-16．

［137］黄祖辉，张静，Kevin Chen．交易费用与农户契约选择——来自浙冀两省15县30个村梨农调查的经验证据［J］．管理世界，2008（09）：76-81．

［138］冀名峰．农业生产性服务业：我国农业现代化历史上的第三次动能［J］．农业经济问题，2018（03）：9-14．

［139］贾晋，刘嘉琪．唤醒沉睡资源：乡村生态资源价值实现机制——基于川西林盘跨案例研究［J］．农业经济问题，2022（11）：131-144．

［140］姜松，曹峥林，刘晗．农业社会化服务对土地适度规模经营影响及比较研究——基于CHIP微观数据的实证［J］．农业技术经济，2016（11）：4-13．

［141］姜松，喻卓．农业价值链金融支持乡村振兴路径研究［J］．农业经济与管理，2019（03）：19-32．

［142］姜长云．关于发展农业生产性服务业的思考［J］．农业经济问题，2016，37（05）：8-15+110．

［143］姜长云．龙头企业的引领和中坚作用不可替代［J］．农业经济与管理，2019（06）：24-27．

[144] 姜长云. 龙头企业与农民合作社、家庭农场发展关系研究 [J]. 社会科学战线, 2018 (02): 58-67.

[145] 姜长云. 农业强国建设的切入点: 加强农业品牌建设和社会化服务 [J]. 改革, 2023 (11): 107-116.

[146] 姜铸, 张永超, 刘妍. 制造企业组织柔性与企业绩效关系研究——以服务化程度为中介变量 [J]. 科技进步与对策, 2014, 31 (14): 80-84.

[147] 蒋永穆, 周宇晗. 农业区域社会化服务供给: 模式、评价与启示 [J]. 学习与探索, 2016 (01): 102-107.

[148] 孔祥智, 穆娜娜. 实现小农户与现代农业发展的有机衔接 [J]. 农村经济, 2018 (02): 1-7.

[149] 李纲, 张铎, 完颜亚茹等. 基于信任度的农资营销社会网络中关键农民选取及应用 [J]. 管理评论, 2021, 33 (09): 155-168.

[150] 李纲, 张凯玲, 李渊博. 破坏性冲突与农资重复购买意向的关系研究 [J]. 华北水利水电大学学报 (社会科学版), 2022, 38 (05): 24-32.

[151] 李虹韦, 钟涨宝. 熟人服务: 小农户农业生产性服务的优先选择 [J]. 西北农林科技大学学报 (社会科学版), 2020, 20 (01): 121-127.

[152] 李洪波, 王洪妮, 闫杰. 农村公共体育服务精准化供给的价值导向与现实路径 [J]. 山西财经大学学报, 2022, 44 (S2): 115-117.

[153] 李惠敏, 郭青霞, 丁一等. 基于 TAM 框架的农户土地流转行为影响因素研究——基于山西省欠发达地区 5307 份农户样本 [J]. 干旱区资源与环境, 2023, 37 (03): 17-24.

[154] 李静, 陈亚坤. 农业公司化是农业现代化必由之路 [J]. 中国农村经济, 2022 (08): 52-69.

[155] 李克乐, 杨宏力. 农业生产外包服务水平能否提高粮食生产?——基于 2011～2020 年省际面板数据的分析 [J]. 经济体制改革,

2022（05）：83-91.

［156］李明贤，刘美伶．社会化服务组织、现代技术采纳和小农户与现代农业衔接［J］．农业经济，2020（10）：12-14.

［157］李娜，冯双生，倪国军．辽宁省家庭农场发展问题及对策研究［J］．农场经济管理，2019（09）：17-20.

［158］李俏，张波．现代化进程中的农业社会化：衍生逻辑与推进对策［J］．西北农林科技大学学报（社会科学版），2013，6（29）：7-13.

［159］李胜旗，徐玟龙．数字鸿沟对家庭风险资产投资的影响［J］．金融与经济，2022（10）：3-15.

［160］李显戈，姜长云．农户对农业生产性服务的需求表达及供给评价——基于 10 省区 1121 个农户的调查［J］．经济研究参考，2015（69）：50-58+100.

［161］李亚朋．交易成本对农产品销售模式选择的影响因素探析［J］．山西农经，2023（04）：15-17+23.

［162］李燕，宋永昕．服务柔性对零售企业经营绩效的影响分析［J］．商业经济研究，2020（14）：122-124.

［163］李颖慧，李敬．改进交易效率的农业生产性服务业发展机理与实证研究［J］．技术经济，2020，39（01）：89-98.

［164］李忠旭，庄健．土地托管对农户家庭经济福利的影响——基于非农就业与农业产出的中介效应［J］．农业技术经济，2021（01）：20-31.

［165］李祖佩．村级治理视域中的农民参与——兼议农村社会治理共同体的实现［J］．求索，2022（06）：131-138.

［166］梁巧，杨奕宸，李建琴．新型蚕桑经营主体发展现状与演进规律［J］．中国蚕业，2023，44（03）：15-22.

［167］梁伟．农业转型的社区实践与驱动逻辑＊——基于湘中鹊山村的经验研究［J］．中国农村经济，2022（11）：2-20.

［168］梁银锋，陈雯婷，谭晶荣．全球化对中国农业生产性服务业的影响［J］．农业技术经济，2018（07）：4-18.

［169］廖文梅，袁若兰，黄华金等．交易成本、资源禀赋差异对农户生产环节外包行为的影响［J］．中国农业资源与区划，2021，42（09）：198-206.

［170］廖西元，申红芳，王志刚．中国特色农业规模经营"三步走"战略——从"生产环节流转"到"经营权流转"再到"承包权流转"［J］．农业经济问题，2011，35（12）：15-22.

［171］林展，彭凯翔．风险规避、交易成本与租佃合约的选择——基于"满铁"调查的分析［J］．中国经济史研究，2022（06）：54-66.

［172］刘斌，冯岭，王飞，等．支持技术创新的专利检索与分析［J］．通信学报，2016，37（03）：79-89.

［173］刘畅，邓铭，苏华清等．家庭农场经营风险测度及其影响因素研究［J］．农业现代化研究，2018，39（05）：770-779.

［174］刘丽，吕杰．新型农业经营主体的制度比较——基于交易费用理论［J］．改革与战略，2015，31（10）：97-100.

［175］刘强，杨万江．农户行为视角下农业生产性服务对土地规模经营的影响［J］．中国农业大学学报，2016，21（09）：188-197.

［176］龙云，邓可心，匡诺一．新型农业经营主体能带动小农户实现绿色生产转型吗？——基于2020年中国乡村振兴综合调查数据的研究［J］．经济与管理研究，2023，44（12）：85-99.

［177］芦千文．农业产业化龙头企业发展涉农平台经济的作用、问题和对策［J］．农业经济与管理，2018（03）：76-84.

［178］芦千文．涉农平台经济：典型案例、作用机理与发展策略［J］．西北农林科技大学学报（社会科学版），2018，18（05）：63-71.

［179］芦千文，姜长云．农业生产性服务业发展模式和产业属性［J］．江淮论坛，2017（03）：44-49+77.

［180］鲁钊阳．新型农业经营主体发展的福利效应研究［J］．数量经

济技术经济研究，2016，33（06）：41-58.

［181］陆岐楠，张崇尚，仇焕广．农业劳动力老龄化，非农劳动力兼业化对农业生产环节外包的影响［J］．农业经济问题，2017（10）：27-34.

［182］罗必良，万燕兰，洪炜杰等．土地细碎化、服务外包与农地撂荒——基于9省区2704份农户问卷的实证分析［J］．经济纵横，2019（07）：63-73.

［183］罗小娟，冯淑怡，黄信灶．信息传播主体对农户施肥行为的影响研究——基于长江中下游平原690户种粮大户的空间计量分析［J］．中国人口·资源与环境，2019，29（04）：104-115.

［184］骆康，刘耀彬，戴璐等．中国农地租赁市场交易双方议价能力及影响因素研究——来自中国家庭追踪调查数据［J］．中国土地科学，2021，35（05）：46-56.

［185］吕丹，张俊飚．新型农业经营主体农产品电子商务采纳的影响因素研究［J］．华中农业大学学报（社会科学版），2020（03）：72-83+172.

［186］吕杰，刘浩，薛莹等．风险规避、社会网络与农户化肥过量施用行为——来自东北三省玉米种植农户的调研数据［J］．农业技术经济，2021（07）：4-17.

［187］马轶群，孔婷婷．农业技术进步、劳动力转移与农民收入差距［J］．华南农业大学学报（社会科学版），2019，18（06）：35-44.

［188］麦强盛，李乐．新型农业经营主体生存动态演化的时空格局及其影响因素［J］．地理科学进展，2024，43（01）：47-62.

［189］毛军权，敦帅．"专精特新"中小企业高质量发展的驱动路径——基于TOE框架的定性比较分析［J］．复旦学报（社会科学版），2023，65（01）：150-160.

［190］毛南赵，梁小英，段宁，商舒涵．基于ODD框架的农户有限理性决策模型的构建及模拟——以陕西省米脂县马蹄洼村为例［J］．中国

农业资源与区划，2018，39（05）：164-171+218.

［191］米运生，王家兴，徐俊丽．农地经营权强度与新型农业经营主体融资渠道的正规化——基于 fsQCA 的分析［J］．农业技术经济，2023（10）：44-61.

［192］闵师，丁雅文，王晓兵，王雨珊．小农生产中的农业社会化服务需求：来自百乡万户调查数据［J］．农林经济管理学报，2019，18（06）：795-802.

［193］穆娜娜，高强．组织结构视角下农业社会化服务模式研究［J］．重庆师范大学学报（社会科学版），2021（03）：33-44.

［194］穆月英，赖继惠．生计资本框架下农户蔬菜流通渠道及影响因素［J］．农林经济管理学报，2021，20（04）：429-437.

［195］聂辉华．最优农业契约与中国农业产业化模式［J］．经济学（季刊），2013，12（01）：313-330.

［196］牛文涛，尚雯雯．粮食类新型农业经营主体可持续运营的理论逻辑与现实困境［J］．资源开发与市场，2024，13（02）：1-13.

［197］牛晓．农业产业化经营的四种模式比较研究［J］．现代交际，2021（22）：227-229.

［198］欧春梅，邵砾群．新型农业经营主体技术效率研究综述与展望［J］．北方园艺，2019（06）：187-192.

［199］彭建仿，胡霞．农业社会化服务供应链构建：管理框架与组织模式［J］．华南农业大学学报（社会科学版），2021，20（04）：24-32.

［200］钱煜昊，武舜臣．新型农业经营主体发展模式的选择与优化——基于粮食安全和吸纳劳动力视角的经济学分析［J］．农业现代化研究，2020，41（06）：937-945.

［201］任健华．农业企业外包决策影响因素分析及政策启示——以中国农业上市公司为例［J］．陕西学前师范学院学报，2022，38（04）：117-124.

［202］邵腾伟，钟汶君．"三变"改革促进乡村振兴的理论逻辑及

实践模式研究［J］．西南金融，2022（04）：59-70．

［203］沈费伟．农业科技推广服务多元协同模式研究——发达国家经验及对中国的启示［J］．经济体制改革，2019（06）：172-178．

［204］沈凯俊，王雪辉，彭希哲等．准嵌入性养老组织的运行逻辑分析——农村嵌入式养老的地方经验［J］．中国农业大学学报（社会科学版），2022，39（01）：148-166．

［205］宋海英，姜长云．农户对农机社会化服务的选择研究——基于8省份小麦种植户的问卷调查［J］．农业技术经济，2015（09）：27-36．

［206］宋慧岩，王卫．农业信息化服务供给主体及运行模式研究［J］．科技创业月刊，2013，26（05）：29-31．

［207］宋宇，张振旺，刘家成等．社会网络对农户农机外包作业服务的影响——基于 Heckman 两阶段模型的分析［J］．中国农机化学报，2023，44（09）：238-248．

［208］孙顶强，Misgina Asmelash，卢宇桐，等．作业质量监督、风险偏好与农户生产外包服务需求的环节异质性［J］．农业技术经济，2019（04）：4-15．

［209］孙明扬．基层农技服务供给模式的变迁与小农的技术获取困境［J］．农业经济问题，2021（03）：40-52．

［210］孙蕊，齐天真．农业适度规模发展评价指标体系构建与综合评价［J］．统计与决策，2019，35（07）：49-52．

［211］孙小燕，刘雍．土地托管能否带动农户绿色生产？［J］．中国农村经济，2019（10）：60-80．

［212］孙新华．农业规模经营的去社区化及其动力——以皖南河镇为例［J］．农业经济问题，2016，37（09）：16-24+110．

［213］田红宇，冯晓阳．土地细碎化与水稻生产技术效率［J］．华南农业大学学报（社会科学版），2019，18（04）：68-79．

［214］佟光霁，李伟峰．新型农业经营主体生产效率比较研究——以4省玉米种植经营主体为例［J］．东岳论丛，2022，43（04）：140-147．

［215］万俊毅，曾丽军，徐静．农业经营主体结构、交易行为与产业化经营绩效［J］．农林经济管理学报，2017，16（06）：699-706.

［216］王海娟，胡守庚．村社集体再造与中国式农业现代化道路［J］．武汉大学学报（哲学社会科学版），2022，75（04）：163-172.

［217］王洪丽，杨印生．农产品质量与小农户生产行为——基于吉林省293户稻农的实证分析［J］．社会科学战线，2016（06）：64-69.

［218］王嫚嫚，刘颖，陈实．规模报酬、产出利润与生产成本视角下的农业适度规模经营——基于江汉平原354个水稻种植户的研究［J］．农业技术经济，2017（04）：83-94.

［219］王曙光，王琼慧．产权—市场结构、技术进步与国企改革——基于企业和行业视角［J］．中国特色社会主义研究，2019（02）：32-40.

［220］王洋，许佳彬．农户禀赋对农业技术服务需求的影响［J］．改革，2019（05）：114-125.

［221］王轶，刘蕾．农民工返乡创业何以促进农民农村共同富裕［J］．中国农村经济，2022（09）：44-62.

［222］王志刚，申红芳，廖西元．农业规模经营：从生产环节外包开始——以水稻为例［J］．中国农村经济，2011（09）：4-12.

［223］王子阳．获取有道：农业规模经营主体保障农机服务的实践及其支撑机制——基于苏北H镇的田野调查［J］．农业经济问题，2023（03）：123-131.

［224］义丰安．生产性服务业集聚、空间溢出与质量型经济增长——基于中国285个城市的实证研究［J］．产业经济研究，2018（06）：36-49.

［225］吴蓓蕾．弹性人力资源管理影响企业组织绩效实证［J］．统计与决策，2016（02）：183-185.

［226］吴曼，赵帮宏，宗义湘．农业公司与农户契约形式选择行为机制研究：基于水生蔬菜产业的多案例分析［J］．农业经济问题，2020

（12）：74-86.

［227］吴明隆．问卷统计分析实务［M］.重庆：重庆大学出版社，2010.

［228］吴翌琳，黄实磊．制度变迁、经济发展与宏观交易费用的动态演进——新发展格局视角的实证与建议［J］.宏观经济研究，2022（04）：5-22.

［229］武国兆，宋大鹏．我国农业社会化服务评价体系构建与问题分析［J］.河南农业，2022（06）：6-9.

［230］夏显力，贾书楠，蔡洁，贾亚娟．农地流转中转出户的福利效应——基于政府主导与市场主导两种模式的比较分析［J］.西北农林科技大学学报（社会科学版），2018，18（02）：79-85.

［231］夏柱智．农村集体经济发展与乡村振兴的重点［J］.南京农业大学学报（社会科学版），2021，21（02）：22-30.

［232］谢琳，钟文晶．规模经营、社会化分工与深化逻辑——基于"农业共营制"的案例研究［J］.学术研究，2016（08）：101-106+177-178.

［233］谢先雄，邓悦，杜瑞瑞等．资产专用性可促进休耕后农户复耕吗？——来自西北生态严重退化休耕试点区的实证证据［J］.西北农林科技大学学报（社会科学版），2021，21（03）：115-124.

［234］谢治菊，王曦．农户是如何组织起来的——基于贵州省安顺市塘约村的分析［J］.中央民族大学学报（哲学社会科学版），2021，48（04）：90-99.

［235］熊彼特．经济发展理论［M］.贾拥民，译．上海：商务印书馆，2019.

［236］徐俊丽，翁贞林．交易费用、农户行为与土地规模经营研究进展与述评［J］.江西农业学报，2018，30（08）：115-119.

［237］徐莉，杜宏茹．新疆西北部农户种植决策的 Logistic 模型分析——以伊犁河谷察布查尔县为例［J］.中国农业资源与区划，2018，39

（10）：107-114.

[238] 徐旭初.简论农民组织化与乡村振兴 [J].中国农民合作社，2019（05）：48-50.

[239] 徐旭初.农民专业合作组织立法的制度导向辨析——以《浙江省农民专业合作社条例》为例 [J].中国农村经济，2005（06）：19-24.

[240] 徐旭初，吴彬.合作社是小农户和现代农业发展有机衔接的理想载体吗？[J].中国农村经济，2018（11）：80-95.

[241] 许佳彬，王洋，李翠霞.新型农业经营主体有能力带动小农户发展吗——基于技术效率比较视角 [J].中国农业大学学报，2020，25（09）：200-214.

[242] 薛岩，马彪，彭超.新型农业经营主体与电子商务：业态选择与收入绩效 [J].农林经济管理学报，2020，19（04）：399-408.

[243] 严丹，司徒君泉.人力资源系统柔性与企业绩效——基于动态环境下的实证研究 [J].华东经济管理，2013，27（01）：134-139.

[244] 杨丹.市场竞争结构、农业社会化服务供给与农户福利改善 [J].经济学动态，2019（04）：63-79.

[245] 杨丹，刘自敏.农户专用性投资、农社关系与合作社增收效应 [J].中国农村经济，2017（05）：45-57.

[246] 杨丹，刘自敏.农民经济组织、农业专业化和农村经济增长——来自中国 2445 个村庄的证据 [J].社会科学战线，2011（05）：64-70.

[247] 杨海钰，李星光，张聪颖等.信息化、社会网络与农户农资购买渠道选择——基于公司直销与农资零售店的比较 [J].农业现代化研究，2020，41（03）：474-483.

[248] 杨慧莲，郑风田，韩旭东等.如何唤醒"沉睡资源"助力村庄发展——贵州省六盘水舍烹村"三变"案例观察 [J].贵州社会科学，2017（12）：140-148.

［249］杨万江，李琪．新型经营主体生产性服务对水稻生产技术效率的影响研究——基于 12 省 1926 户农户调研数据［J］．华中农业大学学报（社会科学版），2017（05）：12-19+144.

［250］杨小俊，陈成文，陈建平．论市域社会治理现代化的资源整合能力——基于合作治理理论的分析视角［J］．城市发展研究，2020，27（06）：98-103+112.

［251］杨欣然，陈志钢，孔祥智．养殖户生产规模变化、安全生产行为和绩效研究——基于生鲜乳质量安全视角［J］．农业现代化研究，2019，40（03）：450-458.

［252］杨志海．生产环节外包改善了农户福利吗？——来自长江流域水稻种植农户的证据［J］．中国农村经济，2019（04）：73-91.

［253］于斌斌．生产性服务业集聚能提高制造业生产率吗？——基于行业、地区和城市异质性视角的分析［J］．南开经济研究，2017（02）：112-132.

［254］于露，姜启军．水产养殖业新型农业经营主体全要素生产率研究——基于微观主体面板数据和 SFA 法［J］．中国农业资源与区划，2023，18（01）：1-13.

［255］余威震，罗小锋．农业社会化服务对农户福利的影响研究——基于农药减量增效服务的实证检验［J］．中国农业资源与区划，2023，44（08）：123-133.

［256］袁俐雯，张露，张俊飚．农业服务信息化对农户生产效率的影响——基于服务环节与服务对象的双重考察［J］．农业现代化研究，2024，13（02）：1-12.

［257］苑鹏，张瑞娟．新型农业经营体系建设的进展、模式及建议［J］．江西社会科学，2016，36（10）：47-53.

［258］曾福生，李飞．农业基础设施对粮食生产的成本节约效应估算——基于似无相关回归方法［J］．中国农村经济，2015（06）：4-12+22.

［259］张琛，黄斌，钟真．农业社会化服务半径的决定机制：来自四家农民合作社的证据［J］．改革，2020（12）：121-131.

［260］张春海．社会资本与农户借贷行为：来自中国家庭动态跟踪数据CFPS的经验分析［J］．吉林金融研究，2020（05）：8-15.

［261］张殿伟，陆迁，李家辉．农户加入农业产业组织对节水灌溉技术采纳行为的影响［J］．节水灌溉，2023（11）：82-90+98.

［262］张红宇．农业生产性服务业的历史机遇［J］．农业经济问题，2019（06）：4-9.

［263］张晖，吴霜，张燕媛，虞祎．加入合作社对种粮大户农机投资及服务供给行为的影响分析［J］．中国农村观察，2020（02）：68-80.

［264］张嘉琪，颜廷武，江鑫．价值感知、环境责任意识与农户秸秆资源化利用——基于拓展技术接受模型的多群组分析［J］．中国农业资源与区划，2021，42（04）：99-107.

［265］张开云，张兴杰，张沁洁．优化农业科技服务供给体系的策略分析——以广东农村284户为例［J］．贵州社会科学，2012（03）：53-58.

［266］张利国，刘芳，王慧芳．水稻种植农户产品营销方式选择行为分析［J］．农业技术经济，2015（03）：54-60.

［267］张琳，席酉民，徐立国等．基于领导者个体层面组织资源获取策略的形成与分类研究［J］．管理学报，2021，18（08）：1138-1146+1157.

［268］张露，罗必良．小农生产如何融入现代农业发展轨道？——来自中国小麦主产区的经验证据［J］．经济研究，2018，53（12）：144-160.

［269］张五常．交易费用的范式［J］．社会科学战线，1999（01）：1-9.

［270］张五常．三种社会体制与中国未来走向［J］．战略与管理，2000（01）：110-113.

［271］张溪，张堪钰．交易费用视角下村委会行为对农地流转和契约选择的影响［J］．经济与管理评论，2024，40（02）：72-82.

［272］张笑寒，金少涵，周蕾．内部治理机制视角下专业合作社对农户增收的影响研究［J］．农林经济管理学报，2020，19（04）：431-438.

［273］张旭昆．"交易成本"概念：层次、分类［J］．商业经济与管理，2012（04）：64-70.

［274］张应良，尹朝静，鄂昱州．回顾40年农业农村改革推进乡村振兴战略实施——中国农业经济学会2018年年会暨学术研讨会综述［J］．农业经济问题，2019（01）：99-103.

［275］张永勋，李先德，张长水．基于交易费用理论的新型农业经营主体与农户合作模式研究——以农业文化遗产地安溪为例［J］．自然资源学报，2023，38（05）：1150-1163.

［276］张照新，赵海．新型农业经营主体的困境摆脱及其体制机制创新［J］．改革，2013（02）：78-87.

［277］张忠军，易中懿．农业生产性服务外包对水稻生产率的影响研究——基于358个农户的实证分析［J］．农业经济问题，2015，36（10）：69-76.

［278］赵丹丹，周宏，顾佳丽．农业生产集聚：能否促进耕地利用效率——基于面板门槛模型再检验［J］．农业技术经济，2022（03）：49-60.

［279］赵晓峰，赵祥云．新型农业经营主体社会化服务能力建设与小农经济的发展前景［J］．农业经济问题，2018（04）：99-107.

［280］赵玉林，裴承晨．技术创新、产业融合与制造业转型升级［J］．科技进步与对策，2019，36（11）：70-76.

［281］郑旭媛，林庆林，周凌晨诺．中国农业"双规模"经营方式创新、绩效及其外溢效应分析［J］．中国农村经济，2022（07）：103-123.

［282］钟丽娜．村社集体：小农户组织化与现代农业衔接的有效载体［J］．现代经济探讨，2021（06）：126-132.

［283］钟廷勇，国胜铁，杨珂．产业集聚外部性经济效用与我国文

化产业全要素生产增长率 [J]. 管理世界，2015（07）：178-179.

[284] 钟真，施臻韬，曹世祥. 小农户农业生产环节外包的主观意愿与客观程度的差异研究 [J]. 华中农业大学学报（社会科学版），2021（01）：81-89+177.

[285] 周恩毅，谭露. 政府角色分异下农地流转主体博弈冲突及其调适 [J]. 山西农业大学学报（社会科学版），2024，23（02）：102-115.

[286] 周宏，高灿. 基于环节差异的农业社会化服务与农业种植收入：来自江苏省水稻种植户的实证研究 [J]. 农林经济管理学报，2023，22（02）：193-202.

[287] 周娟. 农村集体经济组织在乡村产业振兴中的作用机制研究——以"企业+农村集体经济组织+农户"模式为例 [J]. 农业经济问题，2020（11）：16-24.

[288] 周立群，曹利群. 商品契约优于要素契约——以农业产业化经营中的契约选择为例 [J]. 经济研究，2002（01）：14-19+93.

[289] 周洲，张莉侠. 新型农业经营主体对农业科技服务的选择行为分析——基于512份上海都市现代农业经营主体的调研问卷 [J]. 上海农业学报，2020，36（05）：122-129.

[290] 朱继东. 新型农业生产经营主体生产效率比较研究——基于信阳市调研数据 [J]. 中国农业资源与区划，2017，38（02）：181-189.

[291] 朱月季，周德翼，游良志. 非洲农户资源禀赋、内在感知对技术采纳的影响——基于埃塞俄比亚奥罗米亚州的农户调查 [J]. 资源科学，2015（08）：1629-1638.

[292] 邹晓红，田文惠，李艳军. 农户社会网络中心性对其农资网购意愿影响机理研究 [J]. 广东农业科学，2018，45（06）：149-156.